千葉県北総の近代思想史

自由民権から初期社会主義へ

HAYASHI Akira
林　彰

論創社

自由民権から初期社会主義へ——千葉県北総の近代思想史

目次

第二編　北総平民倶楽部の活動と思想——初期社会主義と農村

自由民権から初期社会主義へ——千葉県北総の近代思想史

〈凡例〉

●人数を数えるときは、原則として「○○名」を使用した。が、どうしても違和感があるときは「○○人」とした。

●人名は原則として敬称を略した。（注）における人名も同様である。

●史料の引用の際には、旧字体の漢字を新字体に直した。

●引用の史料では、適宜読点を入れた場合がある。また、誤字・脱字と思われる場合はそのままにし「ママ」と傍注した。さらに、意味が通じない場合、（ ）で補っている。

●年号は西暦で表記し、各章の初出において（ ）で適宜和暦を併記した。

●初期社会主義関係の新聞は、労働運動史研究会編『明治社会主義史料集』（明治文献資料刊行会、一九六〇年～六三年）の復刻版を利用した。

序　章――本書の目的と構成

1　本書の目的

　本書の原点は、元々は日本近代史における「初期社会主義」のテーマを、中央ではなく地域に視点を据えてから論じてみたいと考えて、ほそぼそと地道な研究をしてきたことから始まったといえる。地域史＝地方史研究においては、史料がなければ論文はできないことは明らかであり、中央の有名な社会主義者ならば全集や著作集が刊行されたりしており、ある程度資料が存在している。その点、地域において「社会主義」の思想や運動を探って掘り起こしていくのは、一見無謀ともいえる作業であった。それゆえ、当初は新聞史料や聞き書きなどを含めて再構成せざるをえなかった。が、それが二一世紀をむかえた前後に新たな史料が地域で発見されたことにより、少しく拡大され、同時に「自由民権」からのつながりを考えていたこともあり、結果として地域において自由民権から初期社会主義への思想のつながりを検討課題としていくことになった。これが、第一の目的である。同時に、「大逆事件」以後の動向をも論じることによって、日本近代思想史全体を奇しくも地域において展開していくことが可能になり、それを主に千葉県の北総地域を舞台として論じることが、本書の目的として浮上したのである。近代思想史を論じるといっても、もちろん限定的ではあるのだが。

当初、初期社会主義を研究テーマとしていたときの私の問題意識は、どうであったろうか。日本近代思想史において、啓蒙思想→自由民権→平民主義→初期社会主義→大正デモクラシー→ファシズムといった思想の流れが存在し、それを覆うようなかたちで天皇制思想が存在していることは、よく知られた思潮の流れであるといってよい。もっとも、これは中央における思想の流れであり、地域においては異なると思っている。[1] 初期社会主義の範疇としては、私は当初から一九〇〇年前後から始まり一九二〇年前後、すなわち日本共産党の誕生あたりまでと考えていた。日本共産党の成立以後は、「科学的社会主義」といったいい方もなされ、もはや初期社会主義の範疇とはいえないからである。同時に、アナ・ボル論争を経て唯物論的社会主義＝マルクス主義が若者や知識人に大きな影響を与え、一九三〇年代には『日本資本主義発達史講座』（全七巻、岩波書店）が刊行され、野呂栄太郎たちは世界や日本の資本主義の危機的状況が深刻さを増していくとき、国内における階級対立の激化や国際的な矛盾の高まりにどう向き合うべきかの切実な問題をこの講座の視点にすえた。そして、「講座派」と「労農派」により「革命」の基本的性格などをめぐり日本資本主義論争が始まり、それは戦後においても経済学や歴史学などに影響を及ぼすことになる。[2] ついでにいえば、戦後歴史学は実証主義史学を除けば、マルクス主義歴史学や丸山真男や大塚久雄らの「近代主義」グループの影響が強くあり、遅れて大学に入学（一九七五年）した私のような人間でも、最初に購入した書物はマルクス主義歴史家の遠山茂樹『明治維新』（岩波書店、一九七四年、改版後、第二四刷発行）であった。

初期社会主義の白眉は、よくいわれるように平民社時代である。日露戦争に対する非戦・反戦論、そして平和主義の宣伝、新たな近代思想である「社会主義」の啓蒙・宣伝活動は、週刊『平民新聞』創刊号（一九〇三年一一月）に「宣言」として明確に記されている。創刊号の一面には、「宣言」として「一、自由、平等、博愛は人生世に在る所以の三大要義也」から始まり、五項目が記されている。自由＝平民主義（democracy）における「一切の圧制束縛の除去」、平等＝社会主義（socialism）における「社会をして生産、分配、交通の機関を共有」せしめること、博愛＝平和主義（peace policy）における「世界を挙げて軍備を撤去し、戦争を禁絶せんことを期す」を掲げた[3]。同時に、平民社は思想的には即日禁止された日本で初の社会主義政党である社会民主党（一九〇一年創立）の綱領と同じく社会民主主義的思想といえるが、完全なる自由・平等・博愛を実現する手段は多数人類の一致協同を得なければならず、「暴力」＝戦争に訴えることは絶対に否認するとした言説は、社会民主党の綱領より一歩進んでいるのではないだろうか[4]。

しかしながら、平民社は一九〇五年一〇月に政府の弾圧と財政難により解散を余儀なくされた。また、平民社がよりどころとした「社会主義」の人気と信頼性は、現在社会主義国家の崩壊という政治的変動により大きく失われてしまったかにみえる。それならば、平民社の存在は単なる歴史の一コマにすぎないのだろうか。そうではないといえる。近年、グローバリゼーションの視点から「平民社時代」を描いた研究業績が上梓された。梅森直之編著『帝国を撃て――平民社100年国際シンポジウム』（論創社、二〇〇五年）が、それである。「日本」という枠組にとらわれない国際的・世界的な視野から平民社を顧みる研究であり、グローバリゼーションの時代から平民社の歴史的意義を再検討するこころみであった。外国人研究者四名を含む六名の報告は十分刺激的であった。こういったこころみは、今後も継続される可能性があるだろうし、続けていって欲しいと思っている。本書の目的の第二は、第二編にみられる農村での初期社会主義運動を論じることにより「村落社会主義」思想やその意義を論じることである。これまで「村落社会主義」思想をしっかりと位置づけることをしてこなかったがゆえに、興味深い事実が展開されるだろう。と同時に、「村落社会主義」思想を唱えた人物やそれを実践して行こうとした人たちが、「大逆事件」以後、どのように変容していくのかも論じていくつもりでいる。これが、第三の目的である。こうして、自由民権期から初期社会主義の時期、その後昭和期までみていくことにより、千葉県北総の地域において近代思想史を展開してみたい。

2　マイノリティとしての初期社会主義者

ところで、私の「初期社会主義」研究への取組みは、あくまでも日本近代思想史からの視点であり、同時に前述したように、地域に視点をおいて中央との関係を問おうとするこころみでもある。一九〇三年一〇月、平民社が東京有楽町に創立されたとき、平民社の精神を伝える日露戦争への非戦・反戦論、社会主義思想を宣伝する平民社同人による遊説・伝道行商が各地で行われた。その結果、地域において読書会や小さなサークルが生まれている。それは、明治一〇年代の自由民権運動における全国的な結社（サークル）の叢生と比較すれば、問題にならないほど少ないといえるが、それでも新しい近代思想に賛意を示し、同調する民衆がおり、サークルが誕生している。本書の第二編で検討していく北総平民倶楽部は、その一つである。

当時、平民社時代において初期社会主義を担う人びとにはどういうメンバーがいただろうか。日本における初期社会主義運動は一九〇〇年に治安警察法を制定されたことにもよるが、そのはじめから労働者階級・労動者団体を基盤（組織）とすることなく先駆的な少数の知識人・学生・独立生産者に担われながら権力と相対していく。また、そういった弱点・限界がありながらも、当時の中央の社会主義者の代弁する民衆は、そのほとんどが労働者であり、農民に言及する視野が労働者よりはるかに少なかったということは周知の事実である。すなわち、中央の社会主義者の述べる「変革主体」＝労働者であったといってよい。中央の社会主義者で農民問題に比較的関心をもっていたのは、幸徳秋水・西川光二郎らであった。[5] しかしながら、彼らは一部をのぞき現実の農民・農村問題にはタッチしなかったといえる。[6] 労働組合運動における片山潜のような存在は、農民問題には現われなかったのである。すなわち、農民問題の欠落――とくに現実的・具体的な農民・農村問題について——を示しているといってよい。このことは、当時の社会主義が社会問題に触発され、もっぱら「都市社会主義」の文脈のうちで展開されてきたことにも原因があるであろう。

私が本書の第二編で検討していく千葉県の北総平民倶楽部は、農民中心の初期社会主義者のサークルであり、農民中心のサークルは全国でもここだけであり、その意味でも興味深く、検証する価値はあると思っている。また、こういった地域における社会主義のサークルと自由民権運動（思想）は、どういったつながりがあるだろうか。前述したように、そのことも、検討課題の一つである。中央では幸徳秋水や福田英子ら、個人的に自由民権から初期社会主義へと継続する知識人はいるけれども、地域において、自由民権から初期社会主義につながる事例は全くといってよいほど存在しない。[7]地域における初期社会主義のサークル自体が、ほとんどないからである。そういう意味あいでいえば、初期社会主義者はマイノリティといってよい。明治一〇年代の国民的運動ともいえる自由民権運動の民権運動家はマイノリティとはいえないが、初期社会主義者は国体の変革につながる運動や刑事の尾行がついたということもあり、マイノリティであり、さらに地域において民権（思想・運動）から初期社会主義へとつながる人物は、それ以上に稀であろう。[8]

また、地域の初期社会主義者は「大逆事件」以降は、どういう経過をたどるのだろうか。中央の主に若手の直接行動派のメンバーは、堺利彦や大杉栄・荒畑寒村などのように「冬の時代」を売文社などで糊口をしのぎ、来るべきときに備えていたが、農村の元「社会主義者」たちはその土地に沈潜していくわけであるので、そうはいかないであろう。そういうことにも触れていかざるをえない。前述したように、彼らの後半生を追うことも、一つの課題となる。

3 本書の構成

次に、本書の構成について簡単に述べておきたい。第一編第1章「地域における思想と文化——香取郡の私塾雑誌を中心として」では、千葉県の北総地域の香取郡を主な舞台にして無逸塾で発行されていく私塾雑誌を検討することにより、その雑誌が自由民権運動（思想）の影響を受けて、雑誌じたいにその動向が論じられていく。民権運動の衰頽後は私塾雑誌は名前を変えていくが、同時に地域の社会・思想・文化状況の展開が具体的にみてとれるようになる。その後、雑誌じたいが東京に支社を置くことになり、ついには本社を事業拡張のため東京に移し、元の本社は支社となった。本社で発行されていく雑誌『同志文学』には、しだいに足尾鉱毒問題などの社会問題を扱う記事が増えていき、初期社会主義者が記事を書くようになる。すなわち、私塾雑誌の担い手を通じて自由民権から初期社会主義への足跡をたどったということができる。香取郡という地域における自由民権から初期社会主義へという思想の流れではないが、地域から中央の雑誌に転換したことにより二つの潮流が結びついた事例といえよう。また、無逸塾の後身の私立同志中学館（当時の私立尋常中学校に相当する）の生徒で、のち初期社会主義者となる人物が一人誕生している。千葉県の初期社会主義運動におけるオルガナイザーである吉田璣《たまき》である。

第2章「自由民権から初期社会主義へ――マイノリティとしての一農民＝小泉由松の軌跡」では、下埴生郡（のち印旛郡）出身の一農民小泉由松を取り上げる。小泉は自由民権思想や運動の影響を受けて、自ら民権学習を学び憲法や全国の民権運動の動向を把握し、明治二〇年代には元民権家などの選挙活動に参加していく。そして、明治三〇年代に東京に日露戦争に対する反戦・非戦論、社会主義の啓蒙宣伝活動を叫ぶ平民社が結成されると、印旛郡では平民社の影響を受けて北総平民倶楽部というサークルが誕生する。これは農民中心の結社であり、そこに小泉も参加するようになり、その後中央で日本社会党が結成されると、彼は日本社会党員となる。すなわち、自由民権から初期社会主義への軌跡をたどる人物を追ってみたのである。第3章「自由民権から初期社会主義への系譜――地域・結社・女性」では、北総平民倶楽部の誕生した地域での明治一〇年代の自由民権期の動向をおってみた。ちょうどこの地域では、福沢諭吉がかかわった長沼事件が発生しており、福沢に相談した小川武平は自立社という民権結社を創立し、その社長でもあった。さらに、自立社発起人七二名のなかに、北総平民倶楽部の幹事の一人である人物の父親がおり、わずかに自由民権と初期社会主義へのつながりを看取できたのである。同時に、この地域では女性のみの結社が明治一〇年代に生まれていたこともあり、そのことも論じることとなった。

第二編第4章「千葉県の社会思想状況――日露戦争前後のジャーナリズムを中心に」では、千葉県における初期社会主義結社が誕生する前提として地方新聞と社会主義とのかかわりをおっている。千葉県の地方新聞である『新総房』が、わが国最初の社会主義政党である社会民主党の宣言書を掲載して告発される事件が起こった。新しい外来の思想である「社会主義」に『新総房』は正しい認識を示しており、当時の千葉県ジャーナリズム界のもつ自由主義的な雰囲気と在野性は健在であったといえる。また、千葉県三大紙の一つである『千葉毎日新聞』では、主筆白鳥健（のち北総平民倶楽部の評議員に就任する）がいたこともあり、「理想の革新者」「旧思想の破壊者」となることを言明しており、帝国・社会主義論の知識人の議論を掲載する。この『千葉毎日新聞』に、のちに北総平民倶楽部の幹事である小川高之助の社会主義論も掲載されるのである。

第5章「北総平民倶楽部の活動と思想――小川高之助を軸にして」では、倶楽部の思想と活動を描いていく。千葉県印旛郡に誕生した北総平民倶楽部は三村（八生《はぶ》村・豊住村・久住村）の農民が中心であり、彼らの活動を「大逆事件」の影響を受けて自然消滅をするまで追っていく。五年以上は継続する息の長いサークルであり、倶楽部の思想は幹事の小川高之助の社会主義論を載せている。メディアに登場するのはほとんど小川のみであり、彼の思想が倶楽部の思想といえた。中央で日本社会党が創立されたとき、倶楽部会員では小川高之助や小泉由松ら五名が党員となり、これは千葉県の日本社会党員六名のうちの五名をしめていた。倶楽部後期の活動として、倶楽部では「村落社会主義」論のことを考え続けていくことになるが、それは座間止水の影響を受けてのことであった。小川高之助の後半生については、第三編で論じている。

第6章「座間止水の「村落社会主義」思想」では、千葉県出身の座間止水を取り上げる。小学校の訓導から社会主義の主張を公言し、日本社会党員となり、全国遊説を敢行。その後、北総平民倶楽部の演説会では片山潜らと演説をし、そこで「村落社会主義」の思想を展開した。本章では、それを取り上げた。ここでは、初期社会主義における「村落社会主義」思想の意義を論じている。彼は倶楽部の例会にも訪れており、「村落社会主義」思想は倶楽部に大きな影響を与えることとなったのである。彼の後半生は、第三部で論じることになる。また、補章「初期社会主義と農民問題――中央と地域の社会主義者」では、中央の社会主義者である西川光二郎と赤羽巌穴、そして森近運平の農業問題を取り上げ、地方においては座間止水と小川高之助の「村落社会主義」思想を簡潔に論じた。労働者や労働問題については、中央の社会主義者は多く論じているが、農民・農業問題は少ない。そこで五名の農民問題について、展開して比較してみたのである。

第三編「「大逆事件」以後の動向」では、小川高之助と座間止水を改めて論じることにした。「大逆事件」以降、二人には思想の転回があったからである。小川と座間に関しては、もともと一つの論文として存在していたが、それを本書では「大逆事件」を境に二つに分けている。小川や座間の総体を論じるには、「転向」後の動向と、なぜ「転向」していったのかを理解する必要があるためである。

また、渡辺操については大同団結期の民権運動にかかわったが、初期社会主義とは関係はない。

ゆえに、「大逆事件」以後ではなく民権運動以後の渡辺の軌跡を追っている。

第7章「小川高之助ら倶楽部会員と地域」では、「大逆事件」以後、地域に沈潜していく旧倶楽部会員を追ってみた。八生村に沈潜していく小川は、共同体規制のなかに埋没していくことになり、彼は役場の書記の仕事をえて継続する一方、八生村青年会が組織され、その幹事に当選したのである。「国家のための共同体」的関係を創出する役割を担っていくのであり、それはなぜかを考察してみた。さらに昭和期に入ると、昭和恐慌下の農村経済更生運動での中堅人物の役割を果たしており、小作調停委員に任命され、一九四一年には書記を辞して八生村村長に就任している。その外、幹事の一人であった根本隆一は、刑事の尾行が付きながらも、大正時代豊住村の助役となり、一九一七年より六年間豊住村村会議員をやり、一九二二年一二月より一年間村長に就任している。その外、坂宮半助・海保金次郎らにもふれている。

第8章「座間止水と修養思想」では、「大逆事件」以後の座間の思想を追っている。一九一一年五月、徳富蘇峰の国民新聞に入社したことにより、初期社会主義者から明らかに「転向」したことが判明し、その四年後には中央報徳会青年部創立に賛同し、雑誌『帝国青年』の編集長兼講師として活躍することになり、昭和期には民間の教化団体の修養団の編集部に就職した。それは戦後まで継続し、体制側の思想運動の指導者の一人として成長していく。戦後は社会教育活動の一環として修養団活動を地元の千葉県安房郡で展開していくのである。

第9章「渡辺操の国民道徳運動」では、大同団結運動以後、渡辺は一八九二年三月に元民権派の飯田喜太郎などからの推薦で自由派県会議員として立候補するが、落選した。その後、教化団体日本弘道会の会員となり、一八九三年一一月に第三三支会千葉県香取郡東部支会の認可を得たのである。彼は「地方道徳の衰頽を憂」えて、率先して入会したと述べるが、教育者の立場から年少諸子の「吸煙」や飲酒などを好むこと、犯罪人の多さなどが原因で入会したという。そして、支会長として渡辺は地域の有志らと活動していき、一九一四年には本会評議員に就任している。「民権」という経験が道徳運動に、どのように波及していくのか、いささか考察してみた。

なお、渡辺操に関しては、第一編第1章と少し重なることを、予め断わっておきたい。

第一編　自由民権と初期社会主義のはざま

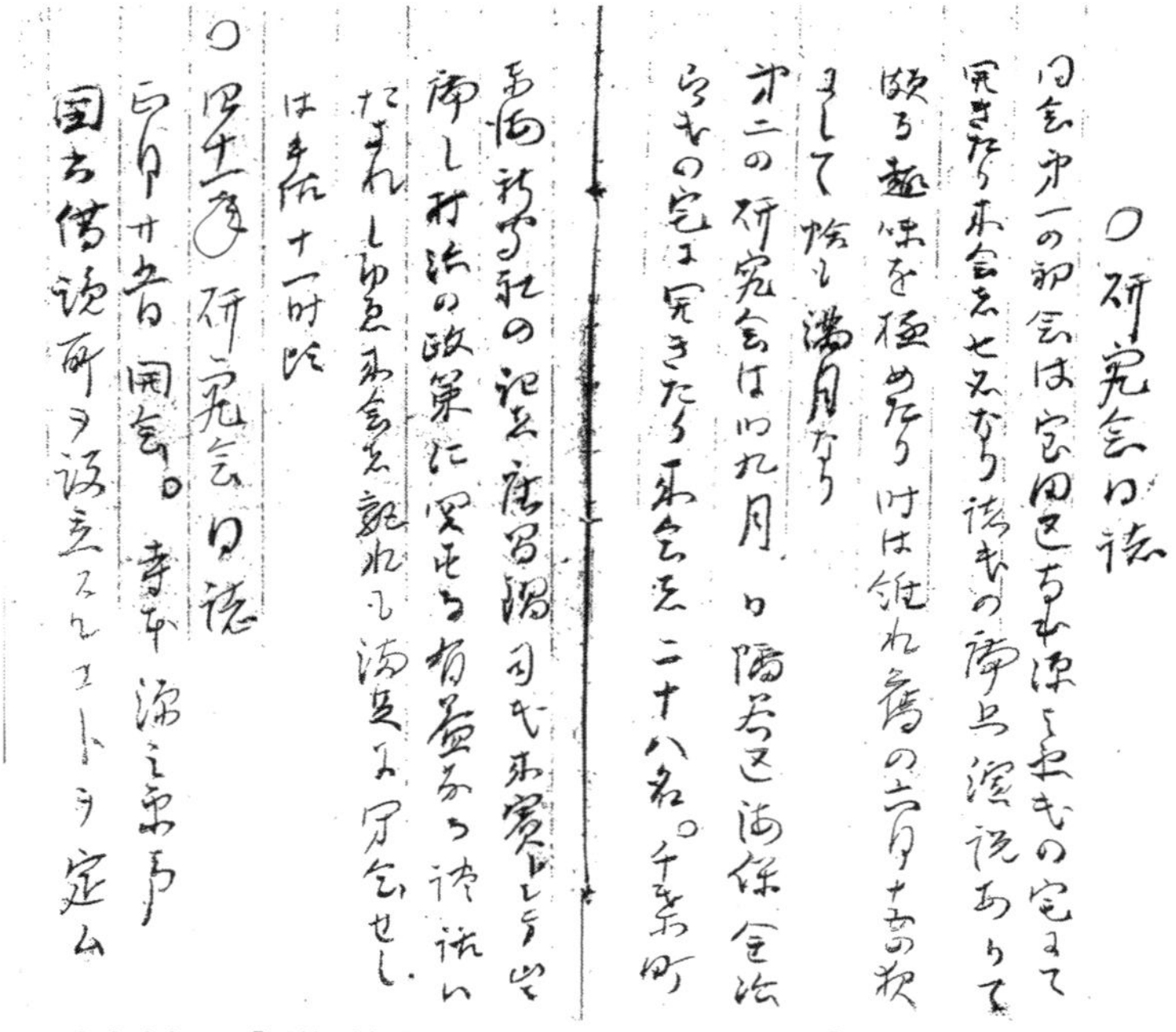

小泉由松の『漫筆手帳』より引用した。1907年の「研究会日誌」より

第1章　地域における思想と文化――香取郡の私塾雑誌を中心として

はじめに

本章は、明治二〇年代前半から三〇年代中葉にかけて、千葉県香取郡の地域において発行された数種類の私塾雑誌を通じて、当時の地域における思想や文化などの諸相を追うこと目的にしている。一九世紀末から二〇世紀初頭にかけては、いわゆる近代日本の国民国家が一応のかたちを整えつつ、地域の思想や文化のもつ独自性がしだいに抑圧されていく過程といわれており、自由民権運動の退潮・終息ののちどういう様相をたどるかは興味深い。そのことに少しく配慮しつつも、本章は明治二〇年代から三〇年代におけるマスメディアの一つである雑誌という限られた中での検討であるため、地域の把握については不十分になることは否めないことを予め断っておく。

このところ日本近代を国民国家の枠組みで論じ、その概念や特徴を述べ、あるいはそれを批判する研究が目立ってきている(1)。そうした中で、少しく不満に思うことはマイノリティの研究は除くとしても、国民国家形成過程において国民国家に編入・包摂されていく「人びと」や「地域」の具体像が実態レベルとして、確かなものとしてみえてこないということである。「個人」（民衆・知識人）や「地域」において国民国家に編入されるのは、「個人」によりあるいは「地域」によって、差異・段階があり一様ではないこと、そして国民国家形成は近代を通して絶えず続いていると考えている私は、「個人」や「地域」がどの段階で国民的アイデンティティを獲得するか、獲得したあとはどうなるのか。国民国家という枠組みに編入されたとしても、「個人」や「地域」を長いパースペクティヴでみていくうちにそこからはみ出る部分や、それを強く意識するときが存在し、揺れ動いているということが想定され、そうしたなかから国民国家を相対化する一つの視点がみえてくるのではないかと考えている。[2] 私は国民国家論では国家形成よりもそれと不可分の関係にある国民形成の過程の論理に関心があり、いいかえれば国民統合のイデオロギーがどのように「個人」「地域」に浸透していくのか、編入される側はどう受容しようとしているのか、その後はどうなっていくのかを問題にしたいと思っている。[3] また本章においても少しくふれる自由民権運動については、やはり国民国家形成とのかかわりの中で捉える研究者が多いが、そこでは例えば安在邦夫・安丸良夫・西川長夫とではズレがあり、さまざまな考えが存在している。[4]

ところで、明治期におけるジャーナリズムのうち、とくに雑誌そのものについての研究は意外なほど少ない。ここ数十年の研究史をたどってみても、西田長寿[5]・山本文雄[6]の研究があるのみである。このなかで西田の最初の著書は先駆的な価値があり、中央の外に地域の発刊する雑誌にまで踏み込んで目配りをしているが、内実の検討まではいかず、本章で扱っていく雑誌には当然のことながらふれられていない。近代日本のジャーナリズムのうち、とくに雑誌の検討はこれからの課題であろう。ただし、新聞中心のジャーナリズム研究は、山本武利[7]・門奈直樹[8]・内川芳美[9]などの研究があり、より進んだものとなっている。もちろん、雑誌と新聞の性格には共通性はあるが、ここでは雑誌の独自性に重点をおきたい。

本章の課題としては私塾雑誌の検討を通じて、第一に私塾雑誌と塾長渡辺操の果たした役割、第二に私塾雑誌を通しての地域の社会・思想・文化状況のある程度の把握、第三に私塾雑誌を通してみる思潮の動向の把握である。地域における雑誌から最後には中央に本社を移すことによってどのような思想の変化が生じるか、あるいは生じないかは興味深いと思われるからである。これまで、この地域における明治一〇年代から二〇年代にかけての研究には、根本弘[10]・及川敏雄[11]・石橋幹次[12]らの研究成果がある。ただし、これらの研究は個別的にはある程度まとまってはいるが、民権運動退潮期の実態、民権思想からの思想の流れやその後の思想・文化状況のありように乏しいものとなっている[13]。本章では、新たに発見された雑誌『文教』をも含めて、香取郡という地域の雑誌を検証することによって、意外に明らかにされていない明治二〇年代から三〇年代における地域の具体的な諸相に光をあてたいと思っている。

1　無逸塾の創立と雑誌『非政論』の創刊

(1)　私立無逸塾の創立

渡辺操は私塾雑誌をかなりの期間発行していくわけであるが、それ以前に私塾を創設している。私塾の創設やその後の過程については雑誌の発行とも連関するので、まず述べておくことにしよう。

無逸塾は、一八八四（明治一七）年一一月香取郡久保村（のち小見川町、現在香取市）の渡辺操の自宅に創設された。久保村は、一八八九年市制町村制施行により阿玉台・貝塚・五郷内・和泉の四か村と合併して良文村となった。良文村は大部分が農業であり、副業として養蚕・養鶏等が中心であり、林業では薪炭が盛んであったという。[14] 久保村は明治維新前は戸数三〇軒、近代を通して戸数四〇～五〇軒、[15] 田畑面積もほとんど変わらないといわれている。[16] 無逸塾は創立してから一八九七年七月まで一二年以上続くことになるが、まず設置についてみておこう。渡辺が、県令に提出した次の史料をみられたい。

無逸塾設置伺

一、設置の目的　経学皇漢歴史英数の諸科を設け就学子弟をして出入孝弟修身斉家の域に進

ましむるを以て目的とす[17]（略）

漢学が専門であった塾長渡辺は、当初は上記の史料に示されている英語と数学は教授せず、「経学史学文章学」（『同志中学館沿革』一八九八年）のみを教授したことが分かっている。実際に英語と数学は一八八七年に講師を招き、教授されていくのである。また、「修身斉家の域」まで教えて政治思想となる「治国平天下」を教えないのは、近世の郷学と似たものとなっている[18]。

無逸塾はこのようにして出発し、一八八六年には生徒増加に伴い渡辺は自費で塾舎一棟を新設、さらに一八九一年には教室と寄宿舎の併用を不便として有志の義捐を募り、教室一棟と運動場を新設し、卒業期を三年とし、学科を中学程度に準じて生徒を教授することになった。同年七月の落成式には、衆議院議員や郡内町村長・小学校長・有志者・義捐者など三〇〇余名が参加している。当時中学校は県立千葉中学のみであり、小学校を卒業し、さらに中等教育を望む地方青年には中学に準じた教育をするこうした学校は魅力の的であった。塾長宅の寄宿舎には、香取・匝瑳・海上郡をはじめとして茨城県鹿島・行方郡からも入学する生徒もいた。そして、日清戦争後の中等教育の必要の気運の増大に際し、無逸塾は広く香取・海上・匝瑳郡の有志の士へ私立尋常中学校の設立を訴えたのである。一八九七年二月のことであった。

一八九七年七月、無逸塾は従来の修学期間三年を五年に延長し、学科を全く尋常中学校に準じて校名を同志中学館と改称、講師を増やし修学者の便はかり、東京京華尋常中学校及び私立尋常中学校大成学館と提携し、いつでも編入できるようにしたのである。一八九八年三月には、無逸塾・同志中学館に学んだ生徒は九〇〇余名を数えるに至った。[19] その後、同志中学館は実業の発達に応じ、一九〇〇年一二月村立良文農学校、さらに私立良文農学校などと変遷していくが、ここでは同志中学館までにとどめたい。

(2) 塾長渡辺操の履歴

ここでは、教育者であり自由民権運動に少しくかかわり、私塾雑誌を発行していく渡辺操(号は存軒)について、彼の履歴を簡単にみておこう。[20] 渡辺は、安政二年(一八五五)年一二月香取郡久保村(市制町村制施行後は良文村久保区となる)で生まれた。一八六八年から七九年まで「郷学ニ学ビ側ラ農業ニ従事」[21]していたという。師は阿玉台の宮崎藤太郎であった。[22] 一八八一年一月渡辺は妻を残し、東京本所の東京大学講師信夫恕軒の漢学塾＝奇文欣賞塾に入塾する。そこで、渡辺は経史学文章学を学び、翌年二月塾頭となった。二〇代半ばでの渡辺の遊学は、普通の青年に比べやや遅い青雲の志であったが、それは家庭の経済的事情による。遊学中も、「操之家。不優於財。学資漸乏」[23]とあり、情熱を燃やしつつも、彼は家庭の事情により八四年三月塾を卒業し、帰郷することとなる。そして、前述したように一一月無逸塾を創立し、教育者の道を歩むのである。八八年七月渡辺は文部省の試験に及第し、漢学科の教員の免許をえた(師範学校・尋常中学校)。九〇年には塾長を兼ねながら、渡辺は良文村村長に選任され一年間執務することとなった。

この前後、渡辺は大同団結運動とのかかわりをもつが、それは後述したい。その後、渡辺は九七年無逸塾を同志中学館と改称し校長となり、一九〇〇年一一月まで継続する。一二月村立良文農学校を設立するにあたり、校長兼教諭となり一九〇五年まで続けた。さらに、同年九月私立良文農学校を設立（村立農学校は日露戦争により、「弧《ママ》村の微力維持」[24]に耐えられず廃校となる）、校長兼教諭として活躍することとなるのである。

こうして渡辺操は、無逸塾から始めて三五年間に及ぶ教育に尽瘁して二〇〇〇名以上の生徒を送り出し、一九二〇年三月六五歳で死去したのであった。また、渡辺は大正期良文村青年団を創設し（一九一四年）、青年団の団長にもなっている[25]。渡辺操は文字通り良文村における代表的人物であり、香取郡を代表する教育者の一人であったといってよいであろう。

ところで、ここで渡辺と自由民権運動とのかかわりを少しくみておきたいと思う。香取郡における自由民権運動は、明治一五年前後と明治二〇年前後に盛り上がりをみせるが、渡辺は後者にかかわっている。自由党系新聞『東海新報』に「香取郡東南部有志懇親会」（一八八九・四・一〇）において、渡辺が演説したことが、管見の限りでは最初ではなかったろうか。すでに、このとき中央では大同団結運動の指導者後藤象二郎が、同年三月に突然逓信大臣として入閣した直後であり、運動が混乱・分裂をむかえる時期であった。懇親会は香取郡を代表する民権家であり、保安条例により東京を追われた高野麟三[26]や大阪事件に連座したことのある飯田喜太郎[27]、さらに無逸塾の雑誌『非政論』の印刷人となる平野藤右衛門（号は南海）などどともに参加したものであった。

懇親会の場所は府馬村（のち山田町、現在の香取市）であり、久保地区からは近いところである。さらに、同年五月二三日「万才《ママ》村に於る政談会」[28]で渡辺は、演説会の弁士ではなかったが、その後の懇親会では演説をしている。このときの演説会の弁士には前述した飯田・高野・平野を始めとして七人が登壇したが、その中に福島・喜多方事件で活躍した理論的指導者花香恭次郎がいた。花香は帝国憲法発布の大赦により出獄後、郷里の万歳村（その後干潟町、現在旭市）に戻ってきていたのである。[29]懇親会は花香の慰労も兼ね、来賓には河野広中・平島松尾が来ており、ともに演説をしている。ここで留意すべきことは、同年四月に中央では大同団結運動が大同協和会と大同倶楽部に分裂しているにもかかわらず、地域の分裂には及んでいないことである。このことについては後述したい。渡辺操は、また同年八月五日には飯田喜太郎とともに香取郡全体の有志総代として、条約改正中止の建白をするのであるが、これも後述したい。

尚、渡辺操にはいくつかの著書がある。[30]①『利根川繁盛記』（未見）、②渡辺長次郎（弟）と共著『万国革命史』（民政社、一八八九年一二月）。大井憲太郎の序文あり、③『忠孝義烈漢訳階梯』一八九四年。

（3）　雑誌『非政論』の構成と内容

無逸塾及び同志中学館では、雑誌として『非政論』『文教』『無逸』『同志文学』が発行されていくが、まず『非政論』からみていこう。

月刊誌『非政論』は、一八八九年一二月に創刊号が出された。[31]『非政論』の発行所は良文村無逸塾内文教社、発行人は佐藤靖（神代村、現在東庄町）であり、実兄万太郎は全国的に民権運動が盛り上がりをみせた時期の一八八二年三月自由党下総地方部結成に参加し、幹事の一人である。編集人渡辺長次郎（渡辺操の弟）は東京下谷区同朋町に住む。長次郎には『国会準備政党団結』『雄弁秘訣演説法三十三則』『愛国公党論』『和英通俗文章』の著書があるが、いずれも未見である。[32]上記の著作は、いずれも民政社・文教社発行である。長次郎はのちのことになるが、一九一一年から一九一五年まで四年間下谷区で府会議員を経験している。[33]印刷人は前述した平野藤右衛門（神代村）であり、元結社好問社[34]に属し、のち前述した自由党下総地方部結成に参加しており、医師である。印刷所は東京下谷区同朋町八番地民政社であり、長次郎の自宅である。つまり、この雑誌は一八九八年成田鉄道が佐原に通じるまでは、原稿を小見川または佐原まで運び利根川・江戸川の水運で下谷区に行き、雑誌もまた水運を利用して無逸塾に届いたといえる。以上の三人は文教社常務員であり、常務員には外に渡辺操・菅谷元治・菅谷宇宙がいた。特別寄書家として井上円了・石橋忍月・田代義徳・中村正直・小川平吉・山田美妙・合川正道・佐々木弘綱・三宅雪嶺・信夫恕軒・島地黙雷・森正隆・菅了法らがいる。ただし、特別寄書家は小川平吉・信夫恕軒ら一部のものが寄稿したにすぎなかった。

内容の分類は、（a）社説・論説、（b）特別寄書として「利息制限法の可否」「死刑論」など。（c）文苑として知名度のある人の漢詩や歌・小説、続いて読者・生徒・青年会員たちの漢詩・

短歌・俳句。(d)雑録としては香取郡内のさまざまな動向の紹介であり、例えば「干潟八万石の名物」(三号)、「米価」「不景気」「吉田氏の建議」(八号)などがある。(e)寄書として地元の人びとの文章・論文が掲載されている。いわば、雑誌『非政論』は地域における総合誌としての役割をもつといえるのであり、地域の雑誌の少ない民衆の自己表現の手段として、また地域の文化の発信地という役割をも果たすことになるのである。のちに渡辺操は、学校教育とあいまって社会を益すること少なからざるをもって雑誌を発行したと述べている。[35]この頃の雑誌と無逸塾との関係は、生徒諸子の文章訓練の場として雑誌の役割をみることができる。雑誌の終りには、生徒の試験報告の結果が記載されている。

(4) 雑誌『非政論』の特色——大同団結運動の系譜

雑誌『非政論』は一号(一八八九年一二月)から一〇号(九〇年九月)まで発行されるが、この時期は香取郡における大同団結運動が依然として展開されている時期であり、運動を踏まえてみていく必要があろう。[36]『非政論』の特色をみていく前に、少しく香取郡の動向を追ってみよう。

一八八七年の三大事件建白運動とそれに続く保安条例ののち、香取郡では八八年一一月に「同盟義会」がつくられた。[37]同月一三日の佐原町での総会において会長一名、常議員一四名、常議員の中から幹事二名がそれぞれ選ばれている。[38]選出された一五名のうち山来健・高野麟三ら八名は、かつての自由党下総地方部の党員であった。すなわち、「同盟義会」は民権運動の影響をうけた政治色の強い社交的な結社といえる。「同盟義会」の目的は、「本会ハ親睦ヲ旨トシ純ラ世務ヲ諮詢シ以テ国利民福ノ増進ヲ企図スルニアリ」[39]と仮規則にみられる。総会の参会者は一三六名であったが、その後会員が増加して翌年の五月には三〇〇余名となった[40]。渡辺操がいつ頃「同盟義会」に加盟したかは不明だが、同年七月の臨時総会において高野麟三・飯田喜太郎・平野藤右衛門・大竹岸太郎らとともに常議員二五名のうちの一人に選出されている[41]。そして、八月五日には香取郡を代表して渡辺は飯田喜太郎とともに条約改正中止の建白書を提出するために上京したのである[42]。こうした行動から、渡辺を民権派と位置づけてもよいであろう。建白書提出は、さらに「同盟義会」を背景に高城啓次郎らが提出し、三回目の建白も計画中であるという。『東海新報』では、「同郡有志者等が国家の大事を憂ふる志情の厚きこと之を見ても知るべし」[43]と伝えている。これほど改正交渉反対の運動が盛り上がった理由として、大隈外相の改正案が『ロンドンタイムズ』にスクープされ、五月末に新聞『日本』に訳載されたということがあり、大同協和会を支持する「同盟義会」——以前から高野・飯田らは大井憲太郎とのつながりが深かった——は、その後も政治運動に奔走するのである。

一方、香取郡では一八八九年一〇月有志者により大須賀村（のち大栄町、現在成田市）で東総倶楽部が創立され、一〇月末に条約改正中止の建白書を提出している。このときは、「同盟義会」の常議員大竹岸太郎と花香恭次郎が提出することになったが、実際には大竹が委任状を携え一人で元老院に出頭したという[44]。大竹は東総倶楽部会員であったにもかかわらず、「同盟義会」の常義員でもあった。本来なら、大竹は花香恭次郎がいた東総倶楽部を代表して建白書を提出したのだから、大同倶楽部を支持することになるが、「同盟義会」の常議員の立場からみると、大同協和会をも代表したことになるだろう。それゆえ、香取郡においては大同協和会と大同倶楽部の分裂は中央ほどにはこだわっていないように思われる。花香の東京在住が多かった理由もあろう。九〇年一月中央では自由党が再興されることに伴い、「同盟義会」も「旧党員下総部」の同志らに「正義公道」の旗下に団結しようと呼びかけたのである。実際の効果は不明だが、自由党結党式には高野麟三・飯田喜太郎は会場整理委員となっている。[45] しかし、これ以後香取郡の運動は『東海新報』にはほとんど掲載されなくなり、「同盟義会」の行動も分からなくなっていくのである。

さて、こういう背景の下で雑誌『非政論』が発行されていくわけであるが、これから雑誌の特色を簡潔にみていこう。

まず、『非政論』の目的を渡辺は、「嗚呼非政論ハ政論にあらす元気の消長を論する演壇にして学術の栄を競ふ文場なり」（一号）として、「学術の栄を競ふ文場」を強調する。また、「目的は各人が精神を練磨し知識を運用し……道義の衰頽を挽回するに在り」（八号）と「学術」「文教」に志を求めようとしていた。ややもすると、「非政論」という言葉は香取郡の支持する大同協和会の非政社派に似通っているので、つまり「非政社論」を唱えた大同協和会と似た言葉という意味で大同協和会系の民権関係の雑誌と誤解されやすいだろう。社説・論説はすべて渡辺が執筆していく。渡辺の論調は、例えば「要するに吾人畢生の目的は名誉と財産を保存し、併せて国家の弊害を除去し幸福を増進するに外ならざるなり、国家の弊害を除去して、幸福を増進せんと欲せば則ち元気の消長如何に眼を注かさるへからす」「今や我邦の元気は……其高き八万丈に至り、其広き八六合に満ち凝りては尊王となり散して愛国となり、元気の盛なる、尊王の至れる愛国の切なる、前古未だ其比を見さるところなり」（一号）とある。天皇崇拝を前提として「財産を保存し」「国家の弊害を除去」した、つまり自分たちの国家形成をめざし、幸福を増進するという彼の言説は民権派の思想と似たものとなっており、思想・行動の面から渡辺は民権派の範疇として捉えることができるであろう。

一八九〇年は帝国議会開設の年にあたり、渡辺操は諸手をあげて賛成し、「今上皇帝陛下の成徳を無究に伝え奉ると同時に我が皇国をして泰山の安きに置かしむるの悦びあれバなり」（二号）と述べる。また、文教と道徳を論じた孔子から援用して文教と道徳をもって少年子弟を指導すれば必ず人びとは「孝悌」を大切にする、そうすれば一家の平和が訪れ、一村は安泰であり国家は無事になるだろう。だから、文教と道徳は「政事」に有益にして無害であるのだとして、「文教の興廃ハ国家の盛衰に大関係あるを略論し、我が文教社の設立も亦止を得ざるにある」（二号）とする。この文教と道徳の興隆により国家形成をめざしていくというのは、渡辺の一貫した思想であり、彼にとっては民権派であるにもかかわらず、こうした儒教的要素がより優っているのではないだろうか。渡辺は文教社の設立も文教のために必要というが、とはいえ、雑誌では民権運動にも理解を示しており、民権関係の記事を載せている。これは『非政論』の特色の一つとなっている。以下、民権関係の記事をあげてみよう。

一つには、一八八九年一二月二九日元自由党員の佐藤万太郎・萱谷周佑（元好問社）の三回忌に渡辺操・高野真澄（元自由党下総地方部、元好問社）・平野南海らが「祭文」を読み、演説をしたことが二号に掲載されている。

……二君（佐藤・萱谷――引用者）が主として設立せられたる好問社は今や種々の事情ありて解散を告ぐると雖とも、其団結の心に至てハ確呼不抜……蓋し二君の霊を慰むるハ二君の設立せられたる好問社の精神を継続し併せて其将来の希望を全たからしむるより善きハあらざるべし（以下略）。

以上は渡辺の「祭文」であるが、彼はまた「野原君の送別会（二号）」と題して、野原安三郎（兄仙太郎は元自由党員）が渡米するにあたり、結佐小学校（当時香取郡結佐村、その後茨城県東町、現在稲敷市）で演説をしている。野原は加波山事件に関係し、拘留されたこともあったが、疑いが解けて「殖産を興起」するために米国の実業を視察にいくことは、将来の実業のためにふさわしいなどと述べたのである。

もう一つは、七号以降に倶楽部関係の記事が載るようになったことである。それまで、「社告」

に「非政論ハ各地ニ行ハルル文会詩会歌及発句会ノ依頼ニ応シ其会ノ文詩歌句等ヲ掲載スルノ特約ヲ為スヘシ」とあったのが、七号（九〇・六月）からは「非政論ハ各地に行ハルル文会詩会歌及ヒ倶楽部等ノ依頼ニ応シ廉価の特約ヲ為スヘシ」に変わっている。七号「雑録雑報」に、「香取倶楽部設立の主意」、八号には「香取倶楽部」「東総倶楽部」、九号には「香取倶楽部の発会式」、一〇号（九〇・九月）には香取倶楽部の関係記事がいくつか載り、東総倶楽部の中心人物花香恭次郎に関する「花香恭次郎君を追弔す」が掲載された。簡単に二つの倶楽部を紹介すれば、香取倶楽部は一八九〇年八月二日発会式をあげ、河合桂三・吉田延年・高木卯之助・宮崎清太郎ら地域の名望家が中心であり、元自由党員は一人（篠塚敬之助）のみであった。この倶楽部は「政党ニ偏セズ宗教ニ傾カズ」「純粋ノ学術的倶楽部」であり、社交的な倶楽部といえる。ただし、会員は『非政論』を購読する義務があるという。それは、「特約」のために雑誌に香取倶楽部の記事が載るからであった。また東総倶楽部はすでに前述しているが、八九年一〇月創立であり、穏健派の大同倶楽部と中央で結びついており、花香恭次郎・林雄太郎・宮野昌平・山崎源左衛門らが中心である。

その外、『非政論』の特色としては文芸欄・生徒欄などがあるが、ふれることはしない。ただ、雑誌への反応として農民の江寺福太郎が、「非政論子足下ハ固ト後進者ヲ導クカ為メニ生マレタルニ非スヤ」「此ノ土ノ後進者ヲ導クアレ不肖予亦タ毛頭の力を添ヘシ」（七号）と、後進者への啓蒙・教導の雑誌として『非政論』を捉えていることが分かる。

しかし『非政論』は、一〇号で廃刊となった。「非政論ハ正議直輸ノ余波過ッテ一度法網ニ触レ発行停止ノ厳命ヲ被ル」[46]とあり、七号以降倶楽部の記事が増えてしまったことが、当局の弾圧の対象になったのであろう。だが、直接にどの記事が法にふれたかは分かっていない。

2 雑誌『文教』時代と地域

まず、月刊誌『文教』の構成と内容をみていこう。『文教』は『非政論』が廃刊されてから九か月ぶりに発行され、一号（一八九一年六月）から七号（同年一二月）まで続くことになる。[47]一号の社説の前の「社告」に、「文教は政治的の雑誌に非ずして文学上の好友なり」「文教は党派機関に非ずして交際上の媒介者なり」と示されている。これをみると、おそらく前の雑誌『非政論』は当局から政治的雑誌であり、党派的機関であるとの判断が下された可能性が高い。同じ轍を踏まないために、こうした「社告」が出されたのであろう。社主兼社長は渡辺操、発行兼印刷人は高木惣兵衛（笹川村、現在東庄町、元自由党下総地方部の幹事）、編集人は平野藤右衛門であり、高木・平野ともに元自由党員であることから、この体制は『非政論』のときと類似している。しかし、二号から高木・平野が「世務多端の為めと本社便宜の為とに依り」発行印刷の任を、菅谷元治・絵鳩伊之助（ともに有為社社員、絵鳩は府馬村、その後山田町、現在香取市）と交代した。また、『文教』発刊にあたって文教・国華・有為社の合同が成立した。国華社（滑河町、現在下総町を経て成田市）と有為社（神代村）は同じ香取郡でともに雑誌を発行しており、『文教』が発行されるに伴い合併のかたちをとったのである。[48] このうち、二社は文教中心の読者を想定した雑誌であり、有為社もそういった推測が可能である。国華社は雑誌経営の維持が困難となり、文教社社主渡辺と懇談して合同に踏み切ったという。[49] 有為社も、同じ理由で合同したことが推測できよう。一号では有為社は支社であったが、二号からは『文教』の発行所となり、文教社は国華社とともに「原稿取纏所」に代わった。この雑誌は、維持運営のために「社員」「社友」「特別賛成員」「通常賛成員」の制度を設けている。一部三銭五厘の雑誌だが、「社友」「社員」になるにつれて多くの寄付金等を払うことになる。ちなみに、「社員」は渡辺・平野や佐藤靖らがおり、「社友」には高木・絵鳩らがいた。[50] 一号の段階で「特別賛成員」三〇名、「通常賛成員」五七名、「社友」一五名、「社員」一一名を数えた。一号はすぐに品切れになり、注文が五〇〇部あったという。[51]

次に、雑誌の内容に少しくふれてみたい。内容は社説、文苑（漢詩・歌・俳句）、実業欄（「甘諸は実に有益」など）、寄書、雑話などで構成されている。また、『文教』は党派的機関や政治的雑誌ではないと言明したことはすでにふれているが、一号の祝辞には衆議院議員新井章吾[52]や元自由党員・「同盟義会」の常議員桜井寛らからきており、全く民権派色を一掃したわけではなかった。しかし、「文学上の好友」「交際上の媒介者」として雑誌『文教』は、「地方開拓ノ任ヲ尽すために地域に根をおろしていくのである。『文教』と地域とのかかわりについて、ここでは二つの事例をあげてみたい。

一つは、文教としての「文苑」についてである。「文苑」には漢詩・歌・俳句があった。それぞれの分野に責任者がおり、読者の投稿はその責任者に送る。一号では漢詩の掲載者は三一名、二号では和歌の掲載者二五名、俳句の掲載者八九名と多い。北総地域の投稿者が一番多いが、二号までで北は北海道石狩、南は熊本県にまで会員が拡がっていることが分かる。この情報網の速さは驚嘆に値しよう。外に離れた地域の会員としては、高知・函館・長崎・山形・福島などの人びとがいる。この「文苑」にかける徹底性は、『非政論』やのちの『無逸』『同志文学』にもみられなかったといってよい。一つの民衆文化といえる。そして、地域の雑誌はこうした「文苑」によって読者の拡大をはかることも、雑誌を維持する手段の一つといえるだろう。

もう一つは、香取郡の地域の動向を提供する場としての役割である。「会報」欄では郡内の情報を掲載しており、例えば香取郡教育界では実業教育奨励のため画学・手工の講習会を開くことの会議（一号）、良文談話会、青年同盟会（「国家の基礎」「過去現在未来の青年」など一〇名の演説会）、香取郡懇親発起人会（大懇親会を開くために佐原で五月二二日発会式を催す、その時東京より板垣退助らの名士を招く云々）、また衆議院議員大須賀庸之助が非政社団体である香取郡同志会を組織するため会員を募っているといった情報が一号ではみられた。さらに、「雑録」では「香取郡局部医会と救済社との合併」（四号）について掲載されている。局部医会は郡内医師相互の気脈を通じ業務の拡張をはかり、同時に学術・経験とを交換し品位を高尚にするというものであり、救済社は貧困で疾病に罹り医療ができぬ者が多く、傍観座視はできぬゆえ救済社をつくった。受領者の便に供するために治療権を発行し、貧困者にも治療を受けられるようにしたとして、一八九〇年に良文村にコレラが侵入したとき、文教社に少し救済券を付与したという。この合併会議には平野藤右衛門を始めとして一五名の医師が出席し、渡辺操も出席している。

こうみてくると、『文教』は香取郡を代表する雑誌とみてよいであろう。ここで改めて『文教』の特色をみていくならば、地域へのかかわりが『非政論』と比べより目立ってきたこと。いいかえれば、郡下の情報提供や文化を発信する雑誌に確実になっているのである。思想的には、政治論がほとんど消えて文学や徳義といった社会・文化的内容になる一方、国体支持・天皇論は変わっていない。また、各学校の生徒の投稿が『非政論』時代よりも一層行われるようになり、郡下町村の地租・戸数一欄などが掲載された。元自由党員で余裕のある人は「社友」になる者もおり、他の有力者たちとともに雑誌を後援していたといえる。さらに、七号には濃尾大震災への無逸塾生徒の義援金を寄付した名簿が目を引いた。総合誌としての性格をもつ雑誌『文教』は七号(九一年一二月)で廃刊されるが、その原因は不明である。

3　雑誌『無逸』から『同志文学』まで

(1)『無逸』の発行と東部支会の誕生

一八九二年一二月、月刊誌『無逸』第一号が『文教』の後継誌として発行された。渡辺操は

「無逸発行に臨ぞみ恭て大方諸君に告ぐ」（一号）と題して、以下のように述べた。

無逸は何が為にして発行するか余輩ハ少年諸子が怠惰に陥らんことを憂ひて発行する者なり……無逸の二字換言すれば則ち淡泊に甘んずるなり艱難に忍ぶなり……嗚呼地方の養成何ぞ軽忽に付すべけんや、是に於てか知る無逸の性、養はざるべからず……吾人が此無逸を発行する所以ハ敢て無逸の精勤を以て逸楽の怠惰に代るを期するの機関なるが故に、来れ卿等来て無逸の文壇に登り無逸の演壇に立ち而して卿等が内に含有しつつある和順の実を外に廃せよ、吾人は其英華の美を天下に紹介するの労を厭ハざるなり、否希望しつつあるなり、否是れ無逸を発行する所以の大義なり名分なり

雑誌を発行する理由として「少年諸子が怠惰に陥らんことを憂ひて」発行するとしたのは、これまでの雑誌にはなかったことである。ここには、学術が「国家の進歩国民の富源国力拡張の一大基礎」であり、そのためにも「地方の養成」は必要であって、『無逸』がそうした場所を提供していきたいとしている。『無逸』は『文教』が廃刊されてから一年後の発刊であり、『無逸』の発刊事情についても「種々の事情に遭遇した」（二号）とあるだけで、内実は不明である。

次に、『無逸』の構成内容について簡単にみておきたい。[53] 発行所は文教社であり、編集人は菅佐原源次郎（無逸塾出身）、発行兼印刷人堤安五郎（不明）、印刷所は東京市日本橋区槇町一六番

地八重洲橋活版所であった。雑誌は一部二銭であり、これは三銭の『文教』、四銭の『非政論』に比べ安価である。内容は社説・寄書、渡辺操が選ぶ「懸賞文」の掲載（「少年者の覚悟」「友人の兵営に入るを送る序」など）、雑報・文苑などがある。「懸賞文」・文苑については各地青年会員、諸学校生徒の文章・作文訓練の場として提供されており、以前の雑誌と変化はない。ただし、社説はいつも渡辺とは限らなくなった。雑誌『無逸』の思想的特色として――渡辺の思想に代表されるのだが――以前にも増して道徳主義的内容が多くなったことがあげられる。例えば、犯罪者を少なくするには「只教ふるに忠孝を以てし導くに徳義を以てするのみ」（七号、一八九三年六月）、あるいは日清戦争が始まると社説の前に太字で、「謹んで大元帥陛下親征を送奉り歓喜して平壌の大勝を祝す大元帥陛下万歳大日本陸軍万歳」（二三号、一八九四年一〇月）と記し、「義勇奉公」の心をもてと述べる。さらに、「戦争ノ勝敗ハ道徳ノ深浅ニ随ふ」（三一号、一八九五年六月）の社説など、読者へは戦争の勝利を讃える文章を多く載せている。他方、渡辺はそれ以前香取郡選出の県会議員に立候補したことがあった。一八九二年三月に、香取郡自由派有志総代の平野藤右衛門・松川亀三郎・飯田喜太郎・高野麟三らが推して自由派県会議員として立候補したが、落選している(54)。かつて、ともに大同団結運動などで活動した民権派が渡辺に期待をかけたと思われるが、すでにこの時期香取郡の民権派は個別分散化していたといえる(55)。

渡辺の思想に道徳主義的内容が多くなった理由として、弘道会の会員になったことがあげられよう。渡辺は一八九三年一一月五日設置願いを提出し、一九日付けをもって日本弘道会第三三支会千葉県香取郡東部支会の認可をえたのである。初代支会長は渡辺操であった。渡辺は九二年八月入会し、地方有志者とはかり会員の募集をしていたという。[56] 彼が入会した頃は県会議員に落選した後であり、「地方道徳を憂[57]」えて率先して入会したとされる。

周知のように、日本弘道会は国家道徳主義者の西村茂樹が一八八七年に設立し、修身道徳の思想を国民道徳として官製化してその普及につとめる民間の教化団体である。同時に「日本弘道会支会約規」をつくり、地方会員の組織化をはかった。一八九〇年「日本弘道会要領」を発表し、教化団体としての体制を整えた。「要領」には一、忠孝を重んずべし、神明を敬ふべし。二、皇室を尊ぶべし、本国を大切にすべし等があり、千葉県には明治二〇年代一七の支会ができるが、香取郡には七つの支会ができている。全国的にみても千葉県は弘道会運動の活発なところで、静岡県と並ぶ二大中心地であった。[58]

ところで、「日本弘道会東部支会規約」を少しくあげてみよう。

第一条　本会の目的は日本弘道会本部の主旨に遵ひ先ず各自の善行を専らとし併せて郷土の頑風汚俗を矯正し忠孝徳義の思想を発達するを期図《ママ》するにあり

第二条　本会は日本弘道会香取郡東部支会と称し事務所を仮に良文村久保千六番地内に置く[59]

（以下略）

これをみると、渡辺のもつ思想は「規約」第一条に似通っていることが分かる。渡辺らが作成したと思われるので当然のことともいえるが、民権派であり民権派の思想を有しながらも、彼の思想は結果として日本弘道会の思想＝教化団体の思想にいきつくことになったのである。渡辺の思想を民権派の基本思想としての「民権＝国権」型ナショナリズム(60)のカテゴリーで捉えることができるが、大同団結期の運動に参加しながらもやはり伝統的な儒教主義的要素を彼のうちに色濃く残したまま、国民道徳運動へ入っていくのであろう。第二条の事務所は渡辺の自宅である。

弘道会東部支会は、一八九四年八月二六日発会式を行なった。東部支会は九四年は五四名の会員、一九〇四年には五二名の会員であり、それほど増加はしていない。支会員には元自由党員である宮野昌平（古城村、その後香取郡干潟町から現在旭市）、平野藤右衛門の名前もみえる。宮野の場合終始一貫自由党を支持し、県会議員、支会副会長にまでなる人物であるが、弘道会の思想に取り込まれた、教化されたという意識はないであろう。ここには、自由民権運動退潮期から地域の教化団体に包摂されていく地域の民権派の事例をみることができる。

弘道会東部支会についてはこのくらいにして、もう少し『無逸』についてみていこう。四六号（一八九六年九月）「例言」に「本誌は道徳の拡張と文芸の発達を謀り世教を裨補するを以て目的と為す故に道徳拡張に有益なる論説及ひ忠孝節義の記事等」を網羅するというように、弘道会の影響が現われている。その外、『無逸』に関しては読者の支部が一〇以上つくられ、また地域との関係は『文教』ほどではなく、頁数も減っているので「文苑」も多くはない。無逸塾と雑誌

『無逸』との関係は、前述した生徒の文章訓練の場としての提供と、もう一つは生徒には全員毎号の『無逸』（一八九六年改正『無逸塾規則』には「学術雑誌」と規定されている）が配布された(61)。さらに、日清戦争の兵士に送る読者の短文や読者の道徳的な短い随筆などが目についた。

（2）本社の移転と『同志文学』の発展

雑誌『無逸』は、六〇号（一八九七年一一月）から名称を『同志文学』に改称した。これは、無逸塾が同年九月に同志中学館として県知事から認可されたことに伴うものであった(62)。内容は、『無逸』時代と基本的には変わっていない。『同志文学』にも投稿欄があり投稿規則があるが、そのなかに「政治に関する者」「風俗を害する者」などは「没書」とするとある。政治論については掲載しないと明記したのは、この雑誌が最初であろう。それまでは、編集の側で忌避して操作していたのである。また、支部規則が明確化され、購読者一〇名以上のところには支部を設置することになり、そこには本社から推薦した支部長を置くという。そして、支部長は本社員の資格で代金や原稿取りまとめ、場合により編集の一部を託すことがあるという。一八九九年一月現在、同志文学社(63)では一八の支部が確認されている。

雑誌『同志文学』は、号数が増すごとに会員が増えていったようである。八四号（一八九九年一一月）の社告において、「同志文学拡張の趣旨」が示され、その中では支社が東京蔵前と佐原町に設置されることが目を引く。また、会員を「通常会員」「賛助員」「特別賛助員」「名誉賛助員」とに分けて雑誌の収益を確保しようとする案も出て、これらは翌年一月から実施されたが、支社は東京のみであった。以後、発行所は本社と支社で雑誌を発行することになった。さらに、渡辺操は一九〇〇年五月から本社を事業拡張のため東京に移し、千葉本社を支社とした。この頃から、雑誌の編集・発行人は東京在住者が引き受け、九七号（一九〇一年四月）から紙面が拡大し、読者数も数千を有するという。(64)『同志文学』は、とくに九七号から「帝都文壇諸名家の協賛を得て紙面を改善せし」というように、紙面が一新された。そのことについて、少しく述べてみたい。

九七号の「同志文学略則」に、本誌は道徳・教育・文学・美術及び論説・史伝・講義・雑録・雑報・詩文・和歌・俳句・新体詩・小説等を掲載し、投書を歓迎するという。編集部が読者から募集したものは、小説・美文・新体詩・和歌・漢詩・俳句であった。しかし、実際には小説・美文・新体詩に関しては社員や社友に独占されていたといってよい。読者は今までのように、和歌・漢詩・俳句の投稿が多かったのである。また、本社の発行所はそれまでの蔵前から九七号よりは本郷区追分町に移っており、一一七号からは神田区三崎町へと移っている。そして、東京の雑誌の小売店は神田東京堂のほか五店あった。さらに、雑誌に何度か人物や風景の写真が載るようになり、読者の視覚に訴えるようになったのである。写真は、この頃流行した新体詩とともに読者には新鮮に見えたことであろう。

このようにして雑誌『同志文学』は紙面を改善し、中央の文壇に登場してしばらく続くのであるが、「百三十有余号」に至って「農学校設立の挙あるやその煩に堪へざる者ありて終に廃刊」したという。[65]だが、雑誌の一三〇号から一三九号まで順調にいったとすれば、一九〇四年の日露戦争の渦中であり、同志中学館の後身の村立良文農学校の廃校が決まり、私立良文農学校の設立申請が文部大臣に提出されるのは一九〇五年二月である。ということは、この時期の前後に雑誌が廃刊になった可能性が高い。管見のかぎりでは一一七号（一九〇三年一月）までしか入手しえていないが、[66]本社が東京に移ったのであれば千葉県の支社とは関係なく継続しえるのではないかと思うのだが、やはり雑誌の経営的立場にいる渡辺操の意向が強かったと考えられよう。

さて、最後にここで雑誌『同志文学』の特色を三つほど論じておきたいと思う。一つは、地域誌から全国誌への拡張があげられる。八四号あたりから何度か拡張案が出されており、徐々に本社内で演説・講話会を開くことや支部の増設、会員の募集などの改善があったが、最も大きな変化は東京に本社を置き、それまでの千葉県の発行所を支社としたことと、九七号以降の誌面の拡大である。八八号（一九〇〇年五月）から発行所が千葉と東京の二箇所となり、同号の雑報では事業拡張のため東京に本社を移すに至ったという。それは、数千の読者という後ろ盾があってのことゆえにできるものであった。これだけ読者が増加した背景には、政治論以外の文学・道徳などに徹し、読者参加の文壇を設けたこと、さらに地域で粘り強く継続することにより北総に『同志文学』ありと印象づけたのではないか。また、九七号以降の誌面では誌面じたいを三段組にしたり、写真を入れて視覚に訴えたり、東京の有力な新聞（万朝報・二六新聞・読売・朝日・日本など）に掲載されたことにより、同時に社友の執筆者も名の知れた人物が多くなり、中央文壇で伍していけるようになったのであろう。

もう一つの特色として、雑誌の性格が総合誌から文学専門誌へと近づいたことである。『無逸』から『同志文学』に名称が代わってからもしばらくは、寄書などで「金本位実施ニ就テ所見ヲ述ブ」「学校衛生論」「農業振起論」のような、政治論を除いてもさまざまな言論があり、地域に密着したものが多かったが、誌面を刷新した九七号からは北総の地域の動向はほとんどといってよいほど掲載されなくなり、投稿欄も出身地が示されないことにより、どこの読者が投稿したか不明となった。ただ、一九〇二年二月千葉県の支社で一度「誌友会」を開き、本社から主筆二名が派遣されているのが目立っており、さらに本社名誉賛成員には衆議院議員大須賀庸之助、弁護士板倉中、香取郡郡会議長など千葉県関係者が多く、経済的援助とのかかわりで地域との関係が継続していることが判明する。

九七号以降の記事には尾崎紅葉・佐々木信綱らの俳句や和歌が載り、文学評論・美術評論、小説の書評・紹介、文学研究、文士の動向等が示され、学士の投稿も目立つようになり、文字通り中央の文学雑誌になっていく。主筆池田錦水が一九〇二年の「迎年之辞」で、「更に大に明治文壇に、貢献する処あらんと欲するものなり」[67]と述べるように、『同志文学』は文学専門誌へと収斂されていくといってよい。と同時に、総合誌から文学専門誌となることによって、より一層の読者拡大をめざすため地域誌から全国誌への道を歩み始めたということができる。

あと一つの特色として、誌面の内容に社会問題への視点が現われてきたことである。とくに、社友原霞外や池田錦水の新体詩にうかがえる。原霞外（真一郎）は一九〇二年当時二一歳、早稲田の政治科の学生であった。彼はいくつかの新体詩を載せているが、足尾鉱毒事件の田中正造を歌った新体詩「義人よ狂へ」（二一四号、一九〇二年九月）はなかでも秀逸であり、第一節と最後の節（第一〇節）を掲げてみよう。

狂へ狂へ吾が義人《とも》よ
炎帝激怒《いか》る夏の日に
燃えて融けなむ地の上を
狂ふて走れ吾が義人《とも》よ
叫びて走れ革命の歌

生命《いのち》の水を荷車《くるま》ひく
かの貧民に与え可く
陰府《よみ》の国より貧民の
児女の苦患を教ふべく
うたへ叫べ人道の歌

この新体詩は、足尾鉱毒事件で活躍する田中正造の行動への賛歌となっている。原霞外は、この年に社会主義協会に加盟しており、初期社会主義者としての活動も開始していた。社会民主党結成（一九〇一年）以後あたりから、児玉花外を先駆者として一群の社会主義詩人たち（松岡荒村・大塚甲山・山口孤剣ら）の活動が花開き、それまでの浪漫主義的な新体詩から社会主義文学を志向するようなそれへと新たな動向が生まれてきた[68]。本誌の原霞外らの新体詩も、この動向の範疇にあるといってよいだろう。一方、池田錦水は一一二号（一九〇二年七月）に「鉱毒被害哀悼唱歌渡良瀬川の歌」を載せている。これは一九節と長い新体詩だが、最後の節は「渡良瀬川の岸の辺に行いて無惨の迹とへば／足尾颪の風寒く今も流る丶毒水の／色は紅人々の血に泣く涙の交りてや」とあり、抒情的な新体詩になっている。池田は元新聞記者で当時作家兼編集者であり、『同志文学』の編集の責任者であったと思われる。これらの二つの新体詩は、当時の足尾鉱毒事件に対する関心の深さを示しており、社会主義的、人道的立場から社会問題の読者への告発であったといえよう。政治論を禁止され執筆できない当時の文学青年は、文学作品を通じて社会に目覚め、社会問題を告発していくのである。そして、新しい近代思想である「社会主義」を受容していく契機にもなるのである。原霞外は当時すでに初期社会主義者といってよく、池田錦水や同じ社友である大沢天仙[69]も初期社会主義の周縁にいたといえる。霞外・天仙・錦水はのちに『千葉毎日新聞』においても、「客員」として執筆する文筆家であった[70]。日清戦後の社会問題を自覚する人びとのなかにあって、反近代・反文明主義を唱えたのち、社会主義あるいはその周縁に移行する人びと――赤羽巌穴・松岡荒村・高山樗陰ら――が存在した。これは、一九〇〇年前後の田中正造のいう「亡国」状況をどのように認識するかで、その後の方向が規定されていくとみられる。[71] 本章における霞外・錦水や天仙も、同じような思想傾向を有するように思われる。

ついでながら、同志中学館出身で唯一初期社会主義者となり、『同志文学』にもわずかに関係する吉田璣についてみておきたい。吉田は香取郡吉田村（現在は匝瑳市）出身であり、同志中学館二学年に在学中の一八九九年一学期の終った後、哲学館に無試験編入している。[72] また、吉田は八三号（一八九九年一〇月）において香取郡や匝瑳郡などの知り合い一〇人を『同志文学』に入会させたことが掲載されている。彼は、哲学館を経て数年後に早稲田大学に入学することになる。吉田と霞外は『同志文学』を通じて知り合った可能性があり、彼は霞外の新体詩などは読んでいたであろう。吉田は一九〇三年には社会主義協会に入会し、加藤時次郎の経営する社会改良団体である直行団においても原霞外・大沢天仙らと団員になっており、早稲田社会学会の創立者の一人であった（一九〇三年一〇月）。吉田は公娼問題と足尾鉱毒問題を契機に社会主義者になったと述べているが、『同志文学』の「社友」原霞外らと同様に社会主義への道をたどっており、彼らの影響をも少しくうけていたのではないだろうか。[73]

おわりに

千葉県香取郡良文村で発行された私塾雑誌『非政論』『文教』『無逸』、そして『無逸』を改称した『同志文学』は、明治二〇年代前半から通算すれば一三年以上――実際には一五年くらいになるだろう――も同一箇所で発行されたことになる。尤も、『同志文学』時代の途中からは、良文村での発行は支社の位置づけとなるが。それでも、地域において名称を変えながらも長い間継続し、香取郡を代表する雑誌として多くの地域の読者を獲得し、地域の動向を提供する場として果たした役割は大きい。それは、とくに『文教』時代に顕著に現出し、地域に基盤をうえつけたとみることができる。それぞれの雑誌を簡単に総括すれば、『非政論』は民権派の影響下にあり、私塾関係の記事が多く、『無逸』はより道徳主義的な「忠孝徳義」の思想がめだち、『同志文学』は文学専門誌に近づき、社会問題への視野をもち始めたといえるのであり、そして『文教』は地域に根ざした雑誌と捉えられる。これらの雑誌は、つねに「文苑」を設け読者を参加させ、多くの「社友」「賛成員」の後援をうけ、数千の購読者をえたのだといえるが、では地域社会における役割としては何がいえるであろうか。

香取郡は本文で述べたように、弘道会支部が八つあり、その実態は不明だが、明治二〇年代以降民権運動のあった地域を含めて、国家主義道徳思想がしだいに郡下に浸透していくように思われる。そうしたなかで私塾雑誌が地域に果たした役割は、良文村という地域、そして郡下の購読者層を啓蒙し、影響を与えていくことになる。すなわち、初期の頃民権運動にかかわる政治論・倶楽部の活動などの「政治文化」の読者・民衆への浸透、「文苑」欄・生徒欄・寄書にみられる読者参加による民衆文化の普及と受容、天皇制を前提とした忠孝徳義的な道徳思想の浸透、さらに農業・実業関係や衛生関係などの香取郡下の他の地域の動向の情報提供を伝達する場としての役割を果たしてきたと考えてよい。それは、安価な雑誌価格ともあいまって購読者を中心とした郡下の民衆に対して啓蒙・伝達の役割を果したといえるであろう。香取郡において良文村以外で本格的な雑誌が発行されるのは、小見川町で『明ボノ』が発刊される一九〇六年までまたねばならなかった。そのときまでは、良文村の私塾雑誌が地域に思想・文化の伝達を果たしていくこととなる。また、これらの私塾雑誌と私塾は、初期の頃は民権運動の影響をうけていたことは確かであるが、私塾そのものは民権派の学習結社とはいえない。なぜならば、教育内容にミルやスペンサーなどの授業はなく、むしろ地域における民衆の子弟のための中等教育として位置づけられるのであり、同志中学館やのちの良文農学校となるのは、あくまでも地域の要請を考慮しているからである。

さらに、雑誌の主催者である渡辺操の役割もみのがせない。これまでみてきたように塾長渡辺は漢学の教育者であるが、民権派の影響を強くうけて『非政論』では民権派を支持し、政治運動をした時期もあった。しかし、民権運動退潮期以後日本弘道会の香取郡東部支会を設けて、「地方道徳」の回復に元民権派の平野藤右衛門や宮野昌平らと奔走していく。渡辺は郷学で尊王攘夷論を学んだと思われ、成長して漢学をものしたことにより、民権運動の影響をうけながらも終生伝統的な儒教主義的要素と離れることはなく、「頑風汚俗を矯正し忠孝徳義の思想」(74)を目的とし、地域の「国民」をつくりあげていくべく弘道会運動＝国民道徳運動の普及に献身していくのである。ここに、地域における渡辺操らを媒介にした国民国家形成の一つの事例がみられるのではないだろうか(75)。そこでは、渡辺らは「国民」をつくりあげていくイデオローグであり、弘道会は国家と民衆をむすびつける国民統合の装置と位置づけられる。また、ジャーナリズムとしての私塾雑誌も新聞ほどではないが、ある程度の国民形成の媒体の役割を果たし、地域の読者＝民衆に思想・文化などを啓蒙していく。読者は渡辺らの記載によって大同団結運動期や帝国議会期などに「国民」意識がたかまり、とくに日清戦争期の記事には国民的アイデンティティがよりたかまったのではないかと推測されよう。しかしながら、雑誌の日常的な記事には公共性実現の場としての機能がまさり、思想・文化、地域の情報などが読者に提供されていくとみられる。雑誌と弘道会運動を媒介に地域での国民形成をこころみる渡辺は、その成果如何は別にしても、国民国家の特徴の一つである国民統合のイデオロギーを地域民衆に対し浸透をこころみたのである。そこでの渡辺は、社会的中間層に位置づけられる。ただ、渡辺自身の国民国家形成をたどる過程が、この時期どの段階に位置するかは不明である。国民国家形成はたえず続いていると思われるからである。

渡辺は私塾雑誌に多くの執筆をしていくが、『同志文学』九七号からは「社員」としての存在のみで、筆をとることはなくなった。渡辺の『同志文学』の経営的立場からみるとき、原霞外らの新体詩の掲載を許可したのは社会問題への視点を共有・容認していたとみることができる。渡辺は教育者の仕事などで多忙になった可能性もあるが、それはともあれ、私塾雑誌を発行していった役割は「忠孝徳義」的な道徳思想を唱えていたこととは別に、地域の雑誌の読者に対して思想・文化的啓蒙の浸透を果たしたことは確かであった。

次に、地域の社会・思想・文化状況のありようはどうであったろうか。雑誌を通じて地域のありようをみていくのは断片的でもあり、なかなか困難といえるが、まず地域の読者が文芸欄の俳句・和歌・漢詩等に盛んに投稿するのは、それだけこうしたものを欲していたことが分かる。本文でも述べておいたが、文芸欄の情報網の全国的な速さは短詩文の手軽さも手伝い、民衆文化として根づいていくこととなる。また、とくに明治二〇年代半ば以降は郡教育会などでの実業教育の奨励がめだつようになり、同時に農村の地域との関係で実業の具体的な改善・講義等が雑誌に掲載されている。同志中学館が村立良文農学校に変わっていくのは、当時の実業教育の奨励が背景にあったことは確かである。さらに、貧困者に対する建議や医療面での救済の記事もあり、地域の衛生への取り組みもみられた。ただし、思想的には取り立てて述べるほどのこともなく、読者・投稿者は天皇制を前提とした道徳主義的思想内容が中心であり、もちろん雑誌の影響もうけていたであろう。そして本章においては、民権派の影響をうけた雑誌『非政論』の政治論を含めた独自性も、『文教』以降ではみられず、筆禍をおそれて自制した編集方針を採るようになった。

最後に、私塾雑誌を通してみる思潮の動向について若干述べておきたい。新装なった『同志文学』九七号（一九〇一年四月）の「同志文学改善に就て」において、本誌は「其主義精神に於ては『非政論』以来寸毫変ずること無かりき」と述べている。なるほど、「主義精神」においては変化はなかったかもしれないが、本社が東京に移って以来、とくに九七号以降は文学専門誌といってよいほど、それ以前とは変わってしまった。しかし、そこから政治論以外で文学により社会を見つめ直す視点が生まれてきたのではないだろうか。千葉県北総において、民権派の影響をうけて、彼らを支持する内容を載せた『非政論』は、名を変えて一〇年以上たって中央に進出したことにより、『同志文学』の社友原霞外らによって社会問題を告発する新体詩を載せるにいたった。初期社会主義にかかわる原霞外やその周辺にいる池田錦水らは、文学により社会を論じることができ、そこから原霞外や『同志文学』の落とし子ともいえる吉田璣は新しい原理、新しい近代思想である「社会主義」によって社会の矛盾を解決していこうとするのである。彼らは、前述したように反近代・反文明主義の立場から社会主義へと軌跡をたどるとみてよい。

『同志文学』一〇六号（一九〇二年一月）に、「本社々友及社員」と「千葉県社友」の名前が掲載されている。千葉の社友は平野藤右衛門・宮野昌平・佐藤靖らがおり、本社の社員及び社友は渡辺操・原霞外・大沢天仙・池田錦水らがいる。ここには、かつての民権派と初期社会主義にかかわる社友が並列している。すなわち、私塾雑誌を通してみる近代思想の動向は、地域においては自由民権思想、さらに忠孝徳義的な道徳思想などが現出し、本社を中央に移してからは初期社会主義者らによる社会主義的、人道的立場からの社会問題の告発のようなものが生まれてきた。ここには、それぞれの雑誌の担い手と少しの記事内容による自由民権から初期社会主義への潮流がみられる。千葉県香取郡という地域における自由民権から初期社会主義へという思想の流れではないが、地域から中央の雑誌に転換したことにより二つの潮流が結びついた事例といえる。[76] これらは自由民権→平民主義→初期社会主義という明確な近代思想の流れとはいえないけれども、本章の系統的な雑誌にみられるような、やや変則的ともいえる近代思想の流れをいろいろな局面から検証していくことも、今後の近代思想史をより豊かなものにするためには有益であろうと思われる。

第2章　自由民権から初期社会主義へ
――マイノリティとしての一農民＝小泉由松の軌跡

はじめに

本章は、千葉県の北総地域における一農民＝小泉由松の思想やそれに伴う行動を追うことを目的にしている。小泉由松は、もともとは初期社会主義者であり、初期社会主義者として分析したことはあったが、近年発見された史料により自由民権期においても活動していたことが判明した(1)。そこで、本章では小泉由松の自由民権時代から初期社会主義時代まで論じてみようと考えたのである。

もともと、私の初期社会主義への問題関心には、治安警察法（一九〇〇年）を制定されたことにもよるが、「序章」で述べているように、初期社会主義者はそのはじめから労働者階級を組織することなく先駆的な知識分子、すなわち現実に労働運動に基盤をもたない少数の知識人・学生・独立生産者に担われながら権力と相対していく。また、そういった弱点・限界がありながらも、当時の中央の社会主義者の代弁する民衆はそのほとんどが労働者であり、農民に言及する視野が労働者よりはるかに少なかったということは周知の事実である。若干取り上げることはあっても、おおよそ文筆活動をもって地主制度・小作人問題をとりあげ、その根本的解決として土地国有、社会主義の農民問題への適用を主張したにとどまり、現実の農民・農村問題にはタッチしなかったのである。すなわち、農民問題への欠落――とくに現実的・具体的な農民・農村問題について――を示しているといってよい。このことは、当時の「社会主義」が社会問題に触発され、もっぱら「都市社会主義」の文脈のうちで展開されてきたことにも原因があろう。

一方、日本における近代思想史の潮流は、啓蒙主義→自由民権→平民主義→初期社会主義→大正デモクラシー→ファシズムへと続くが、そして、それをおおうようなかたちで天皇制思想が存在する。ただし、地域においてはいささか異なった様相を呈している。「序章」でも述べたように、民権から初期社会主義へ進む人物には、中央では幸徳秋水や福田英子らがいるが[2]、地域においては全くといってよいほど事例はない。民権運動にかかわる地域民衆は多いが、初期社会主義にかかわる民衆はほとんど存在しない。その意味において、初期社会主義にかかわる民衆はマイノリティといってよい[3]。同時に、民権から初期社会主義へと移行する民衆は、さらに稀といえるであろう。

本章では、民権思想を有しながら初期社会主義者へと移行する一民衆＝農民を取り上げていく。この人物＝小泉由松については、すでに論じてきている[4]。ここでは、さらに別の史料を利用して、彼の全体像に迫ってみるつもりでいる。もともと、地域のこうした人物については、一次史料がほとんどないといってよいが、小泉由松については少しく発見されており、本章もそれを元にしている。

1　小泉由松の足跡――民権期の思想

千葉県印旛郡出身の小泉由松は、もともとは香取郡臼作村（のち大栄町、その後成田市に編入）の葛生利右衛門の次男として、一八五九（安政六）年旧暦三月に生まれた。その葛生由松が、いつ頃かは不明だが、下埴生郡（一八七八年埴生郡から分かれる）成毛《なるげ》村（現在成田市）の農業を営む小泉家に婿入りしている。妻やす（一八六三・文久三年旧暦九月生まれ）は、父親小泉太兵衛と母よしの長女であった。小泉由松の長男の啓蔵は、戸籍によれば一八八三（明治一六）年一月に生まれていることから、妻やすとの結婚は一八八一（明治一四）年前後、つまり小泉由松の二二歳前後ではなかったかと推測される。だとすれば、小泉由松は自由民権期に青年時代を過ごしたことになろう。

成毛区有文書（成田山霊光館所蔵）の一八七二年の埴生郡成毛村戸籍簿によれば、成毛村の戸数は二九戸、人口も一七四名（一八八九年三月現在）の小村であり、戸数は印旛郡に合併された明治二〇年代以降においても変化はない。明治前半期の小泉家の土地は、田畑九反一畝、山林九畝、合わせて約一町歩余りの土地所有者であり、村内においてはほぼ平均に位置しているといえよう。小泉由松の子孫の小泉利夫への私の聞き取りによれば、かつては家屋敷が三〇〇坪ほどあり、家の周囲は板塀で囲まれ、長屋門があったといわれた。しかしその成毛の家は、一九八八年に取り壊され、現在は誰も住んでいない。

小泉由松は、少年期から青年期にかけての思想形成に関する史料がないため、具体的な行動形態は不明だが、残された史料で青年期以降を含めてみていくことにする。彼は婿入りしてから、近隣の漢学塾の斯文塾に通ったことは判明している。斯文塾は成毛の隣の大生村《おおうむら》で、横田対山が一八七八年自宅に設立した漢学塾である。残存している史料で、小泉が最初に出会う漢詩は、一八八六年三月に「皇朝精華集」の筆写――古代から明治期までの名の知られた人びとの漢詩――であり、菅原道真をはじめ足利義昭・武田信玄・太宰春台・梁川星巌・真木保臣・大沼沈山・小野湖山・成島柳北らであった。小泉が参加し、あるいは結成していく漢詩文サークルでは、一八八七年に開催された北総有志五〇有余名が参加した詩文会が最初であった（「詩文会記」『小泉利夫家文書一〇』（以下、『文書』と略記する）。この塾の経営者の横田対山に、小泉は常に漢詩の添削を依頼しており、その史料が多くみられる。この地域には横田を師と仰ぐ農民が多く、彼の碑文（頌徳碑）には三〇〇名の弟子の名前が刻まれているが、そのなかにはこの地域から、のちの初期社会主義運動に参加する葛生新治郎や香取弘などの名前がみられた。

ところで、小泉由松の民権思想の形成はどうであったろうか。残された史料から判明する彼の思想形成は、まず学習するところから始まるといってよい。例えば、幕末維新期の著名人の言語録の筆写を通した理解、啓蒙思想家の言語録の筆写を重ねることにより、知見を深めていくことであった。事例を挙げれば、前者では木戸孝允・大隈重信・加藤弘之・矢野文雄・田口卯吉・ディズレーリ・植村正久・カーライル・西郷隆盛・桐野利秋・穂積陳重・渡辺洪基・大鳥圭介・有栖川宮熾仁・井上馨・伊藤博文・谷干城らであり、後者では福沢諭吉・森有礼・中村正直・西周・西村茂樹・津田真道・箕作麟祥の筆写がみられる(5)。

小泉は彼らの言説をノートに筆写していくが、何を参考・参照していたのかは、今のところ不分明であり、草深い田舎にどういうルートで中央の書籍・雑誌が入ってくるか、あるいは新聞を何らかのかたちで読んでいたのかは、これからの課題である。そして、小泉の自由民権学習は、明治一〇年代後半前後から二〇年代初めにかけてではなかったかと推測される。片田舎の一農民である小泉も、他の青年と同じように政治や政治思想、民権思想などに関心をもっていたということがいえる。板垣退助・後藤象二郎・中島信行・末広重恭・植木枝盛・島田三郎・星亨・草間時福・肥塚龍・青木匡・箕浦勝人らの民権家の筆写は、その証左であろう。では、具体的にどのような言説を筆写していったのか、若干みておきたい(6)。

「余ガ平生ノ志ハ天下ノ政党ヲ改正スルコトニアリ、今日我国人ノ精神ヲ喚起スルニハ必ズ欧米ノ新主義ヲ以てセサルヘカラス……吾党ハ遂ニ我自由主義ヲシテ亜細亜全州ニ傍礴普及セシムルコトヲセサルヘカラス」(板垣退助)

「曰ク凡ソ何レノ国ニテモ政治上ノ統合ヲナスニハ其当時ノ必要ニ応シ大目的ノアル所ロ《ママ》ニ従フテ活動スルカ政治家ノ急務テアリマス」（末広重恭）

「曰く現時ノ日本ハ実ニ内憂外患ノ二大困難ニ攻メ立ラル丶ノミナラス法律権ト理財権ノ二個ヲ失脚シ独立ノ全テヲ得サル憫レムヘキ国柄ナリ、其故ハ治外法権ノ在ルアリテ外人ニ対シテ我国ノ法律毫モ其作用ヲ為ス能ハス（略）」（後藤象二郎）

この当時、小泉由松が啓蒙思想家や民権家をどれほど深く理解できていたか、あるいはその違いを把握しえていたかは不明であり、同時に小泉の周辺に民権運動に関心をもつ人びとがどれだけいたかどうかも分かってはいない。ただ、小泉のような人物が大勢いれば結社が設立されても、何ら不思議ではない。小泉の民権思想の形成は、まず民権学習から始まり、その後それを理解して民権思想へ到達していくように思われる。筆記して学ぶことにより、それが民権学習にとって十全の成果ではないにしても、学習の経験はのちに生かされる可能性があるであろう。それでは、明治一〇年代のこの時期、下埴生郡の地域における民権運動はどうであったろうか。少しく指摘しておきたい。

明治一〇年代前半、近隣の長沼・荒海・飯岡・南羽鳥・北羽鳥地域では国会論が論じられており、国会を開設するかどうかの「可設論」「不可設論」の二派に分かれて議論となっていた。(7) その前提として長沼事件があり、(8) さらに一八七九年六月に長沼村の小川武平を社長とする自立社という民権結社が誕生している。(9) この結社は、社長小川武平をはじめ七二名の発起人がおり、一八八〇年一月東京の交詢社結成後、両方に加盟する社員も増加し、そうしたなかで国会開設の是非の議論が登場してくるのである。さらに、一八八三年一一月から成毛村の隣りの土室村の小倉良則ら五名は、下埴生郡において減租請願運動を起こし、一八八四年六月には建白書を起草中であると伝えている。(10) この背景には、一八八二年一一月の自由党臨時大会の席上、片岡健吉が減租建白運動を「滞京委員」に対して提案をし、それを受けて千葉県でも開始するに至ったといえる。小泉は、隣村の小倉良則の行動は知っていた可能性が高く、一八九二年に自由党衆議院議員となった小倉良則に関する史料がみられる。(11)

次に、小泉由松のもう少し具体的な民権学習についてふれてみよう。一つは、国会請願書の筆写であり、例えば岡山県の国会開設請願書の写しがある。(12)「(一、二字不鮮明) 両備作三国々会開設願望同盟兄弟相告ルノ言」とあり、作成者は県議の忍《おし》峡《お》稜威《いつ》兄《え》であった。これは岡山県の第二回国会開設請願への取組みのなかで発表された一八八〇年一〇月のことである。この背景には、茨城・長野・山梨・新潟の四県代表から一〇月末に全国有志者が東京に集まり、共に請願しようとの呼びかけがあり、それに基いている。この「相告ルノ言」を写した小泉は、おそらく背景などは理解できなかった可能性が高いが、本文を読むことにより民権運動の請願への努力や「哀訴請願」への意気込みなどの雰囲気の幾分かは伝わっていたであろう。また内容は略すが、二頁余りの小西甚之助が起草した「伊藤公外九参議へ宛送リシ国会請願御取持願ノ文」がある。この請願には日付はない。さらに、小泉は民権学習に欠かせない憲法をも筆写している。「英国憲法第壱号」と題して、一八八九年一月に筆写したとあり、[13]これは明治憲法発布、帝国議会開設に備えて写した可能性があろう。英国憲法の項目には、「皇帝ノ司法権」、「皇帝ノ行政権」、「上院ノ組織及ヒ権限」があり、一二頁にわたり筆写している。

こうした民権学習や憲法学習を通じて、小泉由松は「自由」「民権」「人権」「権利」などを含めた自由民権思想や少しの運動の動向などを学ぶことにより、民権思想（運動）を自らの経験として蓄積していくことが少しはできたように思われる。同時に小泉は、一八八八年一月にある懇親会の席上において、「演説ニ聴衆ヲ感動セシメ喝采ヲ」博するための論説組立法の演説をしており、その内容は「論説組立法」（『文書』一一）を元にしていた。彼は「西洋翻訳書」を読み、論説組立法の概略を記憶したので、その概略を述べたのである。組立法には、「上昂法」「降下法」「比較法」など六種類あり、それを具体的に説明していくが、字数の関係で略したい。その外、小泉は帝国議会開設に向けてもその感慨を示しており（「元日ノ感」（一八八八年）『文書』一〇）、民権学習などの成果が彼の民権思想を含めた政治意識や政治思想の高まりになっていくように思われる。

2　初期社会主義運動への参加の前提――政治家への接近と文化運動

小泉由松が政治家に接近するのは、いつ頃かは不明だが、民権学習及び民権思想の習得後、政治や政治家に興味がわいてくるのは必然のことのように思う。政治家への関心は、明治二〇年代前半から明治四〇年代にまで及ぶ。ただし、政治家との接触は年代不明の書簡などが多い。当初は地域の選挙運動を通じて藤江東作（安食町）らを支援しており（明治二〇年代前半）、一九〇二年総選挙に際しても、小泉は平山晋が立候補して落選したときに支援したことがあり、藤江から礼状などが来ている[14]。また小泉の選挙運動支援における著名人は、県内の元民権派新聞『総房共立新聞』の社長であった桜井静が挙げられる。一九〇三年三月、桜井静から小泉に選挙運動協力の礼状が来ている（『文書』六九）。このときは第八回総選挙であり、山武郡から憲政本党より立候補した桜井は、第七回総選挙に次いで当選しており、「旧誼ニ依リ一方ナラザル御賛助を蒙り」とあるので、以前から小泉と桜井は面識があったことがうかがえよう。選挙協力は他にもあるが、省略したい。

続いて、小泉由松が全国的に著名な政治家に接近していく事例を紹介しよう。河野広中・尾崎行雄・鳩山和夫・犬養毅といった、いずれも進歩党系の著名人が中心であった。まず、当時憲政本党にいた河野については、一九〇一年正月に年賀状が来ており、また同年四月には小泉が河野に何かを贈ったらしく、その「頂戴物預り」の礼状が来ている。おそらく、小泉の方から接触をはかったと思われ、もっと以前から、つまり自由党衆議院議員の頃から接近していた可能性がある。河野からは、一九〇四年、一九〇五年、一九一〇年の年賀状も来ており、さらに年代不詳ながら書物の問い合わせをしていることもあった。(15) 小泉は、河野広中が民権運動などで活躍した過去を知悉していたと思われ、そういう著名人と接近をはかることは自身の行動を正当づけ、かつての民権学習の経験を生かすことにもつながっているであろう。続いて尾崎行雄に関しては、一九〇九年六月に尾崎の父親の喜寿に「高吟」を贈り、その礼状が来ている。(16) また年代不詳ながら、尾崎から庭園拝見願い（大隈重信の庭園）への了承の返事が来ている。(16) その外、内容は省略するが、鳩山和夫・犬養毅とも、問い合わせなどの連絡を取り合っていることが判明している（『掛け軸文書』2―1・2、3―4）。そして、小泉には自身が政党に入党した可能性のある文書も発見された。これは年代不明だが、関和知からの返書の書簡で「本党への御入党」の件が了承されたとある。しかしながら、この史料だけでは憲政本党に入党したかは判然としない。これは課題として検討していきたい。(17) 小泉由松が、なぜ進歩党系を支援していくかは、いまのところ不分明であるが、彼は一八九七年から発行された県内の進歩党系の新聞『新総房』の通信員を当初からやっており、新聞社側は「大いに便益ヲ得候段拝謝」していたことが判明する。(18)『新総房』の前身は民権派の『千葉民報』（一八九四年刊）であり、二年後『新総房』と改題し、政治雑誌として再発足をして、さらに新聞形態に改めた。小泉は、「同志諸賢」の一人として通信員の役割を果たし、地域の政治・社会・文化などの動向記事を送っていたことが知られよう。

こうした小泉由松の政治家への接近は、民権学習・民権思想を包含した政治思想を形成していく上で、少しは役立ったといえるだろう。同時に、明治二〇年代には地域の文化運動にも貢献しており、それについて若干ふれておきたい。小泉の明治一〇年代の漢詩文サークルについては、すでに先述しているが、これも一つの文化運動といえる。漢詩文について小泉は、明治三〇年代、四〇年代も継続してノートに記していくが、明治二〇年代に二つのサークルに関係する。一つは北総青年倶楽部への参加であり、もう一つは印東文話会の結成である。

まず前者については、これに関する史料はほとんど残っていないが、年代不詳の倶楽部結成の趣意書があり（『文書』一六〇）、それによれば倶楽部の本部は遠山村で創立員は中野保光ら四名、「文学研究交誼」が目的であり、隔月一回雑誌を発行し、部員各位に頒布して一層の親交を結ぶとある。投稿は「詩文歌随意」とあり、第一号は八月二五日発行予定であった。また、小泉ら三名宛の倶楽部からの封筒のみが残っており、封筒裏には「第一一〇号　明治二五年七月二五日」（『文書』一七八）と記されていた。「第一一〇号」は通信の回数か、雑誌の号数かは不明だが、この数字はこの地域において「文学研究交誼」が盛んであることの証左とみるべきではないだろうか。

他方、後者の印東文話会は、一八九六年春に小泉由松と小泉宗作と根本（教員で姓のみ判明）の三名が中心であり、日清戦後における青年の責任は重大であるとして、将来の日本に貢献すべく「道義」と「知勇」とを「講究練磨」したいと述べる。[19] 具体的に「文話」とは、会員がお互いに文章と言論を闘わせ、これにより各自の道徳と知識を進め、将来の「日本帝国」に尽くすことが目的であるとした。小泉は印東（印旛沼の東側）の各青年諸子と言論と文章を闘わせることにより、自らの政治意識を高めようとしていくが、三国干渉への批判もしており、ナショナルな政治思想をもつ地域青年が増大したことは確かであろう。当初は一〇名弱の会員で発足した印東文話会は、その創立会では小泉が座長であったが、以後の動向は史料不足のため判然としない。

こうみてくると、小泉由松は民権学習や民権思想の受容をへて政治家への接近や選挙活動を支援しており、同時に地域における文化運動が政治意識や精神を鍛えていったことは確かであろう。彼が初期社会主義運動に接近する前提には、以上のことが考えられ、それはある事件を契機に一気に飛躍していくように思う。

3　初期社会主義者としての活動

小泉由松が、この地域に誕生する初期社会主義結社の会員として参加する一つの要因として、一九〇一年五月に起こった『新総房』の社会民主党事件があげられよう。社会民主党事件とは、進歩党系の『新総房』が日本最初の社会主義政党である社会民主党の綱領並びに宣言書を掲載して告発され、『毎日新聞』や『万朝報』などの全国紙や雑誌『労働世界』とともに、発売頒布の停止を余儀なくされ、罰金を払わされた事件である。地方新聞では『新総房』のみが宣言書を掲載しており、控訴・上告したが、一九〇一年一〇月大審院において上告は棄却された。社会民主党は、周知のように「社会主義を経とし、民主主義を緯として」誕生し、「社会民主主義」を標榜して自由・平等・平和主義の抱負を掲げた。普遍的内容をもつこの党の「理想」の骨格は、現在も依然として遠い目標にあるが、当時『新総房』の通信員をしていた小泉は宣言書や綱領、さらに社会民主党事件をどのように把握していたかは判然としない。が、社会民主党を肯定的に捉えており、それゆえこの地域では初期社会主義結社の結成へとつながるとみてよいであろう。宣言書を掲載した『新総房』だけでなく、県内においては政友会系の『東海新聞』や『千葉毎日新聞』といった有力紙も、新しい近代思想である「社会主義」に理解を示しており、二〇世紀をむかえて県内のジャーナリズム界のもつ自由主義的な雰囲気と在野性は健在であり、帝国主義・社会主義論争のような議論も紙上で論じられている。[20] のちに、ともに北総平民倶楽部の会員となる隣の地区の幡谷に住む海保金次郎に宛てた一九〇二年一二月下旬の書簡には、政治・経済・社会的な内容を含んでおり、日常的に小泉は政治社会的なことなどを語っていたことがうかがえる。[21]

一九〇五年一月の日露戦時下、中央の平民社の影響をうけ、印旛郡八生村・豊住村・久住村(いずれも、現在成田市)の青年を中心に初期社会主義結社である北総平民倶楽部が誕生した。幹事はいずれも二〇歳台の小川高之助(八生村宝田)と根本隆一(豊住村南羽鳥)であり、月一回の例会を開き、当初は一五名の会員で出発した。倶楽部のなかでは年長者である小泉由松(四五歳）は、久住村成毛から唯一の参加者であり、倶楽部内では顧問格のような存在であったとみられる。倶楽部内における活動や思想は、第二編でふれていくが[22]、ごく簡単にみておきたい。倶楽部前半期の活動で特筆すべき活動は、平民社の運動方針の一つである普選運動の実践――一九〇五年一二月の衆議院補欠選挙に白鳥健を立候補させ、六名中四番目の二二六票で落選――であり、これには小泉も奔走しているが、かつての進歩党系議員の選挙運動の経験がこういったところで生かされているといえる。また、一九〇六年一月中央において日本社会党が結成されたとき、倶楽部会員では小川高之助や小泉由松をはじめ五名が党員となり、これは千葉県内の日本社会党員六名のうち五名をしめており、小泉自身のもつ積極性をみてとることができる。倶楽部後半期では、日本社会党解散後に片山潜らの議会政策派の唯一の地域結社として倶楽部の活動を再開、座間止水の影響を受けて、地域に根ざした「村落社会主義」思想の実践を考え続けていくのである[23]。

ところで、北総平民倶楽部の活動していた倶楽部後半期における小泉由松の動向を、少しく追ってみよう。一九〇七年七月、倶楽部総会において役員（評議員）選挙があり、小泉は根本隆一・坂宮半助・海保金次郎・白鳥健ら八名のうちの一人に選出された。また、新たに規約を編成して、一条で「本倶楽部は社友的組織とし、北総平民倶楽部と名称す」、三条「本倶楽部は労働者の幸福を増進するを以て目的とす」などが決められた[24]。小泉は、行動記録のようなものとして「漫筆手帳」を持参しており、〇七年当時、彼の息子の啓蔵夫妻には子供があり、この時期ある程度自由に行動できた可能性があった。[25]「漫筆手帳」において、小泉の筆写した研究会日誌の一部を引用したい（なお、文中に平仮名と片かなが混在しているが、そのままとした）。

○同会第一の初会は宝田区寺本源兵衛氏の宅にて開きたり、来会者七名なり、諸子の席上演説ありて頗る趣味を極めたり、時は維れ旧の六月一五の秋にして恰も満月なり、第二の研究会は旧九月《ママ》　日幡谷区海保金次郎氏の宅に開きたり、来会者二十八名。千葉町東海新聞の記者座間鍋司（座間止水）氏来賓トシテ出席し村治の政策に関する有益なる談話いたされしゆえ、来会者孰れも満足に閉会せしは午後十一時頃。

○四十一年研究会日誌
正月廿五日開会。寺本源兵衛方　図書借読書《ママ》を設立スルコトヲ定ム、午後六時より会員の演説あり（以下、省略）。

史料の書き始めの箇所の「同会第一の初会」に年代が入っていないが、文脈からみれば一九〇七年であろう。小泉は旧暦で書くことが多く、書簡もそうである。「漫筆手帳」に研究会日誌の一部が書かれているが、そこに二五歳の若き座間止水が出席していた。「旧九月」は一〇月か一一月頃であろう。彼がなぜ、倶楽部の例会に参加したのかは、詳細は第6章（第5章も含めて）にゆずるが、座間はすでに同年七月、議会政策派の片山潜・白鳥健とともに倶楽部に遊説に来ており、そこでの彼の演説が倶楽部会員に大きな影響を与えていく。座間は「村会政策」と呼び、小泉は「村治の政策」と記しているが、その演説会以来の倶楽部例会への参加であった。座間の演説というのは、簡単にいえば町村制に規定された二級民（二級公民権者）の団結をはかり、二級意思をもって自治の行政議決権を占領していこうという「町村会政策」＝「村落社会主義」思想＝「町村社会主義」の展開であり、問題提起であった。この問題が倶楽部後半期を左右する重要なテーマとなり、倶楽部会員はそのことを考え続けていくことになる。実際、会員の坂宮半助は小泉宛に伊豆修善寺から絵葉書を送っており、そこには主義の研究及び実地運動について研究したい、そして「町村政策に着手するとせば其運動方針に就て協議もしたい」などと書かれていた（『文書』一三九）。「村会政策」の問題は、実地運動であったように思われる。

また、一九〇八年一月二五日の研究会は、西川光二郎らの『東京社会新聞』にも掲載されており、参会者は三六名とある。史料の「図書借読書《ママ》」の設立とは図書館設置のことであり、以前小川高之助の提案した図書館設置の件が全員一致で可決したのである。倶楽部例会は主に八生村宝田と久住村幡谷で実施されるが、小泉の自宅で倶楽部総会が開催されたこともあり、それは一九〇八年七月のことであった。このときは、役員の改選と社会主義の伝道の方法が話し合われている。[26] また、小泉の演説の内容については不分明であるが、演説の論題は「国家の概念」「増税について」（一九〇八年四月一日）、さらに一九〇九年二月六日の「同志懇親会」では、「国体と社会主義」について演説しており、国体と社会主義は決して矛盾するものではないと述べている(『社会新聞』一九〇九・二・一五)。この国体と社会主義は矛盾せず、当時の国体のなかで社会主義を実施できるというのは、片山潜の影響である。つまり、ここには国家権力の本質や帝国憲法、天皇制を把握できていないということが分かるだろう。当時、片山潜は明治憲法下において社会主義を実現できると、ずっと楽観視していた。これについては、彼はのちに反省することになるが[27]。

小泉のもつ「漫筆手帳」には、倶楽部関係の記事以外に日本の歴代内閣、千葉県県会議員の名前、選挙関係記事、明治初期から一〇年代までの民権運動を含めた政治史、農業に関する慣例規約、格言、短歌(皇后の短歌を含め)片山潜・河野広中らの住所録などが雑多に記されている。これをみると、特別に社会主義思想のみを、いつも考えていたわけではないと思われ、それはある意味では当然なのだが、やはり中央の幸徳秋水・片山潜ら初期社会主義者のもつ思想とはズレがあり、地域の倶楽部会員のレベルとして一人の民衆＝農民として、新しい近代思想である「社会主義」思想を受容していくのであろう。ここには、この時期村会議員となり、倶楽部内での理論家であった小川高之助とも、異なる道であったといえよう。

小泉由松は倶楽部後半期においても、例会の出席率はよく、さらに年長で評議員を兼ねているため、倶楽部内における位置は相対的に高いと思われ、評議員のみの会合にも、五キロ以上離れた宝田の倶楽部事務所によく出席をしていた。当時、会員は七〇名ほどいた(一九〇九年二月現在)。そして、倶楽部の活動を続けてきた小泉由松は、「大逆事件」容疑者の検挙が始まったころ、すなわち一九一〇年六月に五一歳で死去した。同時に「大逆事件」の影響は、議会政策派新聞である『社会新聞』の地方読者にまで及び、北総平民倶楽部は自然消滅したかたちで終息をむかえることとなった。倶楽部の幹事である小川高之助や根本隆一らには、刑事の尾行が大正時代になっても付くことになるのである。[28]

おわりに

これまで、いささかマイノリティとしての一農民＝小泉由松の動向を、決して十分ではないが、追ってきた。小泉由松は自身の向学心により、自由民権・憲法学習、国会開設運動などの事例を学びながら、民権思想を身に着け、自身の知識・思想を深めており、彼なりの政治思想や政治意識を獲得し、地域の選挙運動を通じて政治家や民権派知識人に対して接近を果たしていく。これは、五日市の民権運動のような活発な地域の「学芸講談会」や「学術討論会」といった民権結社と比較すると、小泉の場合は孤独な個人的営為に過ぎないかもしれない。印旛郡は佐倉をはじめとして進歩党系の支持者や結社が中心であるが、なぜ、小泉が進歩党系の支持をすることが多いのか、あるいは進歩党系の通信員となったかは、桜井静らの影響があったかも知れないが、今後の課題としたい。そして、新しい近代思想である「社会主義」を、社会民主党事件を通して受容していく契機になるように思われ、さらに、中央の社会主義者の地方遊説、読書会などを通して、印旛郡において初期社会主義結社の北総平民倶楽部の誕生の際には参加することになった。もちろん、この背景には県下のジャーナリズム界のもつ自由主義的な雰囲気があったことは間違いないだろう。

他方、小泉由松は「石腸」という号をもっており、地域の文化運動に貢献していた。彼は漢詩文をつくり、地域の漢詩文づくりのネットワークは、地域における文化運動や民衆文化を生みだし、印東文話会のように彼の民権学習の経験が生かされ、政治思想や精神を鍛えていくこととなった。[29] 小泉は初期社会主義運動の一つの成果として、仲間とともに日本社会党員となり、倶楽部の例会、中央の社会主義者の遊説、演説会に貢献していく。ただし、彼は「社会主義思想」をどれだけ深く習得しえていたかは不分明であるが、自分なりに倶楽部の目的である「労働者の幸福を増進すること」を果たしていったように思われる。ここでいう労働者は、当然農民も対象となろう。

当時の中央の社会主義者は政府の弾圧もあったけれど、労働者を基盤にもつことはできず、大正時代に入り、「冬の時代」下に、例えば大杉栄らが労働者のなかに入っていくのは、一九一〇年代後半になってからである。[30] また、小泉由松は一九一〇年に至っても、初期社会主義者以外の河野広中らとも、年賀状の交換の接触があった。河野は憲政本党時代には、普選運動を政治運動の一つの方針としており、これは平民社の運動方針の一つでもあった。それゆえ、小泉は憲政本党とは、それほど思想的に遠くない位置にいた可能性もあるだろう。社会民主党・平民社・日本社会党は、思想的には「社会民主主義」であり、社会民主党の実際的運動の綱領には、消費税の全廃や普通選挙法の実施、死刑の全廃などブルジョア民主主義的内容が多かった。それを含めて、彼のなかでは初期社会主義運動（思想）と憲政本党との関係を、改めてどのように位置づけていたか検討する必要があろう。史料不足もあるが、今後の課題としたい。(31)

第3章　自由民権から初期社会主義への系譜――地域・結社・女性

はじめに

日本近代思想史の一分野としての初期社会主義の研究を、私は主に千葉県をフィールドとして少しずつではあるが跡づけてきた。しかし、これまでに解決できない二、三の疑問があった。そのうちの一つは、村落の社会主義結社である北総平民倶楽部は自由民権思想（運動）とは全く無関係であったのか、ということであり、もう一つはこの地域において、女性の初期社会主義の運動への参加がみられたかどうか、いいかえれば、女性の果たした役割があったのだろうか、ということである。これらの疑問は以前から気にはなっていたが、このところいくつかの史料により、決して十分ではないけれども、解明の糸口がみえてきた。以下、これらの問題について千葉県の北総平民倶楽部の活動の地域を事例として、この地域の歴史性をも考慮に入れて言及してみたい。

こうした初期社会主義と自由民権との関連性は、都市は除くとしても、地域の農村においては管見の限りではほとんどみうけられないように思われる。その意味でも、検討する価値はあるだろう。同時にこういった作業は、村落社会主義結社であった北総平民倶楽部誕生の要因を、内在的にさぐるこころみでもある。

1　自立社の創立

全国で唯一の本格的な村落社会主義結社である北総平民倶楽部は、千葉県印旛郡の八生村・豊住村・久住村（現在の成田市）を拠点として、三村の農民を中心に一九〇五（明治三八）年一月に結成された。この倶楽部の誕生の要因を、日露戦時下の平民社の活動、県下の地方新聞と社会主義との結びつき――社会的背景――と捉え、さらに、その誕生の内在的要因を幹事の一人である小川高之助の住む八生村宝田の歴史的風土に求めたことがあった（拙稿「初期社会主義の一断面」『民衆史研究』二一号、一九八一年など参照）。また、この地域と自由民権との関係を検討したこともあったが、民権結社や自由党員などは皆無であったことが分かっていた。

しかしながら、近年の三浦茂一の「有為社・自立社と交詢社」（『史談しもふさ』一四号、一九九三年）の史料紹介において、自立社の社員の多くがのちの北総平民倶楽部の一つの拠点であった豊住村にいたことが判明した。[1]このあたりを、もう少し順序だてて述べてみよう。

自立社は、一八七九（明治一二）年六月に下埴生郡長沼村・北羽鳥村・南羽鳥村などの社員を

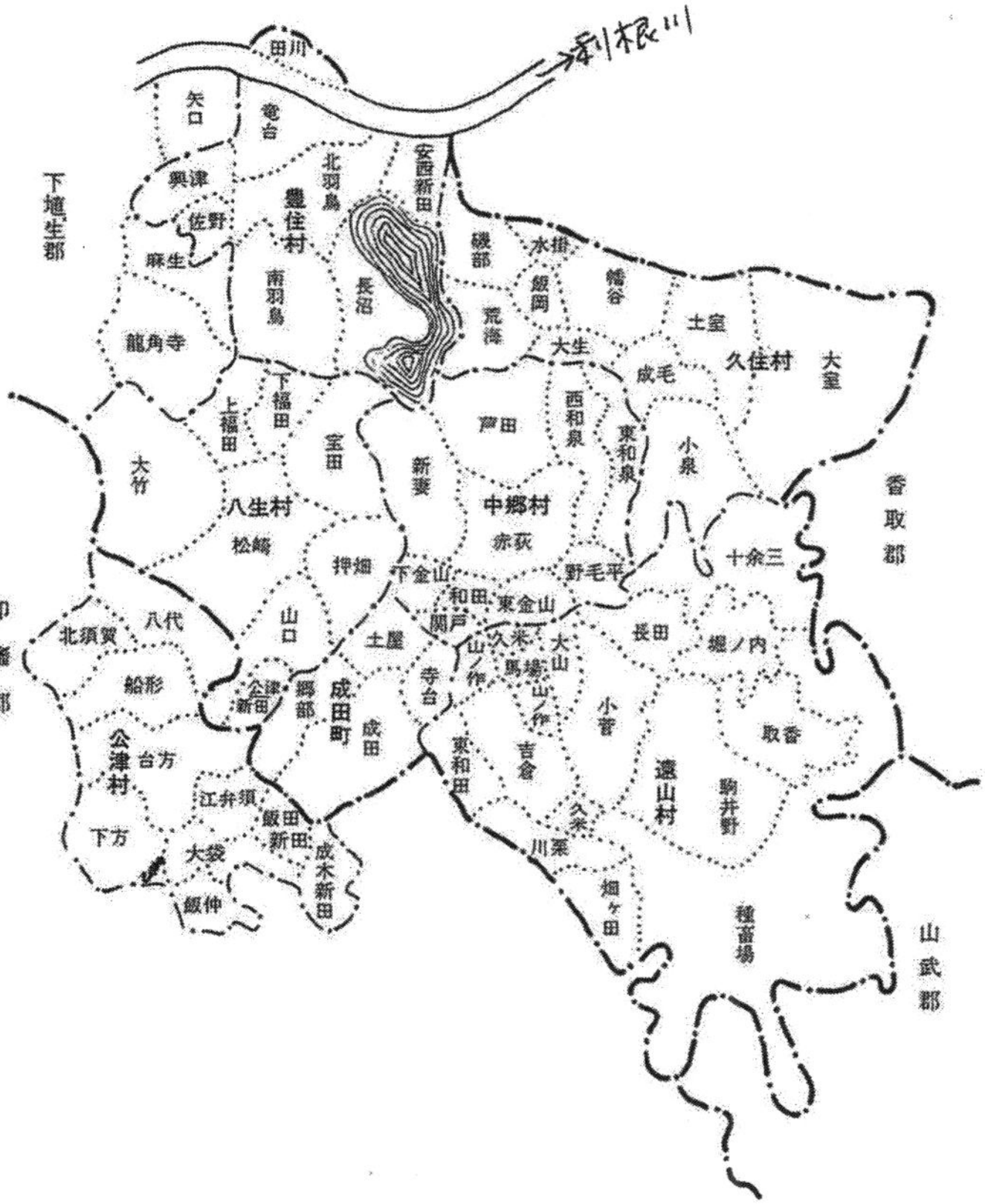

明治22年新町村の区域

『成田市史』近現代編、1986年より

中心にして設立された。社長は長沼村の小川武平、副社長は北羽鳥村の野島新兵衛であった。長沼村や北羽鳥村・南羽鳥村は町村制により、下埴生郡豊住村の長沼区・北羽鳥区・南羽鳥区と改称され、一八七八年に新たに郡となった下埴生郡は、一八九六年にはとなりの印旛郡と合併して印旛郡と改称されている。地理的にいえば、北羽鳥は利根川に一部が面しており、南羽鳥・長沼地区も利根川に近い位置であり、各区はそれぞれ接している。右の地図を参照されたい。それではまず、長くはなるが、「自立社社則」の全文を掲載することにしよう。

○緒　言

余輩同心協力シテ茲ニ一社ヲ創立シ以テ自立社ト称スル所以ノ趣旨ハ、従来各村領主ヲ異ニシ為ニ威権ノ相同シカラサルモノアリ或ハ同領主ト雖モ天然ノ地位ニ拠テ利害得失ヲ異ニスルモノアリ、又同村中ト雖モ或ハ貧富ノ懸隔アリ或ハ旧慣古俗ノ悪弊アルヨリ往々言フ可ラサルノ紛議ヲ醸シ、少ナキハ一、二年多キハ六、七年ニ渉リ尚和解セス、終ニ官ノ裁決ヲ仰クカ否ラレハ他ニ仲裁ヲ請フニ至ルコト尠カラス、其際一般村民ノ迷惑実ニ名状ス可ラサルモノアリ、是レ当社ノ由テ起ル所以ニシテ苟モ当社ニ入ル者ハ貴賤ヲ択ハス貧富ヲ問ハス、各自互ニ猜忌ヲ去リ相戒メ相正シ以テ信誼厚情ヲ厚フシ、傍ラ其長スル所ノ思想ヲ交換シテ以テ智ヲ研キ識ヲ博メ、小ハ各戸ノ動静ヨリ大ハ各村ノ喜戚ニ至ルマテ之ニ干与シ、徒ニ官及他ニ依頼スルコトヲ止メテ自立ノ趣旨ヲ全フセントス

明治十二年六月　　　　　　　　　　　　　　　自　立　社

自立社々則

○

第一章　社名之事

一、社名ヲ自立社ト云フ

第二章　社員之事

一、本社々則ヲ尊奉シ社員タラント欲スル者ハ何人ニ限ラス入社スルコトヲ得

但入社セント欲スル者ハ社員多数ノ許可ヲ請フヘシ

一、入社セシ者ハ其月ヨリ株金トシテ毎月金壱円ヲ納ムヘシ

但一人ニシテ一株ヲ持ツモ数人ニシテ之ヲ分ツモ妨ケナシ

一、一人ニシテ一株ヲ持ツ者ハ一人ノ権理ヲ得ルト雖モ数人ニシテ之ヲ分ツ者ハ一人ト見倣シ一人丈ノ権理ヲ得ルモノトス

第三章　役員之事

一、社長一名ト幹事二名ヲ置ク事

但当分社長ノ任期ヲ一年トシ幹事ノ任期ヲ六ケ月トス

一、社長ハ社務一切ノ事ヲ総轄シ専ラ社則ヲ尊奉セシム、設《ママ》シ之ニ違背スルモノアラハ其理由ヲ衆議ニ附シ之ヲ退社セシムルノ椎《ママ》アリ

一、幹事ハ金銀出納、記簿、応接等、事務一切ノ事ヲ掌ル

一、役員ノ選挙ハ社員一個ノ権理ヲ有スル者皆投票ヲ為シ其多数ニ由テ之ヲ決ス

第四章　集会之事

一、毎日曜日ヲ集会ノ定日トス、其刻限ノ如キハ衆議ニ由テ時々之ヲ定ムヘシ

一、集会ノ節ハ新聞紙中有益ノモノト認メタルコトハ之ヲ衆人ニ朗読シ、或ハ自己ノ思想ヲ演説シ傍ラ雑誌等ヲ為シ務《ママ》メテ懇親ヲ結フヲ要ス、又議事規則ニ拠リ討論議事ノ会ヲ開クコトアルヘシ

第五章　社金取扱ノ事

一、本社所有ノ貯金ハ猥リニ雑用ニ浪費セス貯蓄増殖シテ後来ノ有益ニ供スルヲ要ス

但非常ノ場合ニ於テ社員衆議ノ上之ヲ費用スルハ此限リニアラス

○

自立社貸金規則

第一条　本社ノ貯蓄金ヲ借ラント欲スルモノハ其旨幹事ニ申出ヘシ

第二条　本社ノ貯蓄金ヲ借ラント欲スル者アリテ幹事ニ申出ツトキハ、幹事之ヲ社長ヘ協議シテ貸与スルモノトス

第三条　本社貯蓄金ヲ貸与スレハ抵当ヲ要スルモノトス、若シ確実ナル証人之アルトキハ社長幹事ノ意見ヲ以テ抵当ヲ要セス貸与スルコトアルヘシ

第四条　利子ハ一ヶ年弐割トス
第五条　貸金期限ハ六ケ月トス
第六条　貸金証書ハ社長之ヲ預ルモノトス
第七条　貸金規則ハ社員ノ協議ヲ以テ改換スルコトアルヘシ
○
会日規則
第一条　会場ハ前会ニ於テ社員協議ノ上取極ルモノトス
第二条　会日ハ毎月末ノ日曜日トス
但当日弁当持参ノ事

社長　小川武平
副社長　野島新兵衛
幹事　石塚忠兵衛
山本賢七

自立社発起人
下総下埴生郡　長沼村　小川武平
同　同　出山七郎平

同　同　中村源吾
同　同　小川甚吾平
同　同　山本賢七
同　同　小川伊八
同　同　成毛忠七
同　同　秋山能伊武
同　同　秋山彦七
同　同　山田重平治
同　同　諏訪友三郎
同　同　山田新蔵
同　同　成毛七平
同　同　諏訪幸次郎
同　同　篠田兼吉
同　同　小川三平
同　同　山田市郎
同　同　小川啓次
同　同　篠田甚左衛門

同　南羽鳥村　伊藤総輔
同　同　根本幸太郎
同　同　日暮金次郎
同　同　鳥居重右衛門
同　同　成毛源太郎
同　北辺田村　鈴木清四郎
同　同　成毛与四郎
同　同　鈴木与五兵衛
同　安西新田　小川庄平
同　同　栗山太四郎
同　同　石橋惣一郎
同　同　栗山太右衛門
同　北羽鳥村　野嶋新兵衛
同　同　野嶋新之助
同　同　荻原斉左衛門
同　同　石塚忠兵衛

同　同　日暮五兵衛
同　同　野平市平
同　同　伊藤治左衛門
同　同　伊藤治良兵衛
同　同　新橋武平
同　同　新橋良助
同　同　伊藤才十
同　同　佐久間作兵衛
同　長沼村　鈴木大治
下総香取郡　佐原町《ママ》　飯田喜太郎
下総下埴生郡　北羽鳥村　新橋重左衛門
同　同　伊藤安蔵
同　同　荻原儀兵衛
同　同　飯岡正蔵
同　同　伊藤忠七
同　長沼村　大木利平治
同　同　小川艶次

同　竜台村　鈴木邦蔵
同　同　鈴木栄助
同　同　根本三郎兵衛
同　同　諏訪源次郎
同　安食村　尾高清左衛門
同　同　竹内七郎兵衛
同　同　寺川忠兵衛
同　同　藤崎太七
同　同　竹本嘉右衛門
同　竜台村　石井仁右衛門
同　矢口村　藤崎三左衛門
同　北辺田村　岡野茂治右衛門
同　長沼村　山田太三郎
同　北辺田村　松田弥左衛門
同　北羽鳥村　荻原重良兵衛
同　同　桑原浅治郎
同　竜台村　鈴木平治右衛門

同　矢口村　糸川平太郎
同　北羽鳥村　新橋廉之助
同　長沼村　小川忠助

この結社の趣旨を理解する前提として留意すべきことは、福沢諭吉の関与したいわゆる長沼事件の存在である。自立社社長の小川武平（長沼村の用掛、もとの百姓代）は、一八七四年に村で起こった係争事件の解決を福沢に依頼した本人であった。簡単にいえば、長沼事件とは江戸時代いらい長沼を重要な生活源としていた沿岸の長沼村が、明治維新以後その所有権を県側と近隣一五か村によって脅かされたため、その所有権を回復・要求した運動のことである。福沢が初めて民衆運動にかかわった事件として知られているが、ひろたまさきが述べるように、県への書簡のなかで「小生は全く路傍の人」として逃げうつ姿勢は長沼村民に対して少し無責任に聞こえるし、彼の権力に対する慎重な姿勢がうかがえよう(2)。しかしそれでも、事件の進展とともに小川武平並びに長沼村に対する愛情が深まっていったことは事実であり、村の小学校設立に基金五〇〇円を寄付し、小川武平の世話をして老後を配慮したりと、福沢が臨終のさいにも長沼村のことをいいかけ、村の運命を気にかけていた。結局、この事件は一九〇〇年沼の所有権が回復したことによって解決をみたのである(3)。

以上のことを踏まえるならば、自立社の発起人七二名のなかに長沼村と利害の対立する東側の一五か村の村民がいないのは、決して偶然ではなく、長沼村の西側地域の村むらの結束をはかるねらいがあったともいえるであろう。またこの自立社の趣旨は、当時全国の地域において自発的・自生的に叢生してきた結社の趣旨と似たものとなっている。[4] すなわち、その趣旨は村むらは江戸時代からの領主の違いにより「威権」が同等でないこと、地理上の位置による「利害得失」、貧富の差や「旧慣古俗の悪弊」により紛議がたえず、「官の裁決」に仰がざるをえない有様で、村民に迷惑がかかる。これが本社創立の由来であるとした。そして相互に批判しあい、親密さを厚くし、「長スル所ノ思想ヲ交換シテ以テ智ヲ研キ識ヲ博メ」、各家から各村まで関与し、いたずらに官その他に頼らず、自立していこうとするものであった。こういった結社は元来は農民的結社といえるが、外に学習結社・生活結社・扶助結社としての性格をもち、同時に村むらに起こる「紛議」の調整を行い、政治結社としての役割をも備えている。[5] もちろん、社員の平等性や役員の選挙制は他の結社と同様である。「旧慣古俗ノ悪弊」などの調整を公権力に頼らず、自立社で自発的に解決していこうとする姿勢は、いいかえれば、国民国家形成の過程における抑圧された部分を地域の共同性のなかで調整していこうとするものであり、これも結社が担った役割の一つといえるのではないだろうか。

2　自立社社員と交詢社と小川武平

さらに、自立社社員についてふれておくべきことは、一八八〇年に創設された福沢系の交詢社に社員が加入していることである。「知識ヲ交換シ世務ヲ諮詢スル」(「社則」第一条)目的を掲げた交詢社は、一八八〇年一月に発会式を催している。全国的な社交倶楽部であり、当初は政治活動とは一線を画していたが、一時期は政治結社としての役割を果たしており、坂野潤治によれば政党結成の母体となることをめざしていたという。[6] 交詢社の機関誌である『交詢雑誌』二二号(一八八〇年九月五日)「付録」に、以下の記事が掲載された(適宜、読点・なかぐろを入れた)。

……本社巡回委員鎌田栄吉君ハ社員津田純一君と同伴にて先月二十五日東京を発程し……三十一日長沼に至り小川武平君を訪ひ此に宿し、翌一日北羽鳥村新橋良介君の宅におゐて社員を会し演説・談話あり、会員は山本嘉平治・小川武平・鈴木大治・葛生泰造・新橋良介・椎名吉兵衛・伊藤惣輔・石塚忠兵衛・鈴木清四郎・大木良蔵・荻原斉左衛門・横田平助・荻原才平・平山慶三郎・野嶋新兵衛諸君他有志者三四十人なり、二日千葉に着し翌三日午後三時より師範学校におゐて演説会を催し……(以下略)

一八八〇年二月には、機関誌『交詢雑誌』が毎月旬刊で創刊されたが、上記の史料に登場する小川武平らは、その当初から交詢社社員であるとの可能性が高いと思われる。史料には載せていないが、小川武平は千葉の演説会の終了後の親睦会に、下埴生郡よりただ一人出席しており、交詢社の運動にも積極的にかかわっていたことが分かるのである。ひろたまさきは小川武平が交詢社の会員ではないと述べているが、それは間違いであろう(7)。

こうして小川武平は自立社社員でありながらも、交詢社社員であることが判明する。上記の史料に現出する「会員」を、自立社発起人名簿と『交詢雑誌』四二号(一八八一年三月)当時の社員名簿で比較してみたい。小川武平・鈴木大治・新橋良介・伊藤惣輔・石塚忠兵衛・鈴木清四郎・野島新兵衛は自立社・交詢社の社員であり(8)、荻原斉左衛門は自立社のみの社員、山本嘉平治・葛生泰造・荻原才平・平山慶三郎は交詢社のみの社員、横田平助は両社に属していないことが分かる。また、『交詢雑誌』四二号の社員名簿によると、下埴生郡中の交詢社社員二七名のうち、小川武平・野嶋新兵衛をはじめとして一〇名が自立社社員であることが知られる。そのうち長沼村民二名、北羽鳥村民五名である。すなわち、自立社は全国的な地域「結社の時代」の潮流の下にあるとともに、長沼事件にかかわる福沢諭吉の影響をもうけていることが知られよう。

小川武平と交詢社との関係を、もう少しおってみよう。小川は『交詢雑誌』名簿の職業欄に、「米穀商」として記されている。長沼村の用掛の仕事をいつまで遂行したかは不明であるが、小川は一八八四年三月当時、東京に在住していることが名簿から判明する。これは、福沢諭吉が一八八三年に小川の境遇を憐れみ、東京に呼び寄せて世話をしていたという石河幹明の説に近いと思われる。[9] 小川は長沼事件のために家庭を顧みることなく奔走して家計が苦しくなり、田畑宅地を手放すまでにいたった。そこで、福沢が救いの手を差しのべたのである。

ただし、石河は小川武平は東京在住ののち一八八六年に、「(福沢が) 村民とも協議の上、帰村して老後を送ら」せたというが、[10] 私が確認したかぎりでは小川の東京在住は、一八八八年現在も名簿に載っており、そして翌年の三月以降は交詢社社員名簿から名前が消えている。小川は交詢社社員を辞めたのである（『交詢雑誌』三三五号、一八八九年三月）。すなわち、この時点で小川は長沼村に帰った可能性が高いだろう。小川は、以後も長沼の下げ戻しのために奔走していく。

3　初期社会主義と新橋貞——開明性と地域

ところで、自立社七二名の発起人のなかに南羽鳥村の根本幸太郎がいた。この根本は、実は初期社会主義結社北総平民倶楽部の幹事の一人である根本隆一の父親であった。[11] 根本幸太郎は『随問随筆総房人物論誌』第六編（一八九三年）によれば、一八七六年より一〇年ほど郡内の小学校に奉職しており、二四歳の頃家督を継いでいる。町村制施行にさいし村会議員に選ばれて、施行後二人目の豊住村の村長に推薦された実力者でもあった。自立社の発起人の一人になった頃は、教員をしていたのである。彼は交詢社には加入していなかったが、村内においては開明的な人物と思われ、週一度の自立社の集会には参加しており、「自己ノ思想ヲ演説」していた可能性は大きい。息子の隆一が初期社会主義の活動に奔走・貢献していくのは、父親の開明的で「温厚にして風流を好む」性格を受け継いでいたからではないだろうか。

自立社では、注（5）で前述したように、中央から弁士を招いて催された演説会が『交詢雑誌』に掲載されたのは一度だけであった。しかしながら、一八七九年頃の自立社には国会開設を主張する社員が多くみられ、政治結社としての機能を十分有しており、民権結社と位置づけることができる。国会開設を主張する社員が多くいた背景には、「毎日曜日」の集会のさいに各社員が、「新聞紙中有益ノモノト認メタル」ものを朗読し、「自己ノ思想ヲ演説」したり、また「議事規則ニ拠リ討論議事ノ会」を開いていたことなどがあげられる。自由民権から初期社会主義への系譜は細い糸ではあるが、つながっていたのである。

根本幸太郎と隆一親子は豊住村南羽鳥に居住していたが、次にそのとなりの北羽鳥の動向についても興味深い事実が判明している。

北羽鳥村は町村制施行後は豊住村北羽鳥区となるが、明治三〇年代後半から明治四〇年代にかけて北総平民倶楽部の初期社会主義の活動が活発化していたころ、北羽鳥においても何度か中央から社会主義者を招いて演説会が行われたことがあった。例えば、次の『社会新聞』に掲載された一九〇七年八月四日付の「千葉県遊説――座間生」の史料をみられたい。

▲北総平民倶楽部は片山田添両氏を聘して地方民に社会主義の演説を聞かさんとの企てあり両氏も既に遊説承諾済なりしが、不幸田添氏は止むを得ざる事故ありて帰郷したれば、小生田添氏に代り片山氏と共に是に赴く事となれり

▲二五日　午後一時八生村なる北総平民倶楽部に着し、同志坂宮君、小川君等十数名と共に隣村北羽鳥新橋貞氏方へ赴く、こゝは本日の会場なり、午後三時開会、聴衆百五十名、臨監席の設けありしも警部は見へざりき

▲坂宮氏開会の辞として大胆率直に社会主義の主張と之が研究の必要とを述べ当日の弁士たる片山氏白鳥氏及小生を紹介して壇を降れり（以下省略）

これは、七月二五日から二六日にかけて、北総平民倶楽部主催の演説会に招かれた片山潜・白鳥健・座間止水の演説会の一部である。問題としたいのは、二五日の会場を提供した北羽鳥の「新橋貞」という人物である。一五年あまり前の私の聞き取りによれば、ここは旅館であったということであるが、新橋貞は以前から私が気になっていた人物である。果たして女性か男性か。最近では新橋貞という人物は「貞」という名前からして、あるいは後述するように、この地域における女性たちの歴史的にもつ自立性・開明性、活躍できる風土・土壌からみて、女性であるに違いないと確信するにいたり、ここでは女性であるとの仮説をたてることにしたい。演説会場の場所を提供しただけなので、倶楽部会員かどうかは不明だが、会員の可能性はあり、ここでは倶

楽部会員とした。女性でしかも社会主義運動の演説会に場所を提供したということそれ自体、当時はかなり勇気が必要であったであろう。同時に、この旅館に片山潜ら三人が宿泊した可能性がたかい。新橋貞は、おそらくこうした思想に寛容・許容的であり、開明的な性格を示していたことが知られよう。地域において社会主義思想に理解を示す女性がいたことは、それだけでも珍しく貴重な事実であるが、その背景として北羽鳥には明治一〇年代には開明的な女性が多く存在していたことが判明する。

　前述した自立社のような結社は、下埴生郡には一八や一九もあったことが『朝野新聞』をみると出来するが、女性の結社も存在していた事実がある。次の、『朝野新聞』一八八〇年九月一八日付の史料をみられたい。

○千葉県下々埴生郡よりの報に稲作ハ近辺一般に上出来なり
○此節流行の何社々々と称ふるもの頗る多く其数凡そ一八、一九あり、中にも愛夫社ハ婦人のみの結社にて是れハ北羽鳥村の荻原石塚野嶋新橋諸氏の細君が発起者なり、其設立の趣意たる特に自己の夫を愛するに過ぎずと雖も、所謂一人にて之を愛するハ衆人之を愛するの愛に如かずと云ふの説より起り、夫なる者ハ常に専ら外事に関し広く衆人と交際する者なれバ、其の交際する所の夫妻をして益す《ママ》我夫を愛せしめざる可らず、而して之をして然らしむるハ其妻たる者広く他の細君と交誼を結ぶに在りといふに基きしものなりと実に珍しき社なり、

此様な社ハ西洋諸国にも曾て聞かざる所なり
〇目今長沼、荒海、飯岡、南北羽鳥、北辺田村辺ハ国会論二派に分かれ、可設論を主張する者ハ大抵自立交詢の両社員にして不可設論者ハ旧弊先生と神仏の講中に多し云々

そもそも地域結社の盛行は、鹿野政直のいわれるように、「非組織的ないし未組織的でたぶんに一過性の、集団へのボルテージの高まりを基底として吹きだしてくる[12]」ものであり、下埴生郡に二〇近くあるという結社が、果たしてどういった内実をもっているか、いつ頃消滅していくのかは分かってはいない。しかし、そのなかでも北羽鳥村に創立された女性のみの愛夫社は貴重な結社といえる。全国の結社において、女性のみの結社がどのくらいあるかは十分に把握できていないが、この結社は北羽鳥村の結婚した女性たちが中心であった[13]。史料にある荻原・石塚・野嶋・新橋の名前は、自立社の社員にも交詢社の社員にも同性がみられる。野島新兵衛・石塚忠兵衛・新橋良介（新橋は酒造家だが、一年ほどで交詢社社員をやめている）などの妻たちが愛夫社を創設したかどうかは、今のところ判然としないが、可能性はあると思われる。「衆人之を愛するの愛に如かず」「妻たる者広く他の細君と交誼を結ぶ」という、女性の自立性や積極性が発揮されており、女性たちはある程度開明的で近代思想のようなものを受容していたのではないだろうか。また、この史料により南北羽鳥村の自立・交詢社社員は国会開設に賛意を示していることが読み取れよう。

さらに『東京横浜毎日新聞』(一八八〇・一〇・七)には、北羽鳥村の未亡人新橋こうが一人で上京し、右大臣岩倉具視に対して国会開設の請願を歎願する記事が掲載された。ただし、新橋こうが愛夫社の社員かどうかは不明である。こうみてくると、一八八〇年頃の北羽鳥・南羽鳥村では、男女を問わず国会開設論をはじめとする自由民権運動に強く関心をもっていたことが分かるし、行動力もあったことがうかがえよう。

このように女性が結社をつくり、国会開設の請願をするという開明的なこの地域の風土や土壌は、私は二〇年以上の間隔をおいて明治時代後期の初期社会主義運動にも間接的・部分的にうけつがれていったのではないかと思っている。社会主義演説会の会場に場所を提供した新橋貞という人物を、こうした地域の背景のなかで捉えたい。当時は、新橋という姓が北羽鳥には八件ほどあったので、新橋貞と新橋こうとは全く無関係であったかもしれないが、あるいは関係者であったかもしれない。近代思想史において、地域における女性の果たした役割は、今後とも言及・追究していく必要があるだろう。

おわりに

以上、初期社会主義と自由民権をむすぶものとして地域における結社と女性を少しくおってみた。村落の社会主義結社である北総平民倶楽部の活動した地域で、明治一〇年代の自由民権期に自立社や愛夫社が誕生しており、女性の活動がみられたのは新しい発見といえよう。こうした民権期の自立性や開明性が、この地域の一つの特徴を示しており、それらが一定程度地下水となり、明治三〇年代後半以降の初期社会主義の活動に間接的・部分的に記憶表象されたとはいえないだろうか。すなわち、北総平民倶楽部の誕生の一つの内在的な要因をこの地域の自立性・開明性に求めておきたいのである。この地域においては、中央とは異なり自由民権と初期社会主義のはざまには平民主義という思潮はなかったけれど、長沼事件などを含み込んだかたちでの独自性を抱えつつ、自由民権から初期社会主義への系譜をいくらか看取できたように思われるのである[14]。

自立社社員の発起人の南羽鳥村の根本幸太郎の息子隆一は、前述したように、村落社会主義結社の北総平民倶楽部の幹事の一人であり、このの ち活躍していくこととなる。一方、福沢諭吉や小川武平らのかかわる長沼事件は、この地域で初期社会主義運動の展開される以前、一九〇〇年に沼の所有権が回復することにより解決をみたのであった。小川は、一九一五年八月に八四歳の生涯を終えている。

第二編　北総平民倶楽部の活動と思想——初期社会主義と農村

千葉毎日新聞

社會主義論（一）

北部樺太情報

樺太敗敵急追

樺太全島軍政

北韓敵情

樺太殘敵の昨今

物語を賜ふ

談判期間一ヶ月

小川高之助の「社会主義論（一）」。小川には春水や高雄の号がある。
1905（明治38）年8月3日付の『千葉毎日新聞』である。

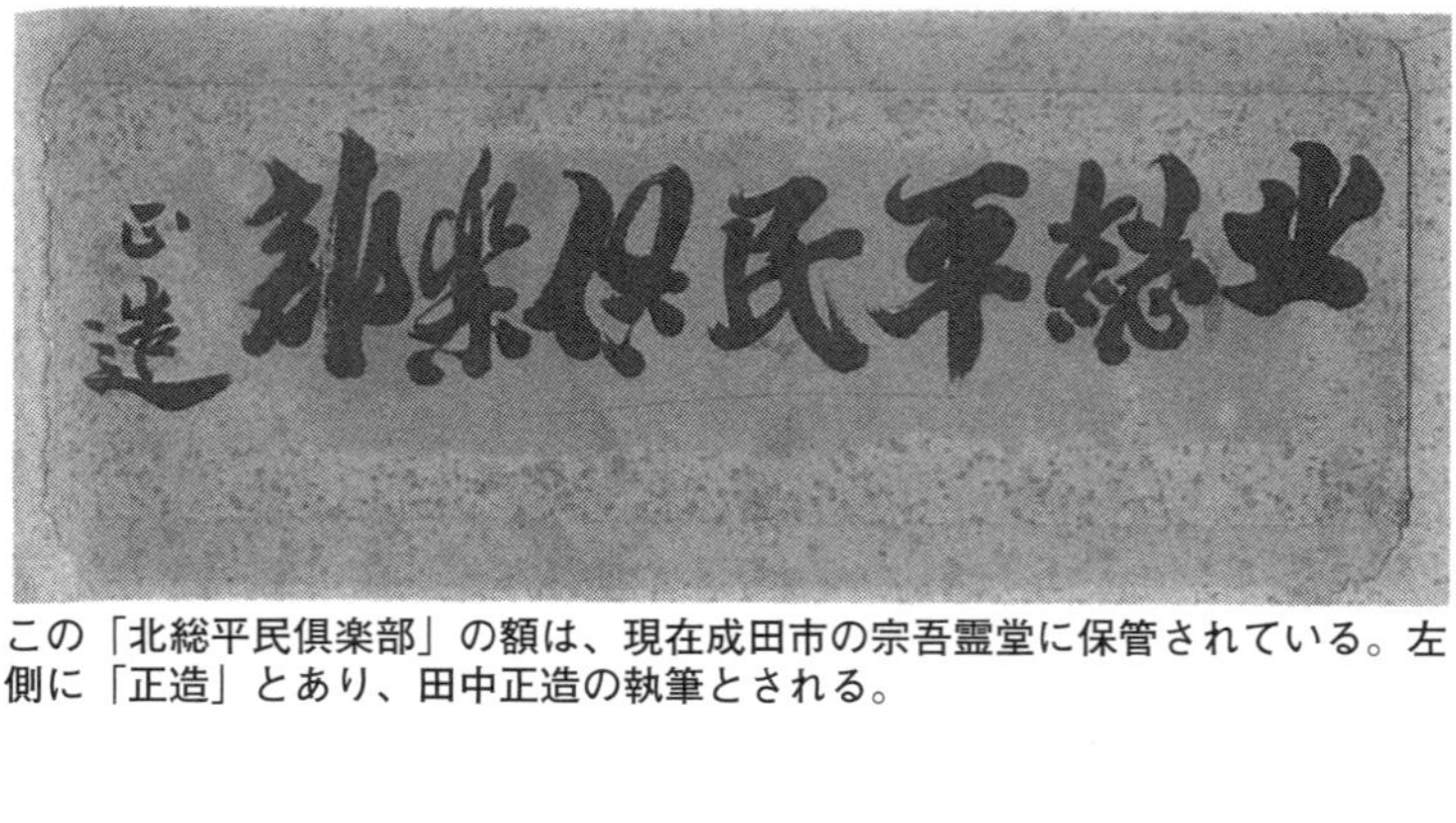

この「北総平民倶楽部」の額は、現在成田市の宗吾霊堂に保管されている。左側に「正造」とあり、田中正造の執筆とされる。

第4章　千葉県の社会思想状況――日露戦争前後のジャーナリズムを中心に

はじめに

社会思想とは何かというとき、さまざまな解釈があり、未だはっきりとした概念規定はないといわれている。人間が社会に対して違和感や不満をもつようになるときに、社会が意識されはじめ、同時に社会に対する態度を決定し、自己の思想をつくり上げていくのである。田村秀夫は、社会思想を「人間の社会に対する意識と態度と認識とが相互に媒介しつつ形成される社会の総体把握[1]」とみなし、そのどの局面――意識・態度・認識――を重視するかによって論者の社会思想の規定が異なるとみている。社会思想を日本近代史においてとらえ直すとき、日本の近代社会そのものの産物として、すなわち資本主義社会の急速な成長に対応するさまざまな社会問題の発生・解釈などへの認識や批判、あるいは資本主義経済そのものへの改良・改革・変革の思想的意識などとして登場してきたといってよい。それは確かに外国から導入された社会思想であり、言い換えれば、社会主義思想とみることもできる。しかし、社会思想を社会主義思想と一義的に結びつけることは、もちろん正しいことではないと思われる。さまざまな社会に対する考え方は多様であり、個人によっても異なるのであるから。そうはいっても、民衆の思想を総体的にとりあげることは、はなはだ困難であるにちがいない。もっとも、西欧から導入された社会思想が民衆の生活意識にまでしっかりと根をおろすことは稀といえた。[2]やはり、明確に社会批判としての社会思想としてとらえた方が、より理解されやすいだろう。[3]

そこで、本章では日露戦争前後の千葉県における社会思想を少しく追ってみることにした。ここでは、主としてジャーナリズムにより、地方新聞と社会主義とのかかわりをみていくことによって社会思想状況の一端を論じてみたいと思っている。これまで、地方新聞を利用しての初期社会主義研究は存在したけれども、「地方新聞と初期社会主義」とのかかわりを論じた研究はなかったといってよい。その意味でも、やってみる価値はあるであろう。[4]本章は平民社の影響を受け、千葉県の初期社会主義結社の北総平民倶楽部誕生の前提として位置づけている。

1　戦時下における社会主義思想の浸透

千葉県における明治後期の社会思想は、それを社会主義運動とともに県下に浸透しつつあった社会主義思想に代表させることができるであろう。中央で平民社が結成されたあと、県下へは、日露戦争中の一九〇四（明治三七）年三月に、中央からの小田頼造の伝道行商を皮切りに、翌年四月からの荒畑寒村などの伝道行商、遊説として千葉県において演説会、茶話会、談話会を開いたのは、一九〇四年に限定すれば四回であり、中央からは千葉県におけるオルガナイザーとしての吉田璣や西川光二郎・山口義三・幸徳秋水・石川三四郎らが参加している。とくに、同年八月に東金町で開かれた演説会は、二三〇～二四〇名もの多くの来会者を数えている。また、同年九月の小田頼造の二回目の伝道行商（一八日間）での書籍一〇二冊の売上げや寒村の書籍一五四冊の売上げなどの成果は、非戦論・反戦論の鼓吹とともに、「社会主義」という新しい思想への関心の高さを示しており、中央との結びつきを強く求めていた地方の社会主義者たちがいかに社会主義を熱望し、歓喜して迎えたかを知ることができるのである。(5)

たとえば、下総に住む石渡五六は「予は如何にして社会主義者となりし乎(6)」のなかで、

土地が次第に併呑されて小作人のダン／＼増える事、医者の貧者に対して冷淡なる事、及金貸の法律を盾にとりて貧者をイジメル事を、日夕目撃して感慨に堪へず。遂に彼等を救済するの方法を研究して社会主義者となりたり。

と述べている。『週刊平民新聞』全六四号の記事を通して、千葉県の社会主義者や読者を拾い出してみると、三四名を数えることができる。

このようにして、千葉県ではしだいに社会主義思想の浸透がみられていったことは確かであり、

その成果として一九〇五年一月には印旛郡には北総平民倶楽部の誕生、二月には千葉県に二か月足らずではあるが、吉田璣（民鉄）の関与した羽衣会の成立をみている。[7] 県都千葉町に創立された羽衣会の参加者は一〇余名であり、構成メンバーは医学生・牧師・新聞記者など地方知識人・インテリ層で占められていた。吉田は創立者であるが、白鳥健も創立に参加している（『千葉毎日』一九〇五・二・二八など）。また、それ以前（一九〇四年一月よりも前）香取郡古城村で、北総青年社会主義研究会が存在し、吉田璣も演説しているが、実態は定かではない。古城村（のち干潟町、現在旭市）では、青年の間で従来から研究会がつくられ、時々会を開き講話・討論などを行っていたという。一年以上は続いたと考えられるが、『直言』（一九〇五・二・一九）に一度掲載されたのみで、その後この研究会は自然消滅したかたちで終っている。香取郡吉田村（のち八日市場町、現在匝瑳市）出身の吉田璣は、当時早稲田大学の学生であった。

千葉県における社会主義思想は、以上のような過程をたどり浸透していくとみられるが、それに加えて地方におけるジャーナリズムの果たした影響も考慮に入れる必要があり、次にそれをみていきたい。

2　社会民主党事件と『新総房』

社会民主党事件にふれる前に、千葉県の地方新聞の状況について若干述べておきたい。

一九〇五年現在、千葉県を代表する新聞としては『新総房』『東海新聞』『千葉毎日新聞』の三種類の新聞が存在した。『新総房』の前身は民権派の『千葉民報』(一八九四年発刊)であり、二年後『新総房』と改題し、月二回発行の政治雑誌として佐瀬嘉六が中心となり再発足をした。さらに、一八九九年六月日刊として新聞形態に改め、改進党系(この後進歩党系→憲政本党系)となり、また『房総共立新聞』(一八八一年～一八八二年)を主宰し、激烈な民権論を主張したことのある桜井静が『新総房』を後援していた。

一方、明治後期『新総房』と対立をなしていたのが、政友会系の『東海新聞』であった。その前身は『東海新報』(一八八八年発刊)であり、社主板倉文吉(中)は桜井静の政敵で自由党時代から政友会時代にかけて、言論で鳴らした代言人である。その後『東海新報』は、自由党系の民権紙として吏党と闘い、一八九二年二月には一か月の発行停止処分を受け苦境にたち、二年後に『東海新聞』と改題し、県下では『新総房』と対立をしていく。

これら『新総房』『東海新聞』と並んで、千葉県の三大新聞の一つとなった『千葉毎日新聞』(以下『千葉毎日』と略す)は二紙よりは遅く、一九〇三年八月にそれまでの『千葉通信』(同年四月創刊)を改題して、『東海新聞』の編集長の五十嵐重郎が移り社長となり発刊したのである。『千葉毎日』(政友会系)は『東海新聞』とは兄弟紙の関係にあり、お互いに記者を交換させており、千葉県を代表する社会主義者の一人白鳥健は『千葉毎日』発刊当初からの主筆であった(8)。

このようにして、千葉県では以上述べてきた三大紙が勢力を伸ばしていくわけであるが、発行部数としては東京の新聞（『報知新聞』『万朝報』など）の千葉地方版にいつも押されており、二五〇〇～八〇〇部くらいの発行部数をくり返していた状態であった。これら三大紙は、千葉県会などが開催されると、紙上にて他の新聞を攻撃していくのである。今まで述べたことを踏まえた上で、これから社会民主党事件についてふれていこう。

一九〇一年五月、千葉県の地方新聞である『新総房』と『東海新聞』が、わが国最初の社会主義政党である社会民主党の宣言書を掲載して告発されるという事件が起こった。石川三四郎・幸徳秋水の『日本社会主義史』によれば、「……而して其宣言書を掲載せる毎日、報知、万朝、新総房（千葉）、東海新聞（同上）等は皆其発売頒布を停止せられ、且つ罰金刑に処せられたり[9]」と書かれている。社会民主党は周知のように、一九〇一年五月一八日に社会主義協会員である安部磯雄・片山潜・幸徳秋水ら六人によって結成されたものである。太田雅夫によれば[10]、宣言書の校正刷が五月一八日（土）を結社組織の日とし、一九日に神田警察署に出頭して結社組織の届書を提出すると同時に、全国の新聞社宛に宣言書の校正刷が五月二〇日の紙上に一斉に発表されるように、郵送・配布しその掲載を依頼する計画であったという。一方、この動静を一九日になって知った内務省は、驚いて各府県知事に「長文の電報を送り社会民主党の宣言書を新聞に掲載することを一切禁止」しようとした。地方の新聞では、すでに植字を終えたものや印刷にかけていたものもあり、この命令に少なからず狼狽していた。しかしながら、内務省の命令に反して宣言書の重要部分や一部を載せた新聞もあったのである。このことは『社会主義史』によって前述したが、もう少し詳細にいえば、木下尚江のいる『毎日新聞』、幸徳秋水・河上清のいる『万朝報』、『日出国新聞』の朝刊（五月二〇日）は宣言書を掲載し、地方では二一日に『新総房』と『東海新聞』が掲載した。片山経営の『労働世界』は、同じように載せようとしたが、事前に押収されてしまった。

このなかで『新総房』は別にして、『東海新聞』が宣言書を載せたかどうか疑わしい[11]。それは、次の史料による。

今年五月社会民主党の宣言書を記載して告発せられたる諸新聞雑誌中、第一に裁判に付せられたるハ、千葉の『新総房』なりき、而して其宣言ハ有罪なりき、次《ママ》で東京の『毎日』『報知』『日出国』『労働世界』『朝報』の四新聞一雑誌ハ、他の法官の下に無罪を宣告せられたりき、是れ読者の記憶に新たなる所ならん[12]。

ここには『新総房』は出ているが、『東海新聞』は出ていない。幸徳・河上の社会主義に理解のある『万朝報』が、もし『東海新聞』が宣言を記載していたとすれば、必ず載せると思うのだが、この史料にはみあたらないのである[13]。また、『社会主義史』のいわれるとおりだとすれば、何ゆえに地方では千葉県の『新総房』『東海新聞』のみが社会民主党の宣言書を掲載したのであろうか。当時は、県内においてそれぞれの派閥の利益を代表するかたちで新聞紙上で対立していた『新総房』と『東海新聞』も、元を正せばその前身は自由民権時代を闘い続けてきた両雄であり、人間の自由と平等を主張する社会思想の理念が少しでもあったのではないか。そういったことを考慮すれば、民主主義的な社会民主党の宣言を掲載しても何ら不思議ではないように思われる。しかしながら、その掲載した本当の真意のところはは不明である。いずれにしても、『新総房』は地方新聞としては全国唯一の宣言掲載紙であり、注目すべき価値があろう。千葉県の地方新聞の社会主義に対する理解は、この頃から始まっているのである。

ところで、政府は社会民主党を禁止するとともに、宣言書を掲載した新聞雑誌の発売を新聞紙条例三二条で告発した。まず裁判にかけられたのは『新総房』であり、その宣告は有罪であった。次いで東京の四新聞一雑誌は、他の法官の下に無罪を宣告され、検事の控訴がありまだ確定してはいなかったのである。この同一事件に対して、二様の判決が出たことに『万朝報』[14]は、もし公明な裁判でなく不公平な裁判であるとしたら、国民のために一大不幸にして危険であると疑問を投げかけている。有罪の『新総房』は控訴・上告したが、一九〇一年一〇月二一日大審院においてその上告は棄却された。この判決が、社会主義に関する事件では日本の司法権によって下された初めての確定意見となったのである。大審院の判決理由に前述の『万朝報』は、理由を説明せず悪人、罪人と確定することに納得できぬとして、これは国民の大なる不幸であり、危険であると批判する。また、『新総房』も上告理由書のなかで論じており、少しく掲げてみよう。

……蓋し人類社会は進歩発展すべきものたり。而して其進歩発展は只能く社会の現組織現状態を否拒《ママ》して之を打破し新たなる組織状態を発展することに由りて成るものにして、此点より見るときは社会の現組織状態と相容れざる理想勢力の発現存在は、是れ人類社会の進歩の必要条件にして随て之れこそ人間社会自然の秩序と見るべきものとなりとす。故に国家が社会の秩序を壊乱するの所為として罰すべき所為に限るべく、単に其現に承認し保護しつつある所のものと異なるが為に其異なるものを以て直ちに秩序を壊乱するものとして之を禁制するの権なし。然らずんば人類は其進歩の原泉《ママ》たる新理想の発展を国家の専恣なる判断により て遏絶せらるるの不幸を免れざればなり。(15)

とくに説明する必要はないと思うが、人類はその進歩の源泉である新理想の発展を国家の専制によって、さえぎられることはよくないと喝破しているように、『新総房』は「社会主義」という外来の新しい思想に正しい認識を示していると同時に、当時の千葉県のジャーナリズム界のもつ自由主義的な雰囲気と在野性は健在であったといえよう。社会民主党の宣言や綱領は、それ自体ブルジョア民主主義的内容であり要求であったが、当時の日本のまだ幼い社会主義運動が引き受けていかなければならない実情を反映しており、『新総房』がこれら民主主義的な諸要求に共鳴するのは、至極当然であったといえようか。

以上のように、社会民主党事件は宣言書を掲載した諸新聞・雑誌が罰金刑に処せられて解決するわけであるが、最後に、何ゆえに千葉県の地方新聞が（千葉県だけに限らないと思うが）社会主義と結びついていくのか、その要因を改めて考えておきたい。

それは第一に、社会主義というそれだけセンセーショナルなものであっただけに、地方知識人に新鮮な感動を与え、満足させうるものであったのではないか。こういった社会主義という新しい思想を地方のインテリ層が直訳的であれ、摂取するのは容易であるように思われる。第二に、地方新聞の自由主義的な雰囲気が歴史的にあったのではないだろうか。これは、前述したように『新総房』『東海新聞』両紙の前身は、自由民権時代を闘い続けてきた『千葉民報』と『東海新報』であり、在野にいるものとしてのリベラルな空気が長く存在していたと考えられるのである。第三に、東京の中央の新聞に対抗するために新鮮なものとしての社会主義関係の文面を掲載することによって、少しでも販売売上げを高める効果があったのではないか。東京の有力新聞の千葉地方版にいつも押されており、県内の地方新聞は多くて二五〇〇部、少ないものはわずか八〇〇部ぐらいにとどまっている状態であったことを考慮に入れるなら、こういったことは少しでも考えられるのである。第四に、やはりまだ官憲の圧力が加わっていなかったことがあげられよう。千葉県のジャーナリズムに官憲の圧力が加わり始めたのは、一九〇八年頃からであろう。それは、この頃から地方新聞の社会主義に関する記事が消えていることに示されている。しかしながら、『新総房』は社会民主党事件以来、社会主義に関する記事を全くといってよいほど載せていない。代りに、鮮烈に登場してくるのは、次にみていくことになる『千葉毎日新聞』であった。

3　帝国主義か社会主義か

（1）小川素泉の主張

『千葉毎日』はすでにふれたように、一九〇三年八月にそれまでの『千葉通信』を改題して、『東海新聞』編集長の五十嵐重郎が移り社長となり発刊したものである。五十嵐は、『千葉毎日』を発刊したことについて創刊約一年後に、新聞の政党の機関紙化していくことを憂い、「主義に於ては即ち厳正不倫《ママ》の中立を標榜し、本紙を発刊したり」[16]と述べた。「厳正不倫《ママ》の中立」を標榜しているが、その後の記事内容は必ずしもそうではなく、政友会系のそれがみられる。しかしながら、他の二紙に比較すると一九〇四年八月二五日でまだ創刊一周年であり、新鮮で斬新な記事内容がみられ、「理想の革新者」「進歩の鼓吹者」「新知識の開拓者」「旧思想の破壊者」[17]となることを言明している。まさに、外国の新しい社会思想を受け入れやすい状況下にあったといってよい。主筆白鳥健（当時は太一と称す）を始め、「健腕達識なる」記者がそろっており、客員には作家の永井荷風や詩人である蒲原有明ら一五名がいた。

『千葉毎日』紙上で社会主義に関する記事が多くなるのは、一九〇四年一〇月以降である。これは、非戦論と社会主義の理想の立場を貫く週刊『平民新聞』の啓蒙宣伝活動、それに伴う千葉県下への伝道行商や遊説などに呼応するかたちで、表面化してきたように思われる。この時期、

掲載年月日	論題	筆者
1904.10.25	帝国主義と社会主義	小川素泉
〃 10.26	〃 （続）	〃
〃 12.13	社会党の萌芽	破羅生
〃 12.14	帝国主義と社会主義	蒼川生
〃 12.18	経済的帝国主義	寺嶋松影
1905. 1.10	○帝国主義寸言	〃
〃 1.27	○帝国主義寸言を読みて松影兄に質す	小川春水子
〃 1.28	平民新聞社員諸氏に寄す	蒼川子
〃 1.28	○帝国主義に就て春水君に答ふ	松影生
〃 2.24	○帝国主義に就て再び松影兄に質す	春水小川高之助
〃 2.25	○ 〃 （続）	〃
〃 3. 3	帝国主義か社会主義か（一）	吉田民鉄
〃 3. 4	〃 （二）	〃
〃 3.12	〃 （三）	〃
〃 3.14	松影春水両兄に告ぐ	坂宮晴嵐
〃 3.29	時事所感	春水
〃 5.14	社会主義滅せんか	〃
〃 5.18	小児輩の社会主義を読みて	鶱北生
〃 8. 3	社会主義論（一）	春水小川高雄
〃 8. 4	〃 （二）	〃
〃 8. 5	〃 （三）	〃
〃 8. 6	〃 （四）	〃
○印が「小川・寺嶋論争」である。		

表1　『千葉毎日新聞』紙上の「帝国・社会主義」論

社会主義は帝国主義とともに論じられることが多く、それは一九〇四年一〇月から翌年の八月まで続いている。[18] 表1を参照せられたい。ここでは、小川素泉と吉田璣（民鉄）を取り上げるつもりでいるが、帝国・社会主義論について当時の千葉県の知識人がどのように考えていたのかを言及していきたい。

『千葉毎日』の「毎日論壇」（第一面）で、帝国主義と社会主義論の口火を最初に切ったのは、小川素泉であった。[19] 素泉は「帝国主義と社会主義」（一九〇四・一〇・二五）と題して論じている。紹介していこう。

素泉は、まず帝国主義は今や世界の大潮流であり、世界の強国はすべて帝国主義で一貫しているという。しかし、近頃では帝国主義を頻りに否認し、攻撃するものがあるといい、それは社会主義であるとして、社会主義もまた世界の思想界の一勢力となってきたことを認めている。そして、「帝国主義は現実されつつありと雖も、社会主義は未だ空想也」と述べるが、社会主義も漸くその萌芽がめばえてきたとし、現代の思想界の二大潮流は帝国主義と社会主義であると認める。続いて、素泉は帝国主義と社会主義の定義を下している。彼によると、帝国主義は国家の独立を全うし民族を膨張させて世界の文明及び政治に参与しようとする主義であり、社会主義は人類の生涯を幸福にさせるために国家よりも社会を重んじ、貧富貴賤の差をなくして一切を平等にしようとする主義であった。そこで、これらの主義はその目的としては全く同じであると結論をする。素泉はその理由として、帝国主義が「国家の独立を全うし、民族の膨張を図り、世界の文明、政治に参与せんとするは抑々何等の目的なるか、云う迄もなく吾人々類の幸福を全うせんが為め也」とする。社会主義についても、貧富の差をなくし、四民平等を実現し、生産機関の公有制度を主張するのは、「是れ実に吾人々類の幸福を円満ならしめんが為めたらずんばあらず」として、両者は目的は全く同一であるが、ただそこに到達する手段が違うのであるといい放つのである。さらに素泉は、両者は人生の幸福を欲して平和を望むものであり、ただその理想に達するために一方は平和的手段を選び、他方は武断的方法を選ぶ。それゆえに、これらの目的とするところは我々の歓迎すべきものであり、決して否認すべきものではないというのである。ここまで述べて素泉は、それでも今日の所謂帝国主義や社会主義は果たして本当に理想に達すべき最良の手段であるのか。我々はまだ納得できないとして、これら二つの主義の分析へと論を展開していく。

まず帝国主義について、現在世界の帝国主義は大別すれば政治的帝国主義と保守的帝国主義の二つに分けられ、前者の代表国はアメリカであり、後者のそれはイギリスであるとする。アメリカを政治的帝国主義とした理由を素泉は、モンロー主義の主張や近年のハワイの合併、キューバ・フィリピン諸島への侵略などの盟主であろうとする野心に求めている。そして、最近ではロシアもまたアメリカのように、東洋に対し頻りに政治的帝国主義を実行しようとし、そのために今回のような日露戦争が始まったのであるという。また、イギリスを保守的帝国主義とした理由を、現在のイギリスの勢力は膨大な植民地から得たものであり、植民地がなくなればイギリスの今日の勢力はたちまち失墜することになり、だからイギリスは本国と植民地との関係を緊密にする必要があり、アメリカへも歓心を買う態度にでる、といったところに求める。それでは日本はどうかといえば、素泉はアメリカ・ロシアの政治的帝国主義やイギリス流の保守的帝国主義ではなく、別に日本的特質があるのだという。すなわち、日本の帝国主義はロシアのように侵略的ではなく、イギリスのように保守的ではない。日本のそれは、国際法上の合意に基き世界に向って日本国民の権利を主張し、他面でアジアの独立を扶植してこれを誘導・開発する任務であるとして、我々はこれを人道的帝国主義と呼ぶのであると述べた。

小川素泉は、続けて翌日に「帝国主義と社会主義（続）」（一〇・二六）と題して、社会主義の分析へと論をすすめている。素泉は、社会主義にも種々あるけれども帝国主義を排除するのは皆同じであるという。また、日本の社会主義はまだ幼稚でその勢力は極めて微弱であるが、決して侮ってはいけないとして、なぜならば社会主義は多くの労働者を味方にし、所謂現社会に容れられない逆境者の歓心を買い、かつ社会主義の主張は最も理想的であり、人道的見地からみれば最も高尚にして人倫に添うからであるとしている。続いて、今の極端な帝国主義のために貧富の差は甚だしくなり、資本家の暴虐はその極みに達し労働者の貧困はとどまるところを知らないとして、そのことにより失業者は増大し、近年教育・学識ある青年がそろって社会党に出入りするのはどういうことであるのか。あるいは儒教主義・女大学主義の教育に満足している妙齢の婦女子が共にそろって平民社楼上に集まるのは何のためかと問い、これは結局革命の萌芽になるのであり、社会主義は決して侮ってはいけないものであると結論するのである。ここまでで、素泉は帝国主義と社会主義の分析を終えてまとめの段階として、次のように述べている。

……帝国主義は余りに現実的也、社会主義は余りに理想的也、帝国主義は余りに俗物的也、社会主義は余りに君子的也、而して是れ動もすれば帝国主義が非人道的にして、社会主義が空想的なる所以たらずんばあらず、吾人は帝国主義を唱道し、又社会主義を唱道せんとす。(20)

素泉は帝国主義は現実的であり、社会主義を理想的なものであるとしながら、彼においては矛盾せずに唱道すべきものであるとしており、最後に彼は次のような結論に到達するのである。すなわち、我々は帝国主義を国是とし国家の富強をはかり、民族の膨張を進めアジアの独立を扶植して、これを誘導・開発するのであると説き、また他方、社会主義によって大いに人道を重んじ、平和と平等とを理想とし人類相愛の実現をはかり、文明国の国民の名誉と幸福とを完全にやり遂げなければならないと述べるのである。

以上で、小川素泉の帝国・社会主義論は幕を閉じる。これについて、特別に説明や解釈をつけ加えるまでもないと思われるが、少しく述べるならば、次のようになるであろうか。

小川素泉は、帝国主義と社会主義について定義を下しているが、これは当時の知識人としては、むしろごく普通の考え方ではなかったかと思われる。素泉の帝国主義論は、ただ国家の独立をなし遂げ、民族の膨張をはかり、世界の文明・政治に参与するという素朴で稚拙な理解であり、そこには広義の帝国主義の意味である一国の政治的主権を強制的に他の諸民族・諸国家・諸領土の上に拡張して専制的支配を確立することの理解はされていないのである。そして、経済的側面にもふれていない。また社会主義についても同じように素朴な理解であり——当時の日本の多くの社会主義者であっても、社会主義に対する理解は大同小異であったように思われる——、ユートピア的な社会主義であった。素泉のこの論文のなかで面白いのは（しかし、正しくはないが）、帝国主義と社会主義の目的が全く一致することである。二つとも幸福・平和を望むものであり、ただその理想に達するために帝国主義は武断的方法を選び、社会主義は平和的手段を選ぶのであるというのである。だから、この二つは歓迎すべきものであり、否認すべきものではないという。このことは論文の結論でも似たような展開をしており、やはり未熟な二つの主義の規定からくるものであり、素泉にとってはしかたがないことかも知れない。また、日本の帝国主義を「人道的帝国主義」であると捉えるあたり、素泉は帝国主義に関する無知を露呈している。[21] 結果として、素泉の帝国・社会主義論は無知を暴露したにすぎなかったけれども、当時の地方の言論人としてはよく考察していた方ではないかと思われる。

(2) 吉田璣の主張

次に、吉田璣[22]（民鉄）の帝国・社会主義論を紹介してみよう。いうまでもなく吉田は、千葉県の初期社会主義運動における最初のオルガナイザーであった。第一編第1章で述べたように、彼は千葉県の私立同志中学館出身の唯一の初期社会主義者であった。吉田が『千葉毎日』紙上に論文を寄稿したのは、一九〇五年三月のことである。三月といえば、すでに北総平民倶楽部は誕生しており、吉田の手によって創設された千葉町の羽衣会は産声をあげたばかりであった。吉田はおそらく、前年の一〇月から始まっている『千葉毎日』の帝国・社会主義論を興味深く読んでいたことであろう。これまでの記事のなかでは、『千葉毎日』主筆の寺嶋信之（松影）と北総平民倶楽部幹事の小川高之助（春水）との「帝国主義」論争が出色といえるが、[23] 充実した時期における吉田の『千葉毎日』への寄稿は、むしろ当然であったともいえる。彼は三月三日から一二日までで、三回に分けて論文を掲載している。

吉田璣の第一論文は、「帝国主義か社会主義か」（一九〇五・三・三）と題して、やはり『千葉毎日』の第一面トップに掲げられている。まず吉田は、帝国主義と社会主義は二〇世紀思想界を支配する二大潮流であるとして、社会を組織し国家を建設する目的に合い、人類・社会に進歩・平和・幸福をもたらすのはどの主義か。また、今の社会の諸問題（物質文明、貧富の差、生活の不安、黄金万能、国際的な戦争と侵略、相互欺瞞と殺戮など）を解決し、この腐敗・堕落した社会を救済できるのはいずれの主義であろうかと問い、最初に帝国主義にあてはめようとする。今日の不完全な経済組織・社会制度が帝国主義を生み、産業はすべて資本家組織であり、その具体例を述べていく。土地資本の私有の社会では、多くの人びとが生産した財貨の大部分を少数の地主・資本家に略奪され、生産者の得られる賃金はほんのわずかであるとして、大多数の人びとは購買力を有しないという。商工業についても彼は、今の自由競争の社会では自己利益のみを追い、さらに遠く海外にまで市場を求めており、その後ろ盾には軍備があると付け加える。また、今や列国が争って軍備を拡張し、巨万の財産と人民は空しくこの非生産的な事業に従事しなければならないと嘆くのである。そうした結果としてと吉田は続けて、商工資本家は「暴富」を来たし、多数国民は軍事費を負担し兵役に苦しむ。国家はいよいよ富強となり、多数人民はますます貧困に陥るなどと述べて、結局帝国主義は人類を救済するのではなく、多数の不幸な貧者を少数の人たちの利潤を得るための犠牲とするものではないかといい、これは現在の不完全なる社会組織がもたらす必然の結果であると論じるのである。

翌日の「帝国主義か社会主義か（二）」（三・四）では、吉田は前日の論文を受けて、ではどうすればよいのかを考察していく。彼は文明・進歩の結果、世界は日々に時間的に縮小して、科学・交通機関や民族の発達は極致に達し、列国がついに一つに帰すべきは万人識者が認め、切望するところであるとして、我々は一日も早く今の無統一、不経済極まる侵略的不合理の競争や罪悪を生む国家組織に終りを告げ、各国民族を天性と自然（土地）の長所を生かし、自由に相通じ、他人を犠牲にして国際戦争の全く必要のない世界的国家が実現することを欲していると説く。ここで、吉田はコスモポリタン的な考え方をしていることが分かる。さらに続けて、人びとや国々の長所を発揮させるには協同・各種勢力の調和により、分業・協力・国際調和と各国自治連合に頼らねばならないとする。そして、以上のような理想に達するには帝国主義論では無理であり、「到底人類社会の理想と科学の原理が許さざるなり」と述べるのであった。

最後に、吉田璣が「帝国主義か社会主義か（三）」の論文を掲載したのは、二回目の論文を発表して以来八日ぶり、すなわち三月一二日であった。このときも今までと同じように、帝国主義の主張する論を執拗に追い、批判を続ける。元来、劣等人種は優等人種に奉仕するために作られたと論じる帝国主義者（モンゼン・ランケ・グラホン・ツライチュケなど）は、傲慢・無礼で彼らは道徳を眼中におかず、他国民の存在を認めず、人類の幸福を犠牲にして顧みない国家的利己主義者であるといい、また愛国心により他民族を憎み、他国に戦争を挑み、他人の自由を奪い、財産を略奪することは果たして罪悪にはならないのかと、吉田はむしろ道徳的立場から批判し、我々は帝国主義者の主張には全く科学上の根拠、あるいは人類・社会協同の平和と幸福とを見出すことはできないと述べるのである。続けて、不完全な産業制度に原因をもち勃興した帝国主義というのは、現在のような土地・資本を所有する名義の下に、他人が辛苦の末に稼ぎえた財貨を合法的に国家の保護の下に略奪することのできる社会においては、必然的に生まれてくるものであると論じる。さらに、国家の繁栄は地主、資本家の利益に過ぎず、多数の国民は益々重税に苦しみ、兵役に疲れ、ついには国家の凋落となり、絶望者と貧困層の続出になるという。吉田はこの論文の最後にあたり、各国の帝国主義の下での状況を説明し、さらに述べて、

之皆野心勃々たる政治家が徒らに大帝国の建設を夢みて、国民の虚栄心虚妄の心を扇動し、軍備の拡張と戦争とによりて一攫千金を得んとする投機師御用商人と結託し、自己の利ありて又国民の被る兵役税の苦を顧みざる商工資本家の爪牙となりて、その市場を拡張せんとせし結果に非ずや。[24]（未完）

と結んでいる。

以上で、吉田璣（民鉄）の寄稿論文は終りを告げる訳であるが、未完で終えているのである。これは、さらに論文を書き続けたかったものと思われる。何らかの事情があり、寄稿を止めたのであろう。吉田の論文をみて気づくことは、「帝国主義か社会主義か」と題して論文を書いているが、その内容は帝国主義に対する批判に終始していることである。なるほど吉田の論文は、小

川素泉に比較すれば政治的な側面における帝国主義に関する理解は、いわゆる広義の意味で把握しており、マルクスの文献を引用したり、西洋の帝国主義者の文献をも研究するほどの勉強家ではあるが、帝国主義の経済的側面での理解の不十分さは免れない[25]。これは、当時において理解できていなくても決して驚くには当たらないのであり、むしろ当時学生であった吉田璣の努力を讃えるべきであろう。

一回から三回までの吉田の論文は、帝国主義批判がその内容の中心であったが、四回目以降の論文の掲載を続けていたとするならば、社会主義論になっていたであろうことは想像しうる。吉田の最後の寄稿となった三月一二日は、彼の創立したともいえる結社羽衣会第一回の例会にあたっており、おそらく羽衣会の会員たちは記事を読んでいたに違いない。

このようにして、私は小川素泉や吉田璣の帝国・社会主義論についてざっと目くばりをしてきた訳であるが、外来の社会思想である社会主義思想に対して、一方は帝国主義的立場から、他方は社会主義的立場からの立論は、それが未熟さをたぶんに残していたとはいえ、戦時中にしかも地方新聞にすぎない『千葉毎日』が場所を提供したということは、特筆される価値があるのではなかろうか。

むすびに代えて

日露戦争前後の千葉県における社会思想状況は、これまでふれてきたこと以外にもあることは確かであろう。本章では、それを社会主義と結びつくジャーナリズム（地方新聞）を中心にして、また紙数の関係もあり限定して論じてきたつもりである。最後に、簡潔にまとめておきたい。

まず、ジャーナリズムと社会思想との関係について。一九〇一年一〇月における『新総房』の上告理由書にみられる、すなわち人類社会の必要条件として理想勢力＝社会主義をみていくということ、あるいはそれがたんに現体制と異なるために秩序を乱すものとして禁ずる権利はないというようなことについては、自由民権時代における人間の自由と平等を主張する社会思想の理念の影響がほのみえ、それゆえに社会民主党宣言を掲載したとみることができ、新しい外来思想に柔軟性のある認識を示している。それは『千葉毎日』においても、自分たちが「理想の革新者」「進歩の鼓吹者」「旧思想の破壊者」であることを表明しており、日露戦争前後千葉県下のジャーナリズム界は三大紙に限っていえば、外国の新しい思想に敏感で受け入れやすい状況下にあったとみてよい。しかし、その後は社会主義の記事は減じてゆき、三大紙のなかでは社会主義者白鳥健が主筆をしている『東海新聞』にのみ限られていくのである。

次に、知識人・社会主義者と社会思想との関係について。当時、一九世紀末から欧米で流行した社会進化論の影響をうけ、日本の知識人の多くは、いわば支配階級側の社会思想ともいえる帝国主義思想の影響下にあった。新聞記者小川素泉は当然としても、初期社会主義者吉田璣でさえ、帝国主義を社会主義とともに二〇世紀思想界を支配する二大潮流として認めざるをえなかった。日露戦後、社会主義勢力は帝国主義に果敢に抵抗して弾圧される過程をたどるが、『千葉毎日』紙上の自由・闊達な帝国・社会主義論の主張は、初期社会主義にふさわしい論者の自由な論理展開に価値を認めながらも、それだけの場所を提供しえた力量と寛容をもつ千葉県のジャーナリズム界の本質にふれることができ、それらが戦後の県下の社会主義運動の発展に寄与する要因にもなっている。

ところで、日本の近代社会思想はよく民衆の生活意識にまで十分根をおろさなかったといわれている。それに異論はない。しかし、千葉県においてはわずかに民衆の間に根をおろす傾向がみられた。それは、農民中心の社会主義結社北総平民倶楽部の活動や思想においてである。小川高之助をはじめとする農民社会主義者あるいはその同調者たち、すなわち一般の民衆の生活意識にまで社会主義思想は浸透、定着しつつあったことは確かである。この倶楽部は平民社の基本運動方針に従い、議会主義を実現する手段として普選運動などの実践や、その後農村独自の「村落社会主義」思想を生み出していくのであるが[26]。だが、それは質的に変化してゆき、社会主義思想というよりは、むしろ社会改良主義思想として生き延びていくのであるが[26]。それにしても、日露戦争当時帝国主義の毒に侵され、あるいは侵されつつあった知識人や民衆の多いなかで、「社会主義」の理想を掲げ、民衆に鼓吹・浸透させていくことは、ジャーナリズムや遊説などの努力の成果はあったにせよ、きわめて困難さを伴うことは疑いをいれなかったであろう。

第5章　北総平民倶楽部の活動と思想――小川高之助を軸にして

はじめに

一九〇八（明治四一）年の赤旗事件により千葉監獄に二年間服役していた社会主義者山川均は、その頃の心境を次のように回想している。

私は、二た口めには「労働者のために」と言い、「われわれ労働者が」などとも言った。しかし吾々の運動が、労働階級とどんなつながりがあるというのだろう。なんにもなかった。後ろを振り返って見て、吾々の運動には、いったい何人の労働者がつづいて来ていたろうか。なんにもなかった。……自分のやっていることすべてが、社会主義社会の実現に役立っている運動ではなくて、安価な――あるいは非常に高価な――自慰や自己陶酔にすぎないのではないかという疑問は、たえず私の頭をかすめていた。(1)

ここに山川がいうまでもなく、当時の初期社会主義運動は現実に労働運動に基盤をもたない少数の知識人・学生・独立生産者に担われながら権力と相対していき、しかも、そういった弱点・限界がありながらも中央の社会主義者の代弁する民衆はその大部分が労働者であって、農民に言及する視野に欠落していたことは論を俟たないであろう。(2) このことは、換言すれば次のようにいえるであろう。

明治期における社会主義運動は、自由民権運動における民主主義的な理論の課題の遺産——例えば大井憲太郎の『時事要論』など——を正しく継承・発展させることができずに、また社会問題に触発され（これにより運動は農村から都市へ移るが）、労働運動の最高の理論となるはずの社会主義理論——移植されたまま十分消化されず根づかなかったが——は社会民主党宣言にみられるような日本的特質としてのブルジョア民主主義的要求として現出せざるをえなくなるが、しかしながらそれにもかかわらず、日露戦後以降の社会主義運動はこの残された民主主義と社会主義の課題をも正しく継承・結合できず、周知のように労働者階級のストライキ・暴動を目の当たりにみながら、彼ら社会主義者はこれを指導・掌握できず遊離し、社会主義運動内部でも左派と右派に分裂し対立していくようになる。このようにして、戦前の社会主義運動は常に分裂しながら左派優位の伝統状況のなかで急進化し、権力に厳しく弾圧されていくパターンを繰り返すのである。(3) それは、戦後も変わってはいない。いわば、このことは日本の民族的な課題ともいい得るもので、あらゆる方面からのアプローチが必要であろうと思われる。

ところで、近年初期社会主義研究に新たな潮流が生まれつつあるのは喜ばしいことである。それは、輓近の地方における掘り起こし運動ブームと軌を一にしているように思われる。[4] 初期社会主義研究の全体像を構築していくためには、従来のとくに中央の社会主義論・運動（論）・社会主義者の思想とは別個に、さまざまな地方に視座をすえて中央を見直しぬりかえていく作業――地方の社会主義者の思想・運動や中央との連関など――が必要となろう。[5] 実りある豊かなものとするためにも。本章でとり上げる北総平民倶楽部と倶楽部の幹事である小川高之助という無名の一人物については、以前いささか論じたこともあるが、いずれにしても中途で終ってしまっている。[6] ここでは、一応小川高之助の明治期の全体像を構築するつもりでおり、同時に全国で唯一の農民（農村）社会主義結社＝北総平民倶楽部の活動をも追っていきたい。課題としては、第一に小川高之助の村落社会主義者としての位置づけ、第二に、北総平民倶楽部の活動の展開とその評価である。[7]

こうした農民社会主義者の足跡や倶楽部の活動を追うことは、初期社会主義における農民問題を理論問題として論じた牧原憲夫に対して、微少ながら検証の役割を果たすかもしれない。[8] しかしながら、むしろ最終的な指標として私は、「初期社会主義における村落社会主義の位置づけ」をめざしており、そういう意味合いでいえば、本章はそれにつらなる基礎的な作業といえるであろう。そして、これらの作業を通じて初期社会主義研究全体像構築への一助にしたいと考えている。

1　社会主義論の形成と北総平民倶楽部の活動

（1）農村社会主義結社と千葉県

かつて出された橋本哲哉の論考によれば、地方における初期社会主義者のグループは、日露戦争前後あわせて全国で九六団体の活動を確認しうるという。[9] 橋本はその活動内容を初期社会主義研究史などから分析しているが、それにもかかわらず、それらの団体は弾圧や運動の分裂により、また中央の社会主義者の地方組織論の弱さなどにより、[10] 徐々にその団体数を減じてゆき、一九〇六（明治三九）年日本社会党が誕生した年の五月には、日本社会主義中央機関紙である『光』に報告を寄せる地方社会主義結社――毎月定期に研究会・茶話会等を開いて研究・伝道に尽力しているグループ――は、全国で曙会・同胞会・岡山いろは倶楽部・神戸平民倶楽部・北総平民倶楽部など全部で一〇団体に過ぎなかった。[11] この機関紙は、尚不明な団体があるのを察知しており、それに対する呼びかけを行っているが、それは困難さを伴うものであったといえる。

本章でとり上げていく小川高之助は、さきの一〇団体の一つ北総平民倶楽部に属する人物である。明治期の小川の行動はこの倶楽部とともに論じられなければならないが、ここで少しく倶楽部誕生の社会的背景についてふれてみたい。

日清戦後の急激な資本主義の発展に伴い発生する社会問題に対する民衆側の抵抗は、小作争議・労働争議・労働組合運動などの社会・労働運動に始まり、それは一九〇一年五月における日本最初の社会主義政党である社会民主党結成という一つの成果を生みだすに至った。政府は治安警察法によりただちに同党の結社を禁止するが、そうしたことは社会主義への関心をますます全国的なものに拡げる結果となり、とくに新聞・雑誌ジャーナリズムの格好の材料となる。例えば、千葉県においては中央紙と並び『新総房』が社会民主党の宣言書を掲載して告発されているが、当時二五歳の青年小川高之助はこの宣言書をいかなる感慨をもって読んだであろうか。千葉県の地方新聞に社会主義に関する記事が多くなるのは、その後一九〇四年一〇月以降のことである。すなわち、倶楽部誕生の社会的背景の第一には、県下の地方新聞と社会主義との結びつきがあった。

他方、倶楽部誕生の社会的背景は、こうした県下の地方新聞と社会主義との結びつきの外に、もう一つ初期社会主義の頂点を示す日露戦時下の平民社の活動を考慮に入れる必要があるだろう。すなわち、一九〇四年の小田頼造の県下への二回にわたる伝道行商、同年の中央の社会主義者による県下への四回の遊説は、まだ千葉県の弾圧の少なさとあいまって社会主義思想の浸透を促す働きをしていくのである。[12] このような社会的背景の結果として北総平民倶楽部の誕生を考えることができよう。[13]

ところで、小川高之助に論を戻したい。小川高之助（号は春水・高雄）は、一八七五（明治八）年一一月印旛郡八生《はぶ》村宝田（現在は成田市に属す）に、父左一郎の長男として生まれている。[14] 家は農業で、自作農（実質的には小地主クラス）であるという。[15] 学歴は小学校卒業で特別学歴はないが、書物は好きで、また農業には不向きの体質であったらしい。一九〇一年四月より一年間、若くして宝田区の区長代理者に就いたのが村政への初参加となった。[16] その小川が初めて社会主義新聞に登場するのは、一九〇五年一月一五日のことである。それは、千葉県で唯一の社会主義結社となる北総平民倶楽部の新聞史料への初見とも重なっている。

　　北総平民倶楽部
△処　印旛郡八生村宝田気儘屋
△時　毎月第一日曜日
△費　当分不要
　当倶楽部は八生村外二ケ村同志十五人の組織せるものにして幹事は小川高之助、根本隆一の両人にて候。千葉県下の同志諸君に向《ママ》て当倶楽部へ時々通信せられんことを望む。[17]

地方の社会主義結社としては、むしろ遅い方であった。ここにある気儘屋というのは、寺本源兵衛（当時六三歳）が隠居仕事に始めた雑貨屋（酒屋兼菓子屋）で、老人は盲目であったが、「主義のために尽さるることは迚も我々青年の及ぶ所ではありません」（日刊『平民新聞』一九〇七・二・八）と、のちに小川高之助は語っている。この気儘屋が北総平民倶楽部の本部であり、事務所であった。もう一人の幹事である根本隆一は豊住村出身であり、当時二五歳である。

倶楽部の実質的誕生は一月前後と推測されるが、この全国にも類のない農民中心の村落社会主義結社は、一九〇九年二月まで中央の社会主義新聞に寄稿をする息の長い結社となるのである。倶楽部会員は八生村・豊住村・久住村三か村の「額の汗に衣食する剛健なる農夫」[18]からなり、倶楽部の拠点は八生村の宝田と久住村の幡谷であり、彼らのメンバーに豊住村の同志が参加している。倶楽部会員は、久住村のメンバーを除けば階級的にはいずれも農村中間層クラスを示しており、こういった会員により倶楽部の活動は始まっていくのである。[19]

さきに、倶楽部誕生の社会的背景について述べてきたが、それでは主体的に農村を基盤とする土地で彼らが何ゆえ社会主義運動に献身していくのであろうか。千葉県における社会的背景が北総平民倶楽部の誕生を成立なさしめ、発酵を促す外在的要因とするならば、主体的・内在的要因はどこにあるのか。明確な解答といえるかどうかは分からないが、その一つとして小川高之助の住む宝田の歴史的風土を考えることができる。近世初頭から幕末まで宝田村は村方出入りが激しく、村は「名親」と「名子」との対立（「名子」の所持する田畑山屋敷は「名親」からの預り地という土地所有関係をめぐる対立）、それに続く「よ分」と「は分」との対立（「よ分」方の特権的な身分の確立への「は分」方の反感による対立）は、幕末になるに従い「は分」方の経済的成長とともに争いも激しくなり、村役人の不正の解明、村方諸勘定の割合等の問題が明治初年まで持ち越され、一応の解決をみるが、明治時代に入った後もくすぶり続けたという。[20]こうした歴史的環境が、

表2　町村別戸口員数　　　　1905（明治38）年12月現在

町村名＼種目	現在戸数(戸)	現在人員(人)	平均現住一戸当人員(人)	農業戸数(戸)	専業戸数(戸)	兼業戸数(戸)
豊住村	713	2,846	4.9	489	395	94
久住村	592	2,964	5.1	465	357	108
八生村	685	3,848	5.6	516	370	146

（『千葉県印旛郡町村経済調査』より）

表3　町村別自作農自作兼小作農及小作農戸数並ニ反別

種目＼町村名	豊住村	久住村	八生村
自作戸数（戸） 一戸平均（町・歩）	117 2.2615	88 2.1614	143 1.4108
自作兼小作戸数(戸) 一戸平均（町・歩）	274 1.0227	248 1.5804	396 1.3107
小作戸数（戸） 一戸平均（町・歩）	189 0.6010	186 0.5608	99 0.5306

（『千葉県印旛郡町村経済調査』より1905. 12月現在）

表4　倶楽部会員（主要な）の直接国税額（円）

	1902	1907	1911	1914	1921
小川高之助	25	40	38	10	9
根本隆一	33	50	51	53	43
坂宮半助	15.8	32		37	
藤田玉吉					6
寺本浅吉		30	21		22
葛生新治郎				11	10

（注）『千葉県紳士名鑑』多田屋書店、1902年、発行。『房総紳士録』多田屋、（1908、1912、1915、1922年）発行より作成。

宝田の村民に対して論理的で独立自治の精神に富む、より民主主義的な人間形成をかたちづくらせていくというのは容易のことのように思える。宝田での同調者を含めた二〇余名の社会主義者[21]がいずれも宝田の有力者（地租一〇円以上を納める小地主）であることと、江戸時代における双方の対立は決して無関係ではなく――出入りの結果法定価値は安く、労働賃金は高くなり、全戸数の四分の一が小地主となる[22]――、衆議院議員選挙における収賄のない習慣や「人は服従を強いらるるよりは圧制に反抗するの習慣を養ふた方が早く文明が進むものだ[23]」との言説は、宝田の歴史的伝統のなかで理解すべきであろう。表2は三村の戸口員数、表3は三村の自作農、自小作農、小作農の内訳である。また、表4は注（19）でもふれているが、倶楽部会員の直接国税額を示している。

このようにして、当時二九歳の小川高之助と豊住村南羽鳥出身二五歳の根本隆一の二人の青年幹事の下に倶楽部は出発するが、当初の会則は不明であり、現在も発見されていない。

(2)『千葉毎日新聞』への寄稿

倶楽部第一回の社会主義演説会（夜は研究会を開催）は、一九〇五年一月二五日のことであった。それ以前、すでに小川高之助らは社会主義に関する書籍等を集め、研究をしていたことがうかがわれるが、その目的は社会主義の研究と村治の改革、農業の将来の研究にあったようである。[24]農村の社会主義結社としては当然の目的ではあったが、倶楽部初期における具体的史料としては残ってはいない。この演説会では中央から吉田璣（民鉄）――千葉県の初期社会主義運動における最初のオルガナイザー的役割を果たす――が招かれ、演説をしている。

ちょうど、同じ一月二五日千葉毎日新聞社に小川高之助の寄稿した論文が届いており、それが掲載されたのは一月二七日のことであった。小川にとっては初の寄稿、そしてそれは倶楽部の理論家小川高之助の誕生を意味したのである。日露戦時下、千葉県を代表する日刊紙には社会主義に関する記事が多くなるが、とりわけ社会主義者白鳥健のいる『千葉毎日新聞』（以下『千葉毎日』と略す）はその多くを割き、その後は『東海新聞』に移った白鳥健の下で展開されるようになる。小川の論文は、生涯を通してもそのほとんどが一九〇五年に書かれており、それは九回の寄稿に過ぎないが、いずれも『千葉毎日』紙上に掲載されている。ここでは、小川の論文を検討することによって彼の理解する社会主義論の本質に迫ってみたいと思う。

『千葉毎日』紙上では、一九〇四年くらいから「帝国・社会主義論」が論壇を賑わすようになるが、一九〇五年一月一〇日主筆寺嶋信之（松影）の論文「帝国主義寸言」が掲載されると、それに対して小川高之助が「帝国主義寸言を読みて松影兄に質す」と題して反論を加えた。いわゆる小川・寺嶋論争の始まりである。この「帝国主義」論争についてはは、ここでは省略するが[25]、そこには熱心な勉強家である小川の社会主義についての一端が示されている。文明＝優者の立場から野蛮人を劣者とみて、他国・他民族への侵略的行為を是認する寺嶋の立場に対して、そういう行動は人類の幸福と一致せず、帝国主義における経済発展・侵略主義による利益は富豪・資本家に帰し、多くの人類は得るところなくその機械・奴隷となり苦労するのみであるとして、小川は当時の社会主義者間の共通の理解の一つとする「生産機関の公有」が世界の進歩・平和となり、人類の幸福をもたらす立場から述べていく。言葉をかえれば、帝国主義的立場から帝国主義者といってよい寺嶋と、平民社流の――反戦平和＝非戦論の立場から帝国主義反対を鼓吹する――社会主義的立場から社会主義者である小川との論争でもあった。この論争は、建設的な議論にはならなかったにせよ、小川の論点は相手の矛盾を鋭く突き、客観的にも優勢のうちに議論を展開していたといえる。ここでは、小川独自の主義・主張はみられなかったが、十分に平民社流社会主義の影響を受けた平和論・戦争観・社会主義論を展開しえていたとみることができる。この論争に自信をえた小川は、三月と五月に『千葉毎日』へ二つの論文を寄稿する。社会主義への彼独自の、そしてまた、彼の本質がすでにみえ隠れする論文となっている。以下、それをみていこう。

一つは、「時事所感」（三月九日付）と題して掲載された。「君子の国を治むるや必ず其国民の安寧を保持し幸福と進歩を企図す」るという一文から始まるこの時評は、ロシアの国内状況と日露戦争について論じ、また日本の対応について書かれている。内容は、近年列国の君主宰相は内政の不振を顧みず、いたずらに他国を侵略しているとしてその一例にロシアをあげる。ロシアは内政の衰退を無視して国民の自由を圧迫し、大兵を満州に送り長年の欲望を果たそうとしている。さらに日本と戦端を開いたが、連戦連敗で主力も壊滅したと述べる。続けて、ロシア国内における革命党の専制政治批判の決議文・運動方法を載せ、結果としてロシア非政の原因を皇帝の不明と閣僚の暴圧に求め、これを改めなければ王室は滅びるであろうと言明する。最後に、日本がなにゆえに強国ロシアを討つことができたかについて、次のように論じる。

曰く歴代の天皇皆聖明にして能く民を愛し徳を垂れ給ひ、今上陛下に至りて益々篤く民を愛し愈々励みて治を図り給ふ。乃ち庶民皆陛下の恩を感じ一朝事あらば命を鴻毛の軽きに比し勇戦奮闘国家の為めに身を犠の牲に供し、以て鴻恩の万一に報ぜんとする精神的活動を為すに是れ由る也、嗚呼古へより国家の興亡する所以のもの一に其人民の幸福安寧を保維《ママ》すると否とにあり、国を治《ママ》るの君主、君を佐《ママ》くるの閣僚留意せずして可ならんや、先哲言へるあり「君子は先其徳を慎む徳あれば此人あり人あれば此財あり」と豈吾人を欺かんや。

ここには、小川高之助の本質の一端がかいまみえるようである。さきに小川は、「帝国主義」論争で反戦平和＝非戦論の立場からの論争をしており、平和主義を主張してきたが、この論文ではむしろ彼の天皇観を前面に押し出し、非戦論ではなく戦争を肯定しているかのようである。彼の天皇観は王道論などの儒教的特質を備えているが、そこには幸徳秋水の著書『社会主義神髄』（一九〇三年刊）の影響がみられる。例えば、「殊に民の富は朕の富なりと宣ひし仁徳天皇の大御心の如きは、全く社会主義と一致契合するもので決して、矛盾する所ではないのである、否な日本の皇統一系連綿たるのは、実に祖宗列聖が常に社会人民全体の平和と進歩と幸福とを目的とせられたるが為めに、斯る繁栄を来たしたのである」[26]という一文は、天皇制の本質を見抜けない当時の幸徳の天皇観を示しているが、小川の天皇観は幸徳のそれを下敷きにしていることは明らかであろう。この天皇観については、もう少しあとで改めてふれてみたい。

もう一つ、小川の寄稿した論文に「社会主義滅せんか」（五月一四日付）がある。これは、当時の社会主義者への当局による弾圧ぶりを描き、社会主義の宣伝を妨害しようとする政府に対して、社会主義は国際的にも決して絶えることはなく、却って繁栄することを説きつつ、ただ演説・文章・議会等の文明機関により平和裡にその旗幟を鮮明にするという。そこで、小川は社会主義の四要件を示す。一、土地資本の公有、二、生産機関の公共的運営、三、社会的収入の公平なる分配、四、共同収入の大半を個人の私有となす事、この四要件を実現した社会は、すなわち社会主義であり、平等博愛、仁義道徳の社会であると述べる。ここには、当時の社会主義理解への多様性がうかがわれるが、これは当然中央の社会主義者の影響であろう。またこの四要件も、前述した幸徳秋水の著『社会主義神髄』に書かれているものを採用しているのである。

さて、ここまで小川の社会主義に関する知識・理解をいささかとりあげてきたが、そこには当然の如く彼独自の社会主義論はなく、中央の社会主義者の影響をうけた社会主義像を展開しているにすぎないといえるであろう。いや、そのことが却って小川独自の社会主義論の本質を構築せざるをえないようにさせていくのではないだろうか。そのことを考慮に入れつつ、もう少し倶楽部誕生期の小川の思想＝社会主義論を追ってみよう。

（3）小川高之助の社会主義論とその本質

小川高之助は、一九〇五年八月三日から六日まで『千葉毎日』に「社会主義論（一）～（四）」を掲載している。『千葉毎日』には三か月ぶりの登場であり、かつての小川・寺嶋論争のような自分の力量を確かめる絶好の機会を経たあとの小川が、ここでは地方の一社会主義者としてどのような社会主義論を展開するのか興味がもたれるのである。同時に、倶楽部誕生から半年が過ぎており、この時期の倶楽部の思想がどの程度のものであるかが問われることにもなろう。この時期は、ロシアとの戦闘に一応の軍事的勝利をおさめた日本が講和の調停をアメリカに依頼し、第一回講和会議が八月一〇日に開催されようとする直前であった。

「社会主義論（一）」の冒頭で、小川はまず述べる。

熟々歴史を按するに、凡一大勢力となりし主義にして一視同仁を旨とせざるものは未だ之れ有らざるなり。若し社会の一階級のみに厚くして他の階級に薄きが如きことあらば、即ち決して大勢力を有すること能はざるなり。彼の基督、釈迦の唱道した宗教が富者にも貧者にも同一に福音を宣伝したるが如く、社会主義も亦資本家と労働者に等しく福祉を与えんとするものなり。(27)

ここに掲げた史料の最初の六行は、次に掲げる史料に類似していることが分かる。すなわち「凡そ歴史上一大勢力となりたる主義にして一視同仁を目的とせぬものはないのである。若し如何なる主義にして社会の一階級のみを厚くして他の階級に薄きが如きことあらば決して大勢力となることはできぬ[28]」というところである。これは安部磯雄の「社会主義論」であり、小川が安部の「社会主義論」の影響を受けていることが分かるのである。類似したあるいは影響を受けているると思われる箇所は、ここだけでなく、とくに「社会主義論（一）」「社会主義論（二）」の論文のなかに数か所見つけることができる。このことは、次のように説明されるであろう。安部磯雄の「社会主義論」は、かつて『大阪毎日新聞』に掲載されたことがあり、これはまた「平民文庫」の第一巻として刊行された平民社同人編『社会主義入門』（一九〇四年発行）の一編となっており、おそらく一九〇四年に小田頼造が千葉県を伝道行商したときに、小川は入手したのではないかと思われるのである。当時の地方の社会主義者としてはこういうかたちで、つまり社会主義新聞や「平民文庫」などを入手するかたちで、自分たちの新しい思想や考えを深めていったのではないかと思われ、中央の社会主義者の影響を受けるのはむしろ当然であって別段怪しむに足りないのである。

続いて小川は、キリスト教や仏教が富者・貧者に平等に福音を宣伝したように、社会主義もまた同様に資本家・労働者に対して平等に福祉を与えるものであるとする。ここには、社会主義に対する小川のユートピア的な一面をみることができよう。さらに小川は、このような社会主義であるのだから世間の人が一種の恐るべき破壊党であるとか、いたずらに貴族・富豪に対して敵意を抱くのは悲しむべきことであるという。そして、次に社会主義とは如何なるものであるかを説明していくのである。彼は現在の「自殺的の生産組織」を改めるために土地資本の公有を主張するが、これは小川に限らず当時の日本の社会主義者の主張の一つであった。また小川は、この改革は至難ではなくすでに電信の事業が国家事業として経営され、誰でもその利便に与っていると指摘する。ここで小川は国家社会主義を唱えたつもりでいたと思われるが、実際には電信の国家事業や後に小川が例にあげる煙草・食塩などはむしろ国有企業というべく、国家資本主義のカテゴリーに属するものであった。[29] ここに、国家社会主義と国家資本主義との混同がみられるが、これは中央の安部磯雄・片山潜らにも同じことがいえるのであり、ここにも中央の社会主義者の影響を見出すことができるのである。こうして小川はさまざまな事業が国家的事業になることによって、万人がすべて等しく労働に服して同等の権利を得られ、貧乏に涙する人はいなくなると結論する。

「社会主義論（二）[30]」では、前日の土地資本の公有を再び繰り返し社会主義の利点を述べ、さらに人権についても「国家は各人に対して必ず生活の自由と職業の権利を付与」し、「人生の各方面に確固たる保障を為すこと是れ国家当然の義務」であると述べる。ここに書かれているのは、社会主義者としての要求というよりは、むしろブルジョア民主主義的な要求であるといえる。続いて小川は、社会主義に反対する論をとりあげ、その欠点を指摘していくのであった。

「社会主義論（三）[31]」では、前日の資本主義制度の下での欠点を指摘した後を受けて、今度は社会主義制度の下での長所を、まず述べる。

社会制度の下に於ては、衣食あり休息あり娯楽あり、而して各人皆好む所に従って一日三、四時間強健の心身を労して社会に奉するが如きは是実に一種の満足たらずんばあらず。誰か之を避けんや、然り適宜に労働をするを以て人類の幸福なりとせば貴族富豪と雖も社会主義より蒙る所の恩沢は決して少少ならざるなり。

これは、小川の社会主義社会に対する理想であり、憧憬であったろう。それだけ、彼は社会主義の実現を欲しているのだといえようか。「社会主義論（三）」のなかで特筆すべきは、小川の明確な思想が表れた箇所である。彼は社会主義を批難する者に、国体との衝突をどうするかという問題に関して、次のように述べる。

抑も我国体は如何なるものなるかは吾人が今説明せずして可なり。我国は古来君を以て父とし、民を以て子となせるに非ずや、是即ち社会主義に非ずや、社会主義は総ての人類をして一家の如く父子兄弟の如くならしめんとするものなり、社会主義を以て我国体に合はずと謂ふものは実に社会主義を知らざるなり、又実に我が国体を知らざるものなり。

小川は、前に社会主義の主張は土地資本の公有、生産機関の公共的経営などと述べて、それらが実現された社会はすなわち社会主義であると断言しているが、この史料を読むことによって彼の理解している社会主義はやはり中央の社会主義者の受け売りであり、借り物であることが露呈されてしまったのである。「我国は古来君を以て父とし、民を以て子となせるに非ずや、是即ち社会主義に非ずや」という一文は、小川自身の本心であったろう。この場合、君＝天皇であり民＝労働者であると考えてよいであろう。天皇が父であり労働者は子であり、これが社会主義であるとする小川の考え方＝思想は、社会主義に対する理解の未熟さとともに、彼の生涯を規定していったように思われる。と同時に、彼の天皇観をも知ることができるのである。小川の天皇観は、そこに儒教的思考が見られたにせよ、それは当然のごとく中央の社会主義者の天皇制についての把握の弱点・未熟さからくるものであり、決して小川の天皇制の把握の稚拙さ加減を責めることはできないであろう。また、社会主義は国体に合わないというのは、社会主義・国体を知らないものであるという。ここにも彼の思想がうかがえるが、このことはさらに「社会主義論（四）」に具体的に現れてくる。

「社会主義論（四）[32]」の一部を掲げてみよう。

……我仁徳の仁政は国民全体の幸福安寧を計るを以て大御心と為し給へるものに非ずや、古より国家の興隆する所以のもの多くは、其君主の民主主義者たるは歴史の証明する所なり、社会主義は現時の不完全なる産業組織を改善して国民全体の幸福進歩を企図す、社会主義は民主主義と合致するものなり……社会主義は立憲代議の政体に依りて其政策を実行せんとするなり、其改善せんとする所は自殺的の産業制度にあり、社会の悪制度にあり、豈国体と衝突する理由あらんや。只に国体と衝突せざるのみならず、政体をも動かすの必要殆ど無し、只撰《ママ》挙制度を拡張せば足れり、普通選挙を実行せば足れり……国体云々を以て社会主義に臨むもの、先づ社会主義者の言論を聞くを要す、其意の存する所を味ふを要す……社会主義の利益は決して労働者のみならざるなり、窮民のみならずなり。社会主義は一視同仁なり、富者となく貧者となく皆同一の幸福安寧を得て、以て進歩向上すべきなり、余は之を信じて疑はず矣。

今掲げた史料は、小川の社会主義論の結論の部分であり大切な箇所である。小川はまず、我仁徳の仁政は国民全体の幸福・安寧を計ることを大御心として、古くから国家が興隆するのは君主の民主政治にあり、これは歴史の証明するところであると述べる。ここには、前述しているように小川の儒教的思考がみられる。すなわち、古代中国の儒家（孟子など）の王道論・仁誠道徳などの影響を受けていると思われ、小川の天皇観の元になるのはこのあたりから出発しているような気がする。また小川は、社会主義は民主主義と合致するという。これは社会民主主義的な考え方であり、後に述べる普通選挙の実行云々と連関するところである。続いて「社会主義は立憲代議の政体に依りて其政策を実行せんとする」ところであるとして、それゆえに社会主義は国体とは衝突する理由にはならないといい、政体をも動かす必要はほとんどないと説く。これは当時の平民社の基本的運動方針である合法的な議会主義・議会政策の立場であり、そこにおいては帝国憲法下で議会主義的な政策を実行することであった。具体的な政策としては小川も述べている通り、普通選挙権の獲得などであり、特に普選は議会主義を実現する手段であった。もちろんそれは、「社会民主党」宣言の立場を平民社は継承しているのである。また、このことは当時の絶対主義権力の下での社会主義者はブルジョア民主主義的な運動の課題をも背負って、社会主義運動を展開せざるを得ない必要性があり、それが反映されてブルジョア的諸権利の要求にも連なっていくのであって、小川のいう社会主義と民主主義が合致するというのは肯けるのである。さらに、社会主義が国体に合致するという考え方は合法的な議会主義の枠内から出たものであり、そこには国体＝国家権力＝天皇制絶対主義権力の本質を見通すことのできなかった社会主義理論の弱点・未熟さを示すものであった。中央の社会主義者にしてそうなのであるから、地方の一社会主義者である小川が天皇制について把握できるはずはなかったのである。

ところで、ここまでみてきた小川の社会主義論の特色を簡潔に述べて、その核心に迫ってみたい。特色の第一は、いままでみてきた小川の社会主義の理解とも連関するが、彼の社会主義論はほとんどといってよい程中央志向をみることができるということである。それは、文章自体安部磯雄や幸徳秋水に類似した箇所も数か所散見されるのはもちろんだが、それ以上に中央の社会主義者の影響を深くうけていることに今更ながら驚く。具体例をあげれば、社会主義に対するユートピア的な一面、国家社会主義と国家資本主義との混同、ブルジョア民主主義的要求、社会民主主義的立場、平民社の基本運動方針の立場の堅持、等々である。地方の社会主義者として独自の社会主義論の構想は、まだ無理があるのかもしれない。それに小川がふれるのは、もっと先のことである。小川の中央志向のなかで特筆すべきものは、天皇観であろう。前述した「我国は古来君（天皇）を以て父とし、民を以て子となせるに非ずや、是即ち社会主義に非ずや」（「社会主義論（三）」）という一文は、社会主義は国体と衝突しないという主張と同様に、中央の社会主義者の影響あるいは小川の小学校時代における儒教的教育を学んだことを考慮に入れても、社会主義に対する未熟な理解であることは間違いではなく、おそらくは彼の生涯を規定していったものと思われる。もちろん、このことは中央の社会主義者の天皇制把握の未熟さからくるものであり、小川ばかりを責められないが、大正期以降天皇制の本質を見抜く多くの社会主義者に比べて、村という共同体に沈潜していく小川に果たしてこのことが把握できたであろうか。そうではなかったようである。

次に、特色の第二は、第一とも連関するが、小川の社会主義論は中央の社会主義の如く抽象的・観念的であり、まだ農村出身の社会主義者として独自な農民・農村問題ではなく、現実的・具体的な社会主義論とはなっていないということである。これについてはとくにふれないが、いわば、この時期における小川の思想＝社会主義論は、農民・農村に直結しえないものとしてみることができるであろう。

以上のように、小川高之助の社会主義論をみてきた訳であるが、倶楽部誕生期における彼の理解する社会主義論には決して独自の社会主義思想・社会主義像はみられなかったにせよ、天皇制把握の誤謬ととくに小川が強調した「人類の幸福・安寧を求める心」――ここでは社会主義社会を理想とする平等思想がもたらす幸福・安寧の謂であるが――は、別の意味で小川自身の生涯を規定していくように思われる。別言すれば、天皇制把握の誤謬と「人類の幸福・安寧を求める心」がこの時期の小川の社会主義論の帰結＝本質とすることができるならば、それ以後の小川の行動はそれらの本来ならばアンビヴァバレントであるはずの課題――しかし、小川においては一致している可能性は高いが――を背負って明治という時代だけでなく、大正・昭和期を歩むのではないだろうか。

2　活動家としての役割

(1)　高揚期における倶楽部

小川高之助が『千葉毎日』に寄稿している間に倶楽部の活動はしだいに活発化していくが、中央からは一九〇四年から〇五年四月にかけて小田頼造・吉田璣・西川光二郎・荒畑寒村が倶楽部を訪れ、小川宅に宿泊している。また、一九〇五年に限って新聞に報告された倶楽部の活動は演説会四回、研究会一回、読書会一回となっている。しかし、日常の地道な倶楽部会員の行動は新聞に取り扱われることはなかったにせよ、月一回の研究会は続けられていたであろう。そのなかで青年幹事小川高之助や根本隆一を中心とする倶楽部の活動の全貌を把握することは困難ではあるが、倶楽部当初の目的である社会主義研究（啓蒙・宣伝も含む）・村治の改革・農業の将来の研究に沿っていたことはいうまでもあるまい。

そうした誕生期を経て充実期を迎えつつあった倶楽部の活動のなかで特に注目されてよいのは、かつての平民社の運動方針である帝国憲法下で議会主義を実現する手段としての普選運動を実践したことと、それを絶好の機会として千葉県下の社会主義者をまとめて一九〇六年一月に成立した日本社会党の日本社会党千葉支部の下に結集させる働きをしたことである。それは小川高之助にとっても、当時において行動しうる最良の選択であったにちがいない。それらを簡潔にみていきたい。

まず、前者の普選運動の実践――それは具体的にいえば、千葉県の衆議院議員補欠選挙に社会主義者であり『東海新聞』主筆である白鳥健が、北総平民倶楽部を主体とした同志に推されて立候補したことである。白鳥は本名を太一といい、秋畝・健と号していた。出身は山武郡福岡町（現在東金市）で、東京法学院（中央大学）を卒業して成田鉄道会社に入社[33]、その後一九〇三年八月創刊と同時に『千葉毎日』に入社しているが、入社当初から主筆であり[34]、その後『東海新聞』

に入社している。白鳥は一九〇五年一二月一〇日、千葉町油屋における北総平民倶楽部の同志を中心とする予選会（委員会）で推され、二二日選挙日、二五日開票であった。選挙運動は倶楽部会員総出にて奔走し、八生村・成田町・山武郡・千葉郡において演説会を開き、主張としては社会主義の大理想の説明、普選の宣言（ビラの配布）であった。一二月一七日の八生村宝田での政見発表演説会では雨中にかかわらず、五〇〇名以上が参会したという(35)。

選挙結果は、最初から有力候補であった憲政本党の安田勲が一〇八八二票で当選、白鳥は六人中四番目で二二六票を獲得し落選している。また、白鳥の各郡における得票分布をみると千葉郡二票、印旛郡一〇四票、山武郡一〇三票、香取郡四票、長生郡五票、夷隅郡二票、海上郡六票であった(36)。県下の社会主義者にとって当落は問題ではなかったが、県下七郡において社会主義者あるいはその同調者がいたということはは、大きな成果であったろう(37)。

こうした普選運動の実行は、改めていうまでもなく中央の立場を継承した北総平民倶楽部の思想の実践活動であり、倶楽部の活動の一環として普選の実行を位置づけることができるのである。倶楽部はこの選挙活動を通して、初めて県下の社会主義者及びその同調者らにその存在を知らしめたのではないだろうか。また、この選挙は今まではほとんど中央の社会主義者の影響を受けて活動を進めてきた地方の社会主義者が、逆に今度はこの補欠選挙によって初めて中央に影響を及ぼしたと考えられる。「紳士閥をして戦慄を加へ」「今回のこと極東の社会主義発達史に鉄筆を以て色彩するに足らざらんや(38)」と、中央の社会主義者もいうように、中央に与えた影響は大きく、またこれからの千葉県の各地における演説会には、すでに東京より新紀元社の木下尚江、凡人社の西川光二郎・山口義三が赴くことに決まった。このように、地方の社会主義者が中央に影響を及ぼすことはそれ程ないと思われるが、中央の社会主義者を見直させるような倶楽部の活動は、今後も徐々にではあるが、みられるようになるのである。まさにこの時期は、北総平民倶楽部の活動が誕生期を経て高揚期の段階に突入してきたとみることができる。この後、倶楽部の活動が日本社会党千葉支部を結成する頃に倶楽部における前期の活動――中央の日本社会党が解散するまでの期間を前期とする――はピークを迎えるようになるのである(39)。

(2) 日本社会党千葉支部の結成

衆議院補欠選挙の終った頃、中央では一九〇六年一月第一次西園寺内閣が成立した。この内閣の下で社会主義者は、一月二八日日本社会党の結社届けが認められ、二月二四日には第一回社会党大会を開いている。当時、中央には平民社解散のあとを受けて二つの社会主義新聞があったが、日本社会党の機関紙的役割を果たして行くのは「社会党々報」「同志の運動」欄を設けていた凡人社の『光』であった。国法の範囲内に於て社会主義を主張する日本社会党の党則は全九条と少なく、ここでとくに地方と関連するのは第三条であり、「支部は便宜諸地方に置く」とある。外には何も記されていない。このことは日本社会党の組織論の弱さ、すなわち地方組織の規定を欠き、中央と地方との綿密なる統一組織ある運動とは成り立っていかないことを意味している。それ程、中央の社会主義者は地方を重要視していなかったものと思われるが、逆にいえば、それだけ彼らは自分たちの闘争に追われていたとみることもできる。従って、地方の組織拡大は地方に任せるほかはなかったであろう。ここに、当時の中央の社会主義者の未熟さをみることができ、地方としては中央の影響を受けるのみでしかなかったのである。後に、中央の社会主義者が地方を軽視したことに対して自己反省を迫られるようになるが、それはまだずっと先のことであった。

中央における日本社会党の成立の影響を受けて、倶楽部会員は同年四月一五日成田町において倶楽部春季総会と県下の同主義者春季総会を兼ねて開催し、日本社会党の下部組織として日本社会党千葉支部を結成した。千葉支部は、「一、日本社会党千葉支部を千葉町に置き各郡に倶楽部を設くる事」、「一、同主義者は速に日本社会党に加盟する事」など六つの事項が決議され、そして支部理事五名の選挙を実施し、石井忠・小川高之助・根本隆一・坂宮平助・白鳥健が選ばれた[40]。このなかで初めて登場する人物に石井忠がいるが、彼は成田町の新聞屋であろう[41]。しかしながら中央の社会党は、前述したようにその党則に地方組織の規定を欠いており、その意味では全国で初の千葉支部の位置づけはあいまいであった。こうした日本社会党の地方組織論の弱さは、当時の中央の社会主義者の大きな弱点・欠陥となっていくが、地方で活躍している千葉支部のような社会主義者のグループとの綿密なつながりのなさは、単に地方社会主義者の伸張すべき芽をつみとるにとどまらず、自分たちの闘争に明け暮れる中央の社会主義者の未熟さと同様に、初期社会主義者の大きな不幸といえるであろう。小川高之助は千葉支部の理事五名のうちの一人に選出され、元の倶楽部は印旛倶楽部となった。

このようにして、倶楽部の活動は高揚期を迎え、以後千葉支部では月に一度の通俗社会主義講談会を開き、主義の普及をはかるという。小川は、日本社会党党員名簿第一回報告に坂宮半助とともに名をつらねた。(42)こうみてくると、倶楽部の活動は順調に進展しているかのようにみえるが、内実はそうでもなかったようだ。千葉支部の決議事項では「各郡に倶楽部を設くる事」となってはいたが、実際には印旛倶楽部一つであり、「同主義者は速に日本社会党に加盟する事」という決議事項にしても、六名のみであった。小川高之助らは、改めて社会主義の普及・宣伝の困難さ――保守の基盤と弾圧の怖れなど――を身をもって体験したのではないだろうか。そうなると、必然的に地道な活動に戻らざるをえず、千葉支部の活動も元の北総平民倶楽部の事務所(気儘屋)で開かれるようになり、小川も一度演説をしている。(43)その後、千葉支部は日刊『平民新聞』の出資人となるが、中央で一九〇七年二月日本社会党が解散したと同時に千葉支部も解散を余儀なくされ、元の北総平民倶楽部として活動を展開していくのである。中央の奥宮健之・森近運平の遊説による社会主義演説会が、その契機をなしていくのであった。(44)

ところで、この時期の倶楽部本来の活動である村治の改革などはどうであったろうか。八生村においては、当時村会議員で社会主義者を兼ねた倶楽部会員が二名おり(後述)、村会では学校建築費について他の一〇名を説得して少しく我党の意見を実行したという。また、隣接の部落では耕地整理をした後の増歩地を分割せずに、区の共有としておき、将来その収入を得て貧者の教

これをみると、宝田における社会主義の盛んなさまが分かるであろう。少し説明を加えると、宝田の四名の社会党員は小川高之助（一九〇七・一月現在三一歳、以下同じ）・坂宮半助（四二歳）・小倉太郎（太一が本名であり三六歳）・小川和平（二三歳）である。これに久住村成毛の小泉由松（四八歳）を入れると五名になり、千葉県における日本社会党員六名のうち五名を北総平民倶楽部会員でしめたことになる。[48] また、村会議員の「二名の同主義者」は藤田玉吉（四四歳）・小倉太郎である。日刊『平民新聞』の販売・拡張は、倶楽部会員の奔走によるものであったろう。「月極読者」が二五名おり、第一号を倶楽部で二〇〇部配布したという。これは、足尾での労働組合至誠会の運動員による労働者への二日間で三〇〇部を配布したのには劣るものの、他の農村地帯ではおおよそ考えられない事実であったろう。その盛んなさまに一驚するとともに、ここにも日刊『平民新聞』の組織的な宣伝・拡張は地方のサークルに頼らざるを得ないという状況があるのであり、そこに日本社会党の地方組織論の欠陥が露呈されているのである。[49]

一九〇七年二月一七日、日本社会党第二回大会が開催された。「地方支部の代表者」など合わせ六〇余名が参加したという。全国で支部があるのは唯一千葉県だけであり、小川高之助らは出席したと思われる。周知のように、この大会はその後の社会主義運動をして議会政策派と直接行動派との分裂・抗争を泥沼化させ、幸徳らの直接行動派・折衷派＝大阪平民新聞＝金曜会、一方、片山ら議会政策派＝社会新聞＝社会主義同志会というように、組織的にも分裂しながら進展していく。

こうした状況のなかで北総平民倶楽部は再建の立て直しをはかり、倶楽部後期の活動を展開していくのである。三か村の社会主義者は倶楽部を復活させるべく活動を始め、議会政策派の『社会新聞』紙上に第一号（一九〇七・六・二）より登場する。そして、七月八日の総会では新たに規約を編成して、役員選挙を行うという倶楽部再建の記念すべき総会になったのである。以下に、規約を掲げたい。

一、本倶楽部は社友的組織とし、北総平民倶楽部と名称す。
二、本倶楽部は千葉印旛郡八生村宝田九三〇番地寺本源兵衛方に設置す。
三、本倶楽部は労働者の幸福を増進するを以て目的とす。
四、本倶楽部に左の役員を置く、幹事二名評議員八名。
五、第三項目の目的を達せんが為随時集会を行ひ《ママ》、其方法を講じ兼ねて学術の研究を為す。

役　員

白鳥健、伊藤徳太郎、石井忠、小倉太郎、海保金次郎、小泉由松、△根本隆一、△坂宮半助（△印は幹事兼任）[50]

「規約要項」の第一項で「社友的組織」としたのは、決して「中央における議会政策派の『社会主義同志会』にならった[51]」ものではなく、むしろ政治的結社では成立しえない社会的状況があるのではないだろうか。[52]また、倶楽部の目的が「労働者の幸福を増進する」とあるのは注目されてよい。ここでいう「労働者」とは、農業労働者を含めた「労働者」のことであろう。日露戦後、疲弊した農民・農村の幸福を考えていくことは、中央の同志会の目的（「社会主義の研究・社会問題の調査」）と比べても、より具体的・実践的になっており、農民特有の目的といえるであろう。

その後、長いときを経て、元日本社会党員である小泉由松の史料（『漫筆手帳』）により、新しい追加の規約が発見された。それを掲げてみよう。『社会新聞』には五項目の規約であったが、『漫筆手帳』には一五項目まで示してある。[53]六項目以降を示しておきたい。ただし、『漫筆手帳』では上記の五項目めは一一項目に相当し、手帳のなかの五項目めは役員の任期は一年にするとある。

六、幹事は評議員の互選を以て定め評議員は総会において公選する。
七、幹事は会計及びその他の庶務に任ずる。
八、評議員は第三の目的に関する総ての事項を決議し、これを実行する。
九、役員は無報酬とする。
十、倶楽部に要する費用は各自の任意寄付にするも年額拾銭以上とする。
十一、第三の目的を達するため随時集会を開きその方法を講じ、かつ学術の研究をなすこと。

十二、倶楽部員たらんとするものは評議員の承諾を要すること。
十三、倶楽部を辞せんとするものはその旨を幹事に申告すべし。
十四、本規約は総会の決議でなければ変更することはできない。
十五、倶楽部の体面を汚すものがあるときは評議員の決議を以て除名する。

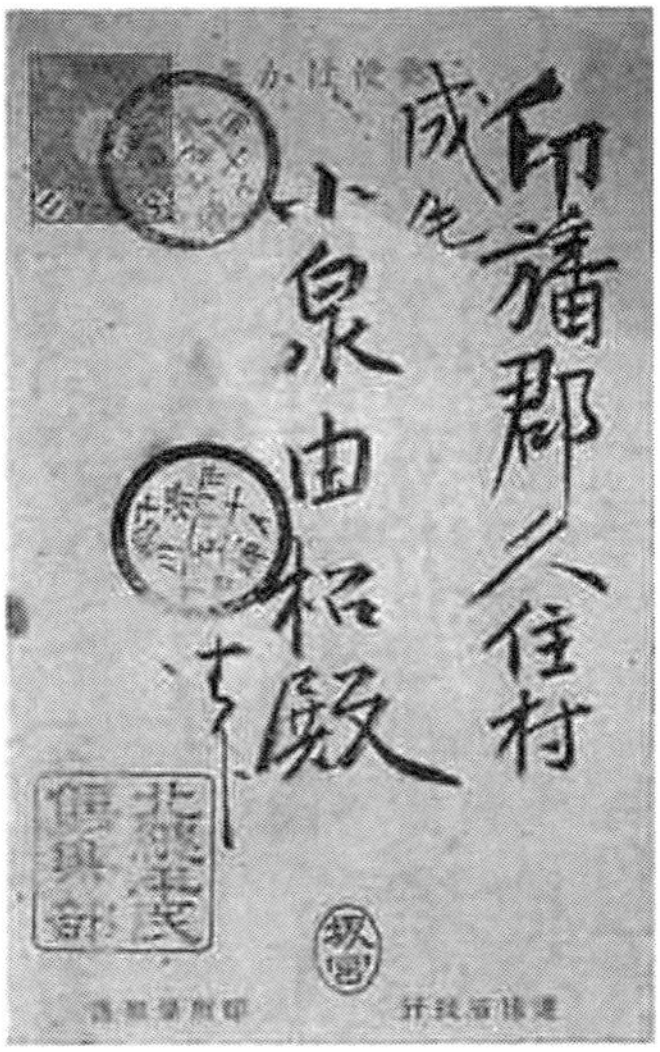

倶楽部印のある葉書（左下）

以上が全規約である。これをみると、役員（評議員）の貢献と位置は高いことが分かる。そして、坂宮半助から小泉由松宛の葉書（一九〇七年九月一六日消印）に、「……評議員会を開き候間、同日は午後一時迄に気儘や宅まで御出張相成度候也」（『小泉利夫家文書』九五）とあるように、評議員会のみの会合も開かれていた。これは同年七月の総会以降に実施されていくと考えられ、評議員会のあとに定例研究会を開くのであろうが、倶楽部の活動が評議員と会員とのある程度緊密な連携を保っていたことが分かり、名ばかりの評議員ではなかったことが分かる。それゆえ、幹事や評議員はある程度経済的に余裕があり、倶楽部の活動に貢献できる時間的自由さが必要であったろう。その意味では、倶楽部内では唯一の小作人であった海保金次郎が評議員になったということは、信頼はされていたが、経済的に苦労が耐えなかったのではないかと推測されよう。また、役員選挙では初めてインテリに属する白鳥健が評議員に当選した。白鳥が常に評議員会などの会合に出席できたかどうかは不明だが、彼が評議員に就任したということは会員を勇気を与えることとなったと思われる。また、倶楽部本部から評議員・会員に葉書を送るときは、葉書の表に「北総平民倶楽部」と記された正方形の印が捺されており、これも再出発の総会以降につくられた可能性がたかい。右頁の葉書を参照されたい。

こうして再建された北総平民倶楽部は、新たに活動を開始していくのである。その間、小川高之助は一九〇五年三月から一年間宝田区の区長に就き、一九〇七年三月から六年間八生村村会議員（一級）をやるようになり、村内における地位も高まっていくこととなった(54)。

活動の新たなる再開は小川高之助や倶楽部においても、中央の社会主義運動が直接行動派と議会政策派に分裂・抗争によってその意義を喪失させることはあっても、怯むことなく続けられ、日常生活を重視し改良主義的傾向を有する労働者型のタイプ＝議会政策派（片山派）に帰着する必然性を選びとる賢明さを備えていた(55)。それは、片山派の地方遊説の多いこととも併せて、またその遊説が地道で孤独な営為を続ける倶楽部会員の活動を後押しし、勇気づけるための相乗効果を発揮させることにもなろう。ちょうどこの時期、〇七年七月から八月末まで小川高之助は東海新聞社主催の県会議員予備選挙に坂宮半助とともに立候補していた。これは、九月に行われる県会議員総選挙の予備選挙であり、小川は九月一日には一七一〇票と票数も伸びて一四人中（印旛郡）第七位と健闘している。[56] 予備選挙の結果如何では、小川は本選挙にも立候補したであろうが、倶楽部内のこういった普通選挙の実行を通して社会主義の理想を実現していく姿は、同年一一月に評議員会で決定した衆議院議員立候補の件（実際には延期）にも及び、片山潜が第二インターナショナルの運動方針を信望し、帝国憲法下での議会政策により社会民主主義を主張し続ける執拗さとよく似ていたのである。

（2）「村落社会主義」の実践活動

倶楽部再建後から解散までにおける活動のなかでとくに注目されるのは、倶楽部会員が本格的に農村に根をおろしたといえる「村落社会主義」の実践ともいうべき二級民団組織の実践活動と小作人同盟――村落社会主義者が小作人を指導してストライキを行ったという実践活動――の二つであり、小川はそのいずれにも関与していた。この内容について詳しくは次の第六章にゆずるが、ここでは小川高之助にかかわらせて簡単に述べておきたい。

二級民団組織の提唱や「村落社会主義」の概念を初めて使用した社会主義者は、元日本社会党員の座間止水であった。[57] 座間止水については第6章で詳述するが、座間は故郷安房郡平群村（のち富山町、現在南房総市）で「村落刷新会」をおこし、半年間の研究成果を元にして、一九〇七年七月二五日と二六日、倶楽部再建後の第一回演説会に田添鉄二の代わりに片山潜や評議員白鳥健とともに招かれ、「村落問題」と「久住村を論ず」と題して演説をしたのである。それは、一言でいえば「町村制上に規定せる二級民の覚醒を促し、二級意思を以て自治の行政議決権を占領[58]」し、それを全国に及ぼすという、すなわち座間のいうところの「村落社会主義」の提唱であった。「二級民」とは二級公民権者のことである。とくに、この座間の演説について小川高之助以下の倶楽部会員は大きな影響をうけ、「随時集会を行う」との規約内容を、三村連合して月一回の社会主義研究会を開くことと改定し、他方、それは活動再開後の倶楽部をして約二年以上もの間町村会政策と二級民団組織のことを考えさせていく結果となった。後半期における倶楽部の農村独自の主要なテーマの一つといってよく、この農村自治問題を通じて自治の改革を意図し、農村貧民を救済する「社会主義」の建設を描いていくのである。

倶楽部内では年長で顧問格の立場の小泉由松は、一九〇七年に座間止水が再び倶楽部に来賓として出席したことを、『漫筆手帳』に記録している。

> 第二の研究会は旧九月□《ママ》日幡谷区海保金次郎氏の宅に開きたり、来会者二十八名。千葉町東海新聞の記者座間鍋司氏来賓として出席し村治の政策に関する有益な談話いたされしゆえ、来会者孰れも満足に閉会せしは午後十一時頃[59]。

当時、座間止水（鍋司は本名）は東海新聞の記者をしていた。「旧九月」というと、今なら一〇月末から一一月頃か。まだ、月日を旧暦で表示していたことが分かる。また翌年一月の研究会では、「図書借読書《ママ》を設立スルコト」を定めるとあり、これは小川高之助の提出した図書館設置の件が全員一致で可決したのである。その後、二月の春季総会において、小川高之助は演説をし、それを元にして論文（「二級民団組織と町村社会主義」『東京社会新聞』一九〇八・四・五）を発表している。そこで強調していることは、二級民＝労働者階級・貧民小作人の強固な団結と二級民の意思を代表した町村会議員・町村長の選出をすることであり、最後に「大多数の代表者たる労働（農民）議員によって町村の改革を改良し教育勧業衛生等各方面に向って発展の実を挙ぐる外ない。而して又共有財産の如き其利分を以て補足し得るであらふ、全国に於ける各町村が斯く成ったならば如何であらう。之れ真の模範町村の実現であって即ち町村社会主義の大発展である」（傍点は引用者）と結ぶ(60)。座間の論文より具体的・改良主義的になってはいるが、明治後半期における小作農・自作農の主体性確立のための一方法として、あるいは反体制運動の一つとして発展する可能性はあったとみてよい。例えば、第一編第3章でも述べているが、幹事の坂宮半助は小泉由松宛の一九〇八年八月一二日付けの伊豆修善寺温泉からの絵葉書に、「会同の目的は単に弁を習ふのみにとどめず、主義の研究及び実地運動に就いて研究したい、町村政策に着手するの可否並に着手するとせば其運動方針に就いても協議したい」（『小泉利夫家文書』一三九）とある。坂宮は実地運動については、町村制を利用した町村（会）政策＝「町村社会主義」＝「村落社会主義」を取り上げ、めざして行こうとしたことが分かる。

しかしながら、こうした運動が現実的にどこまで拡大し、効果があったかは不明である。少なくとも、北総平民倶楽部周辺では「町村社会主義」をめざすための実践活動は行われていたであろう。また、『社会新聞』『東京社会新聞』などに二級民団組織に関する記事は、座間止水の影響を受けて少しは出てくるが、全国的な実践としてはごく一部の地域にかぎり遂行されたに過ぎないのではないだろうか。その意味でいえば、倶楽部の実践は価値あるものだが、逆にいえば、やはり孤独の営為にならざるを得ず、そこにおいても、中央の社会主義者の指導はなされず、〝草の根〟のままに終える運命を辿るのではなかろうか。(61)

この時期、中央では議会政策派の分裂がおき(一九〇八年二月)、そのため倶楽部においても多少の確執が生じた。小川高之助ら数名の会員は、併用論を唱えた西川光二郎一派に同意を示しているが、(62)その後片山派に倶楽部はまとまりを示したのである。(63)

次に、倶楽部内における「村落社会主義」のもう一つの実践である小作人同盟についてふれてみよう。これは、倶楽部会員が小作人を指導してストライキを行ったという実践活動であり、「村落社会主義」のカテゴリーに属するものと考えることができる。ここでは、二つの事例をみておきたい。一つは八生村宝田においてである。『東海新聞』紙上(一九〇七・一・二七)に、北総平民倶楽部の一拠点である宝田に七〇余名の「小作人労働団」の組織された記事が掲載された。それは日刊『平民新聞』(一九〇七・一・二六)にもみられ、そこでは筆者は小川とある。おそらく、小川高之助であろう。こうした事実は、ただたんに「小作人労働団」が組織されたとは思われず、社会主義隆盛の宝田であるだけに小川ら社会主義者が関与していることは十分考えられる。この小川らが指導して組織されたと思われる「小作人労働団」は、その年の三月にストライキを決行するのである。[64]ストライキは成功し、成田の地主石井武助は作料を下げるから作ってくれと哀願するが、小作人側は集会の席上でなければ決議しないという。この集会には小川らの指導があり、小作人はその指導の下で動いていたように思われる。宝田での最初の階級闘争といえた。

もう一つは、倶楽部のもう一つの拠点である久住村幡谷におけるストライキである。ここでも、小作人同盟が組織されていた。「同盟して小作地を返す」（『社会新聞』一九〇九・二・一五）という記事は、「香取某」という地主の過度の搾取のために二〇名の小作人が全会一致で土地を返還したというもので、これは『社会新聞』本社から派遣された鈴木盾夫が倶楽部主催の同志懇親会に出席したために得た情報であった。その同志懇親会は、一九〇九年二月六日に気儘屋において開かれている。ここで、坂宮半助は前述した幡谷の地主・小作人の紛擾につき所見を述べ、さらに幡谷在住の「小作人としては第一流の腕利き」[65]である海保金次郎は、現実に彼自身がかかわった小作人同盟について「実験談」を語ったのである。これは、当然前述の史料であろう。海保は、あるいは前述の「香取某」の小作人の一人であったかもしれない。幡谷の場合宝田における事例と異なる点は、小作人である社会主義者が小作人を組織・指導したことであろう。また、倶楽部会員の香取弘は「香取某」の息子の可能性が高いが、「小作人の紛擾」についてどう思っていたかは不明である。幡谷では有力な主義者の多い宝田のそれとは違い、切実なものがあったように思われるのである。全国的にみても当時においては、地主対小作人の闘争は決して珍しくはなかったが、このように社会主義者が小作人を指導して闘争を起こしたのは画期的なことであった。中央の社会主義者の間では、当時は専ら工業労働者に関心をもち、労働組合運動における片山潜のような存在は小作人運動には全くみられなかったのである。地域において、初期社会主義者が少数ではあるが小作人同盟を組織し、ストライキを実践して争議を指導した事例は、初期社会主義の歴史上初めてのことであった。

最後に、この時期の小川高之助について若干ふれておきたい。小川はこの時期、村会議員をやりながら千葉経済新聞社に入社していた。次の史料をみられたい。一九〇八年一一月二一日消印の評議員の小泉由松宛の葉書である。

拝啓　小生今回白鳥健氏の経営にかゝる千葉経済新聞社に入り同社の為めいさゝか努力する斗りに候間、何卒従来の交誼上御援助被下度候、御手数ながら購読者誘引等御依頼申し上候、毎月三、四、十日、二十日、三十日、一部郵税費五銭、詳細は帰宅（に）より御聞被下度候、玉稿時に御恵投被下度候(66)

『千葉経済新聞』（正式には『経済新聞』）は倶楽部評議員の白鳥健が千葉町で発行していたが、この時期小川は倶楽部の幹事として奔走し、忙しい身でありながら、新聞社の仕事に十分貢献できたかどうかは不明である。小川が幹事であるのは、一九〇九年二月の「北総平民倶楽部同志懇親会」において重任されたとあるからである。この倶楽部同志懇親会において、小川はこの新聞事業について語っており、「真正なる輿論を代表せん考えより」起こした述べている。[67]すなわち、この新聞社は小川と白鳥健の共同経営であったようである。葉書の内容では、小川が小泉由松に購読者誘引のお願いや原稿の依頼をしており、年長者の小泉は信頼されていたことがうかがえる。倶楽部同志懇親会で小川は、今日の新聞が社会の指導者として世間に益するところがなく、却って真面目なる商家を広告取りで苦しめていることを語り、こうした弊風を矯正したいという。しかしながら、この『千葉経済新聞』が実際にいつまで続いたかは分かっていない。小川高之助は村内では前述した村会議員に加えて、一九〇九年五月から二年間八生村助役を兼任する有力者に成長していく。[68]

一九〇五年一月に誕生して以来ずっと継続してきた北総平民倶楽部では、一九一〇年五月から始まる「大逆事件」の影響は倶楽部会員に大きな衝撃を与えた。片山潜が述べるように、当局が議会政策派の『社会新聞』を発売禁止にして購読者の名前を入手し、読者をたずね犯罪者として迫害していくパターンが多く、『社会新聞』の購読者が多かった会員は迫害されたと思われるのであり、北総平民倶楽部は自然消滅を余儀なくされていく。[69]農村における農民中心のユニークな社会主義結社として五年以上つづいた倶楽部は、こうしてその役割を終えたのである。

おわりに

　ここまで北総平民倶楽部の活動や思想を、小川高之助を軸にしてその誕生期から自然消滅をするまで、なんとか追ってきた。北総平民倶楽部は初期社会主義の白眉ともいえる平民社の活動の影響をうけて、また千葉県下の地方新聞と社会主義との結びつきなどを背景にして誕生し、地域の結社としては最も息が長く五年以上にわたり存在してきた。最後に、史料の制約はあったけれども、小川高之助の村落社会主義者としての位置づけや北総平民倶楽部の活動の評価を、課題に照らして簡潔にまとめておきたい。

　まず、第一に小川高之助の村落社会主義者の位置づけである。全国にも類のない村落社会主義結社＝北総平民倶楽部の中心人物としての小川の活動や思想は、それなりにみるべきものがあったように思われる。活動については、倶楽部前半期の活動における議会主義・議会政策の立場から社会主義を実現していくことを中心とする倶楽部の幹事として活躍し、後半期の再開後の活動においては議会政策派の唯一の倶楽部の中心人物として前半期と同様の活動を継続して、他方、限界はありながらも「村落社会主義」の実践ともいうべき「二級民団組織」のことを思考し続け、また「小作人同盟」のような農村独自の活動を展開してきた。また小川の思想は、もちろん活動と一体不可分の関係にあるが、初期の中央の影響をうけた観念的な社会主義論は、倶楽部の活動の後半期に至ってしだいに農村に浸透するような、より具体的な社会主義論すなわち「町村会政策」＝「町村社会主義」となって、より改良主義的なものに結実していく。それは同時に、彼の思想の一面としての前半期の社会主義論に現出した「人類の幸福・安寧を求める心」が後半期のそれでは「労働者（農民）の幸福を増進する」倶楽部の目的へと位置づけられ、この思想が天皇制の把握の誤謬とともに彼の意識下において未分化なものとしてありつづけたにちがいない。それが、小川高之助の生涯を規定づけていったのである。彼の大正・昭和期については、第三編第7章でふれていく。しかしながら、小川高之助の村落社会主義者としての一定の役割に対する評価は、倶楽部の果たしてきた初期社会主義における民主主義的運動の役割と同じように変わることはないであろう。

第二に、北総平民倶楽部の活動の評価について述べてみたい。初期社会主義の一断面として、地方の純粋な農民結社であり続けた北総平民倶楽部は特異な存在であり、そして一驚を喫するような活動――それは地域の社会主義運動・社会主義結社の発掘をも含めて――は、これからの中央の初期社会主義運動をぬりかえ、あるいは見直させる重要なメルクマールとなりうるのではないだろうか。

評価すべき一つは、中央とのかかわり合いにおいてである。倶楽部は中央の平民社や日本社会党などの影響を強く受けながらも、また中央の地方に対する指導方法や組織化が、初期社会主義運動においては最後までみられなかったにもかかわらず、地域の村落社会主義者として独自の活動を展開した意義は大きい。誕生期の一般的な社会主義の啓蒙宣伝、非戦・反戦論の鼓吹、研究会・読書会・演説会などの活動は、高揚期には議会主義・議会政策の立場から社会主義を実現していくという活動——具体的には普選運動の実践——に重きをおくことになった。これは平民社の運動方針の一つでもあった。それは、倶楽部の思想ともいえる小川高之助の社会主義論から始まり、衆議院補欠選挙の実践活動、日本社会党の千葉支部の規約の内容、後期における小川高之助らの県会予備選挙の立候補、さらに一九〇七年一一月に評議員会で決定した衆議院議員立候補の件（実際には延期となる）を列挙することができ、これらはいずれも普選の実行を通して社会主義の理想を実現していくものであった。こうした議会主義を実現する手段としての実行は、中央では一九〇五年五月木下尚江が衆議院補欠選挙に一度出馬しただけにとどまり、ここに地方の北総平民倶楽部の社会主義運動の積極性をみることができるのである。

評価すべきもう一つは、村落社会主義者特有の農民・農村問題とのかかわり合いにおいてである。前半期では改良主義的傾向、つまり村治の改革や農業の将来の研究会とそれらの若干の実施がみられたが、倶楽部特有の活動としてはもの足りないだろう。倶楽部後半期では、日常生活を重視し改良主義的傾向を有する労働者型のタイプ＝議会政策派（片山派）に移行していくが、そこで議会政策派の座間止水の「村落社会主義」思想の影響をうけ、後半期ではその座間の影響をうけた町村会政策と二級民団組織のことを二年以上考え続け、同時に実践をめざしていくこととなった。これは農村・農民問題といっても限定されたもの、つまり農村自治問題を通して自治の改革を意図した農村貧民のための救済策であり、同時に「社会主義」の建設をめざしたものであったといえよう。さらに特筆すべきは、小作人同盟の実践である。八生村と久住村幡谷の実践では小作人のストライキや小作地の返還があり、これに地元の村落社会主義者がかかわっており、初期社会主義史上初めての出来事であった。これも農民の救済策といえる。

全般的にみて、中央の地方に対する認識の欠如や組織論の弱さというのは、そのまま中央の社会主義運動の黎明期における未熟さを反映しているように思われる。それにもかかわらず、北総平民倶楽部の活動は議会政策派の結社として、また全国にも類のない大部分農民をを主体とした結社として長く存続したということは、その活動内容からみても十分評価されるべきものであろう。マイノリティとしての農村の初期社会主義結社と農民たちの活動は、稀有のものといえよう。

第6章　座間止水の「村落社会主義」思想

はじめに

日本近代における自由民権運動（思想）・大正デモクラシー運動（思想）の研究や研究成果に比べ、華やかさや印象の点で見劣りはするものの初期社会主義運動（思想）の研究は、着実に成果を拡げつつあるといってよい[1]。ひるがえって、近年の社会主義体制が自由への抑圧の体系として民衆によって覆された旧ソ連・東欧の情勢は、一方では「社会主義」そのものの価値観や有効性が根底から問われ始めているとともに、他方ではそうした革命を経た今日こそ、改めて「社会主義」とは何であるのか、本来の民衆の希求としての「社会主義」はどのようなものであったのかという、根本的な問い直しを迫られているように思われる[2]。その意味で、源流を探る初期社会主義の研究は重要性をより一層増大しつつあると私は考えている。

さて、本章は明治時代に初期社会主義者として活躍していく座間止水の足跡を追うことを目的にしている。座間止水の思想と行動は明治期から大正・昭和期、戦後まで続くが、大正・昭和期については第三編第9章で取り上げるので、ここでは明治期を中心に叙述していきたい。座間止水を取り上げる理由は、小学校教員から初の日本社会党員となり、一時期は右派＝議会政策派の片山潜・西川光二郎らとともに中心的役割を担い、同時に初めて「村落社会主義」理論を提唱したことである。本章の課題は、座間を論じながらも、これまで研究史上で論じられることのなかった「村落社会主義」の全体像を位置づけることである。当時、中央にいた社会主義者の代弁する民衆は専ら労働者であって、農民への視野が欠落していたということは周知の事実であり、そこに農民を視野においた座間の「村落社会主義」を位置づける必要性があると考える。

これまで、座間止水の研究はわずかに存在するけれども、紹介程度に留まったままであり、本格的には研究されてはいない。[3] こうした作業をしていくことで、初期社会主義研究における「村落社会主義」思想を位置づけてみたい。[4] また初期社会主義の本質的な性格は何であるのか、日本の初期社会主義は何であったのかについては、第三編第9章で論じていくので、ここでは取り上げることはしない。

近年の初期社会主義研究の動向――一九八〇年代以降――として「中心から外側に拡散する」傾向＝「脱中心化」傾向が、具体的には中央指向から地方指向へ、リーダーからサブリーダー・バイプレーヤーの研究等に特徴がみられ、同時に「地域」と「人物」を対象とする研究が主流を示してきている。[5] 本章も、その流れのうちにある。

1　教員から初期社会主義者へ

座間止水は、彼の自筆履歴書によれば、一八八二（明治一五）年七月千葉県安房郡平群村（戦後になり富山町、現在南房総市）に生まれている。[6]初名を座間鍋司という。生家は農業である。座間は明治期の社会主義者の世代構成でいえば、いわゆる「後世代」に属しており、「彼らの多くは地方社会から東都に遊学して……先立つ世代の人々が展開した社会主義の運動によって社会的関心に開眼しこれに合流、やがて大正社会主義、大正デモクラシーの時期に言論と運動の指導者として第一線に出るのである」[7]。座間も、この例にもれていない。ただし、大正期以降は〝体制〟側の指導者としての条件はつくが。座間は一九〇〇年四月、一七歳のときに東京府師範学校に入学、四年後の三月、日露戦争が始まった頃卒業していることは判明しており[8]、おそらく、この在学中に社会主義思想と出会い、その影響を受け続けたであろうことは十分に推測が可能である。卒業後座間は、東京市神田区佐久間小学校に訓導として奉職することになる。[9]同時に、同年四月より三年後の七月まで明治大学本科政治科に通学し、並行して正則英語学校（夜間）に学んだことになっている。[10]

座間がどのようにして社会主義に目覚めていったのか、具体的な足跡をたどるのは困難だが、一七歳という入学資格の最低年齢で師範学校に学ぶことになった若き秀英が、一九〇〇年から四年間東京に遊学した際に、学校内に配布せられていた社会主義新聞を通読していたことは推測しうるし、また、日露戦争の開戦・非戦論を青年らしい正義感で議論していたことも、十分考えられる。そして、その結果として社会主義を公然と主張し始めていくのであろう。[11]

二〇世紀初頭は、世界的にみて資本主義はすでに帝国主義段階に移っており、それは極東の一小国日本をも帝国主義的世界体制の一環にいやおうなく編入せざるをえなくさせ、その結果が日露戦争として現出する。この帝国主義戦争に反対し、非戦論の立場を貫いた社会主義者たちが存在したことは周知の事実だが、当時教員に成りたての座間止水も、こうした非戦論を主張した社会主義思想の影響下に入ることとなるのである。

前述したように、座間は一九〇四年四月より佐久間小学校に訓導として就職した。そして、一年ののち社会主義者としての姿を現わしたのである。その時の記事を掲げてみよう。

△神田区佐久間小学校訓導座間鍋司氏は熱心なる社会主義者にして、率直に其の主張を公言し居れり。△氏は東京府師範学校の昨年の卒業生にして、学力人物、共に衆に勝れ、児童教育上の成績も実に著しき者なり。△当局者は此の有望の青年教員が社会主義を主張するを見て大いに狼狽し、或は説諭を試み、或は質問を試みたれども、座間氏が断然として其所信を直言するを如何ともすること能わず。[11]（略）

社会主義者たちの発行した週刊『平民新聞』や『直言』によれば、小学教員に対する働きかけが少なからず存在した。明治三〇年代前半期に、それまで可能性のあった労働者を社会主義陣営に取り込むことが不可能となり[12]、孤立した様相を示し始めていた中央の社会主義者は、三〇年代後半期に入ると、その主な対象を地方すなわち地方のインテリ層に求め出していた。学生・新聞記者・医者などのなかで、小学教員の平民新聞の購読は学生に次いで多かったといわれている[13]。座間も、その一人である。とくに、五二号は小学教員のための特集を掲載しており[14]、なかでも石川三四郎は「小学校教師に告ぐ」と題し、教員の責務の重要性や待遇の貧困、万人の教育の機会均等のためには、私有財産制度を廃して社会の公有とすること、そして「諸君若し真に人の教育を完全にせんと欲せば、先づ此社会を改造せざる可らざる也、即ち社会主義を実現せしめざる可らざる也、……満天下の小学教師来たれ、而して速やかに我が社会主義運動に投ぜよ」と述べたのである。この号は、他の記事とともに日本の忠君愛国的教育を批判したために、新聞紙条例違反として起訴・弾圧されたが、こういう内容が教員になって間もない座間に対しても少なからぬ感化を及ぼしたことは確かであり、それが先の新聞記事における「公言」となったのであろう。

ところで、このとき座間はどういう状況下で社会主義思想を「公言」したのだろうか。具体的事実は確認できないが、『直言』によれば座間が修身の時間に教室で生徒に社会主義思想を講じたらしく、もちろん同僚への宣伝も同時にしたことが推察されるが、「学力、人物共に勝れ」「望みを属され居りし」人物であっただけに、東京府と文部省に与えた衝撃は大きかった。しかし、小学校令に社会主義教員の処分に関する適用例はなく、検討中であるという。一方、当局者は師範学校内での『直言』の購読をやめさせ、座間をして二、三の教員との交際を禁止させている。[15]座間の履歴では休職扱いになっているが、[16]実質的には免職であった。[17]外に、山梨・山口県などで社会主義教員が出現しており、『直言』ではすでに少数とはみておらず、彼らに「願わくば永く其職に在りて漸次に此の思想を同僚に広めよ」と呼びかけている。[18]

このようにして、座間止水は社会主義教員として初めて馘首された人物となったのである。[19]その後も『直言』は、教員への呼びかけを継続するが、他方当局も翌一九〇六年六月、牧野伸顕文相名の訓令を発し、「社会の秩序を紊乱するが如き危険の思想教育界に伝播し、我教育の根底を動かすに至ることあらば国家将来の為め最も寒心すべきなり」と言明した。[20]この訓令は、その頃結成されて間もない社会主義政党である日本社会党や、社会主義思想を支持・同調する中央・地方の人びと、とりわけ小学教員に波及することを危惧するあまり出されたものであった。それはまた、明治憲法=教育勅語体制によって築かれてきた天皇制教学体制が日露戦争を経ることにより、国内の社会体制の矛盾に対する支配体制側の再編の一環として打ち出されてくる教育政策だったのであり、具体的には一九〇七年の小学校令改正やそれによる第二期国定教科書の軍国主義化、さらに翌年一〇月の戊申詔書による思想教育の徹底性は、帝国主義段階における教育勅語イデオロギーの再展開ともいいうるのであるが、前述した牧野の訓令はこういった教育政策につらなる前提をなすものである。

2　日本社会党員としての活動

座間止水は教職を辞めたのちも、明治大学と正則英語学校に通っており、同時に国民教育社に入社し、一年程編集の仕事にかかわっていた[21]。その仕事を辞めたのち、日本社会党の機関紙ともいえる『光』（一九〇六年八月二〇日付）の第四回報告の党員名簿に名をつらねた。ここから、彼の社会主義活動が始まるのである。

日本社会党員となったのちの座間は、まるで堰を切ったかのような行動力を発揮し始める。まず、一九〇六年九月一二日より「東海道遊説」「西南巡遊」に乗り出した[22]。彼の意気込みは、「僕年壮にして徳未だ進まず。気鋭にして識未だ練れず……世に背き人に反き独り行く棘道、満天下の同志諸君、幸に僕が此行を迎えよ」に十分うかがえる[23]。平民社の伝道行商や遊説は、すでに小田頼造や荒畑寒村らが遂行していたが、平民社解散後の社会主義遊説のなかではこの座間の七五日間の東海道・山陽地方の遊説は特筆されてよい。警察の干渉や圧迫にあいながらも、単独で七五日間の遊説日数と約三八六〇余名の聴衆を集めた演説会の開催規模は、そのいずれをとってみても、初期社会主義時代における他の遊説者たちの追随を許さないものとなった。黎明期の社会主義の発展にとって社会主義者の演説の果たした役割は大きく、それは「予は如何にして社会主義者となりし乎」を読むだけでも理解できよう。座間の遊説により、どれ程の民衆が感化されて社会主義に共鳴あるいは同調したかは不明だが、富士紡績の労働者や地方の新聞記者・弁護士などにその影響がみうけられる。

七五日間の遊説を顧みて座間は、干渉や圧迫にあい、思うように運動ができず、「功力の薄かったのを遺憾に思ふ」[24]と述べており、機会があれば第二・第三の遊説を九州などに計画する考えであるという。それでは、この遊説について明治政府はどう対処していただろうか。内務省警保局が作成した『社会主義沿革』によれば、今回の遊説については「日本社会党員座間鍋司関西地方ニ向テ遊説ノ為出発セシモ不結果ニシテ了リシカ如シ」と記されているのみであり、[25]ほとんど国家権力側に危機感をもたらすことはなかったといえるであろう。遊説終了ののち、座間は静養と研究を兼ね故郷の安房郡平群村に帰り、再起に備えた。『光』は、静養ののち再び全国遊説に行くであろうことを予測し、座間もそのつもりでいたのだが、[26]遊説はついに実現することはなかったのである。

ところで、日本社会党の機関紙的存在であり、当時の社会主義の中央機関ともいえる『光』は、その役割を日刊『平民新聞』に譲ることになり、第一号が一九〇七年一月一五日に発行された。周知のように、日本社会党は同年二月に第二回大会を開き、直接行動論が台頭し、社会民主党以来の議会政策論が後退するという方向転換が行われたといってよく、その後の社会主義運動をして議会政策派と直接行動派との対立・分裂・抗争を激化させ、日本の初期社会主義運動の団結を崩す原因となった。大会後、たちまちにして日本社会党は治安警察法により解散を余儀なくされ、日刊『平民新聞』も同年四月には新聞紙条例違反により廃刊に追い込まれた。

その頃、座間は何をしていたのであろうか。彼は平群村に帰省し、静養も兼ねて半年程村落問題について「村落刷新会」を興しながら研究しつつあり、また日刊『平民新聞』にも一度小文を寄せている。[27] その座間が、満を持して再び社会主義運動に献身すべく上京を果たすのは、一九〇七年七月一九日、後四日で二五歳になる直前であった。[28] 彼は片山潜・西川光二郎らの議会政策派に依拠し、主に『社会新聞』を通して活動していくことになるのである。

3 「村落社会主義」思想の展開

座間止水の「村落社会主義」の思想を検討する前に、彼の上京後の動向を一瞥しておきたい。それにより、社会主義運動へのかかわり方や論文の背景が少しは分かるであろう。

上京の二日後には、社会新聞編集部主催の社会主義研究会に出席し、演説したのを手始めに、座間は運動に献身していく。ただし、地方遊説に自ら参加したのは、同月下旬片山潜らとの千葉県への遊説のみで、それ以降は論文活動などが中心となった。また、「上京当分滞京運動すべし」との文からうかがわれるように、[29] 座間はそれ程長く滞在を望んでいたようにはみうけられない。事実彼は、遊説後二か月足らずで千葉に移っている。千葉県の初期社会主義者を代表する東海新聞主筆であり、北総平民倶楽部の役員（評議員）である白鳥健の紹介で、政治経済担当記者として同社に入社したのである。九月九日のことであった。[30]この間、座間は議会政策派の組織した共同出版会の理事に片山・西川とともに就任、[31]さらに八月末に創立した社会主義同志会にも加入している。千葉への移転後も、座間は週に一度は上京し、社会新聞社や運動のために尽力した。[32]また、座間は同年議会政策派の全国遊説計画の中心メンバー片山ら四人のうちの一人となっており、議会政策派の主要な位置をしめていることが分かる。そして、同年一一月座間に関する「目下一生懸命にて村会政策を研究中」の記載や、[33]一二月の「東海日々新聞にカーカップ氏の社会主義史の一節を訳載し居れり」などの記載ののち、[34]座間の動向には不明なことが多くなる。一九〇八年四月には、「座間止水君依然『東海新聞』政治部記者として千葉に在り信用大いに加わる」とあるが、[35]二か月後には「此程二六新報に入社せり」とあり、[36]社会主義運動の第一線から退いたことが推測しうる。しかし、「村会政策」の研究は続けていたと思われる。だが、二六新報も「社会主義を信ずるの故をもって……追放され」てしまったのである。[37]また、少しく前後するが、前年二月座間は初名鍋司をこれまで号であった止水に正式に変更している。[38]

さて、ここで彼の唱えた「村落社会主義」思想の分析・検討に入ってゆき、しかるのちにその意義を論じてみよう。初期社会主義者としての座間止水の際立った特徴をあげるとすれば、「村落社会主義」思想を提起し、それを展開して中央・地方の社会主義者に少なからぬ影響力を及ぼしたことであろう。この耳慣れない「村落社会主義」という用語を座間は、日本社会主義史上初めて使用したが、おそらく片山潜らの使用した都市社会主義を意識して、それに対置して村落に用いたと考えられる。同時にこのことは、上京後の座間が片山らの議会政策派に次の二つの理由で、即ち議会重視の論文内容と、日常生活を重視し改良主義的傾向を有する労働者型のタイプ＝片山派に、農村出身の座間の性格が似ていたのではないかという理由で、拠点を求めていくことと関係があるだろう。

座間の上京後の社会主義運動への貢献は、前述したように一度の遊説（村落社会主義結社北総平民倶楽部の演説会）を除けば、論文活動が中心となるが、村落に関する主要論文は第一論文「村落社会主義」[39]、第二論文「村落」[40]、第三論文「町村会政策（一・二・三）」[41]の三つがあげられる。

それでは、まず第一論文と第二論文からみていこう。この二つの小論は、ともに千葉県遊説においても同様の演説をしているので、同じ時期に文章化したものと思われる。第一論文では、町村に居住する社会主義者を対象に展開する。現行町村制による町村内の「上層階級」（一級公民権者）と「下層階級」（二級公民権者）に着目し、例えば故郷安房郡平群村（七五〇戸）の比率は二三％（一級）と七七％（二級）と述べ、そこで座間は、

……予は信ず、村落における同志諸君の努《ママ》はまづ諸君が「二級意思」を形成融合せしむべき事……即ち二級意思の代表者をして自治の機関を占領せしむるにあり、二級をして村長村会議員役場吏員を選出せしむるに在り……二級意思が発現して行政議決の両機関を占領し、敢て之を行使するに決せば、随分有力なる者なり。況んや十数町村、数十町村、数百の町村、

数県の町村に及ばば如何、二級意思町村の連合の国を現出せば如何、吾人は村会政策の実行派なり、議会政策派の無効を信ずる能わず。

と論じた。ここでいう座間の「村落社会主義」とは、一八八八年公布された市制町村制＝明治地方自治制にみられる制限等級選挙制度を巧みに利用することにより、村落における社会主義者に対して、「二級意思」＝二級選挙人の公民権者を我が方に引き寄せ、彼らの代表によって自治機関を占領させること、具体的には「二級意思」による村会議員・村長・役場吏員などを選出させることを求めるものであったといってよい。そして、それを全国に及ぼすこと、つまり「二級意思町村」連合の国を最終的につくることが理想であったように思われる。座間のこの論文から直ちにいえることは、「村落社会主義」の形成過程はそれがたとえ理念的に理解できるとしても、実際に町村内の行政・議決機関を占領した後、どのような社会主義を実現・実践していくのかが語られていないということである。しかしそういう弱点はありながらも、この論文の優れているところは、中央の社会主義者のように土地問題・農村（農民）問題を単に抽象的な土地国有論として済ませているのではなく、農村問題について具体的に農民たちの組織化を取り上げていることである。

以上のように、座間は議会を利用することにより、「社会主義」を実現していく方法を是とするがゆえに、自ら議会主義を主張し、片山派＝議会政策派へと帰着する必然性を備えていたというべきであろう。

次に、第二論文をみておきたい。これは、北総平民倶楽部[42]の一拠点である久住村幡谷を事例に幡谷区の統計を出しながら、一戸平均二二八円の生産高であるのに一般農民が裕福になれぬのは、「生産高の一割」の納税と、「土地に対する使用権・収益権《ママ》」等が少数の富豪に帰し、生産物を独占しつつあるからだとした。そこで、座間は産業的自治制を公布し、村民が共同で産業に従事して生産物を集め、村会決議により必要に応じてこれを使用するという「共産村」を提示する。「共産村」は、たぶんに共済組合的要素の強いものだが、これにより貧困者をなくし、同時に「共産村」を連合して開墾、原料の製造、高等教育等をさせれば幸福・利益は一層増大するという。そして、地方「衆庶」の幸福を高めるために、かならず自治区における共同経営の産業制度を建設せよと述べるのである。産業制度を建設し「民衆の幸福」をはかるとする座間の論旨は、具体性はあるが、一歩間違えば内務省に表彰される模範村と類似する危うさもあり、それだけ改良主義的なものであるといえる。

最後に、座間止水の初期社会主義時代における真骨頂ともいうべき第三論文を検討していこう。この論文は、最初に紹介した第一論文をより具体的に展開したものであり、三回に分け寄稿されたものである。前年一一月からの、「村会政策を研究中」の成果とみられる[43]。

まず、「町村会政策（二）[44]」では、社会主義者の町村自治機関を占領する手段について論じる。具体的には町村制の条項を並べながら解釈しつつ、町村会占領の方法――町村の二級公民権者に伝道し、選挙に勝利することにより社会主義議員＝二級意思議員を町村会に送ること――を述べ、同時に我が党の意見を通すためには二級意思をもつ議長＝町村長を選ぶ必要があり、選挙での両級同数の票を想定し、さらに郡参事会の採決、府県知事・内相への具申・認可問題にまで発展させ、要求を通すには「日本全土に二級意思」を結集すべきであるとして、「斯くの如き大組織を以てして、始め《ママ》て今日の紳士閥的国家組織に対抗し得べき也」と述べた。座間は、このために資本主義制度下に経済的圧迫を受けている大多数の下層民をして、町村自治機関を占領させるのだと結論するが、このことは直ちには表現できぬと断っている。この論文は、町村制の内容をよく検討して二級公民権者やその代表を通して町村会などでの団結・組織化を訴えた主旨であるが、座間もいうように、いざ実践しようとすれば当時の政治社会状況を考慮しただけでも、実現するのは容易ではなかったろうことは想像がつく。

次に「町村会制策（二）」[45]をみていきたい。まず、二級議員が理想的に自治機関を占領せずとも何もできぬことはないといい、それは「町村会議長其人が仮令一級に属すればとて必ずしも二級意思を圧迫蹂躙するものに非ず」「一級議員中二級の状態を改善し、向上せしめやうと企つるもの無きにしも非る《ママ》」という、実現不可能ともいえる判断からであった。しかし、かつて座間が遊説した北総平民倶楽部では、幹事兼日本社会党員であった小川高之助が一九〇七年三月から六年間一級村会議員となった事例が存在した[46]。これは、稀有な例といえよう。続けて、町村制三三条五項[47]の町村税に注目しつつ、社会主義の理想実現の前段階において町村費賦課法を取り上げ、

「二級民」を援助する方法を提起する。地価割・戸数割を二級公民権者に有利になるよう等級を分け、付加税徴収においては累進税を採用すると述べ、これにより町村の「財閥」から多額の税を徴収し、下層にいくに従い「激逓減税則」を導入するというものであった。そして、「二級民」が逓減税則により資金を蓄積し、二級運動の基本金にするという。座間は事例として、千葉県の「二級民」にふれ、約二〇万人（一九〇七年度）の民衆が一人五銭貯蓄すれば、一万円の巨額に達する。これは、実に「二級民」の政治的活動の結果として生み出されると結論するのである。

最後に、「町村会政策（三）」をみておこう[48]。これは、前回と同じように町村税にかかわっている。座間は、戸数割・戸別割に累進税を採用し、前述した一県下年額一万円の運動基金を確保する手段を述べ、県庁所在地に「二級党本部」を置き、二級運動の機関紙を全国に無料配布し、数か月の内に全国の町村を運動に参加させようと理想を唱える。次いで、社会主義者の町村政策は最高の理想を伝道する費用としての基本金をつくり出すべき一大方策であると述べて、「社会主義的自治制」を建設しようと論じる。さらに、

全国の町村自治機関を占領せば、其《ママ》にはドンナ事をするか、……全国二級民を団結せしめて所謂『労働階級の解放』を断行するのだ。『自由町村連合の国』を建設するのだ。一言にして之を表明せば、社会主義を実現するに在るのだ。若し夫に経済的圧迫の下に呻吟する大多数の二級民が、覚醒煥発する所あり、全国一万三千五百三十三ケ町村一時に蹶起して、人道

の名に依り合理の命に依り理想の社会生活を実現せんとせば、少数なる紳士閥即ち地主資本家一輩は、亦如何ともする所ならんか。

と述べた。以上で、三回目の論文検討を終えるが、座間はこうした理論・方策については研究問題として提供しておきたいと、擱筆したのであった。

4 「村落社会主義」思想の意義

ところで、これから今までふれてきた「村落社会主義」の意義についてみていきたい。この座間の問題提起に対する反響は、中央では片山と対立して離れた西川光二郎[49]、地方では議会政策派の北総平民倶楽部[50]や静岡の松井八郎[51]、直接行動派に属する群馬の『東北評論』[52]にみられ、それぞれ「二級民」の利益・権利の拡張等を論じている。これらのことを踏まえて、意義を考えていこう。

まず、「村落社会主義」の概念をどう捉えたらよいのか。もちろん、ここでは初期社会主義の範疇においてのことだが。みるところ、「村落社会主義」には二つの実践方法があるように思われる。一つは、座間らの提起した明治地方自治制＝町村制を利用した二級選挙人＝公民権者を社会主義の側に引き寄せ、その代表によって自治機関を占領させて社会主義社会を実現に導く方法。

あと一つは、農民である社会主義者が小作人を組織・指導して地主に対してストライキを行う方法（小作人同盟)。いずれも「村落社会主義」の領域に属していると思われるが、前者は北総平民倶楽部で座間の演説以来重視されていくテーマであり、[53]後者は北総平民倶楽部で起こった実例であった。[54]むしろ後者は、社会主義者が指導した小作争議というべきであり、座間の唱える「村落社会主義」とはかなり異質だが、これもまた「村落社会主義」の一つの形態といえるのではないだろうか。こうみてくると、「村落社会主義」はもっと簡明に、地方農村に居住する社会主義者が彼らの唱える「社会主義」を実践・適用・応用する思想であると、一先ず定義しておきたい。その場合、都市社会主義の概念にあたるような「都市施設の公共化ないし公営化の意味[55]」あるいは、「都市における・《ママ》今日では社会的共同消費手段と言われる所のもの・《ママ》市有市営、これを主内容とする思想[56]」と同じような土地の公有などが、すなわち日露戦争前に幸徳秋水らが唱えた土地資本の公有、社会的収入の公平なる分配等の社会主義の要件が唱えられていないのは、「村落社会主義」の概念がすでに本来的な社会主義とはかなり違ったものになっているのではないか。逆にいえば、日露戦後疲弊した地方農村を直視している村落社会主義者にとって、抽象的・ユートピア的な社会主義観よりも、むしろ生活に密着した現実的・改良主義的な農民の幸福を希求する「社会主義」――もはや社会主義とはいいえないが――を欲していたというべきだろう。これは、日本に輸入された『共産党宣言』に農業綱領がなかったこととも、無関係ではないだろう。これらのことを考慮した上で、意義を論じてみたい。

第一の意義は、地方自治とのかかわり合いにおいてである。日本近代における地方自治は、歴史的にみても農村より都市に重点をおいたことは周知の事実であり[57]、それゆえ産業革命期におけ る社会問題が専ら都市問題にかかわり、その解決方法として社会主義を都市に適用する社会主義者が出現した。片山潜や安部磯雄が、都市の自治を通して都市社会主義を唱えたことはいうまでもない。他方、座間止水らの「村落社会主義」は、都市社会主義に比して農村問題が固有なものとして論じられることは乏しいが、にもかかわらず、これは初めて社会主義者が村落において抽象的ではなく具体的に二級公民権者の組織化を、たとえそれが将来における社会主義実現のための戦術として明治地方自治制を利用したにせよ、取り上げたところに一つの意義を認めることができる[58]。いいかえれば、農村自治問題を通して自治の改革・権利意識の拡大をも意図した農村貧民のための救済策として、また明治後期の農民問題の中心が小作貧農問題にあるとすれば[59]、寄生地主的土地所有制への社会主義者の一つの抵抗とみることができよう。

第二の意義は、座間論文などの内容や実際に実施された北総平民倶楽部の小作人同盟の状況をみるとき、それがのちの即ち大正時代後期から昭和初期にかけての村政改革闘争や小作人組合の原初形態をなしていることである。座間論文の戸別割への累進課税を通しての二級公民権者の負担減、町村「財閥」への多額の課税徴収などは、等級選挙制度の廃止された一九二一年以降にみられる、群馬県強戸村村政改革闘争の戸数割賦課をめぐる地主と小作農の対立[60]や、愛知県三上村小作争議等[61]の事例に類似しており、昭和期においては町村選挙の運動方針ともなっている[62]。同時に、「同盟して小作地を返す」[63]という北総平民倶楽部で実践された小作人同盟もまた、大正後期以降小作人組合として多くの小作争議を現出する。こういった先駆的役割は社会主義とは異なるが、「村落社会主義」思想のもつ良質的な一面を示している。

第三の意義は、逆に「村落社会主義」のもつ思想が大正期以降体制側に巧みに吸収・包摂されてしまう側面をもつことである。それは、具体的にはかつて座間の唱えた「民衆の幸福」のために、共同経営の産業制度をつくるといった改良主義的な方向、さらに小川高之助のいう町村政策の改良――教育・勧業・衛生などの方面に発展の実績を上げること――が「真の模範町村」の実現＝「町村社会主義」の大発展であるという結論となり[64]、それは当時の戊申詔書の具体化された町村是（農事改良・勤倹貯蓄など）と微妙なところで類似しており、事実大正期以降小川らは青年会運動を始めとする地方改良運動に献身していくのである[65]。

こうしてみるとき、第二と第三の意義については「村落社会主義」思想のもつ両義的性格を指摘しうるであろう。いいかえれば、大正中期以降の農民運動が地方改良運動にみられる「地方自治」論に対決しながら自己の権利意識を拡大していくのに対して、地方改良運動を始めとする「上から」の国民組織過程は「村民の権利意識なき自治」をめざしたものであり[66]、その意味で初期社会主義者の唱えた「村落社会主義」論は、実にこの二元的な思想形態を包含しうるものであったのである。

ところで、座間の「村落社会主義」論や他の論文などに国家認識がないのは何ゆえであろうか。

これは座間一人の問題ではなく、幸徳秋水・片山潜を始めとする当時の社会主義者に共通するものであった。その要因としては、二つ考えられる。一つには、国家というものを理論的・相対的に詰められなかった、ないしはそのように検討する機会が少なかったということもあるが、日本に輸入された社会主義思想は、当時の日本の状況を踏まえて産業革命期における社会問題の解決や、貧富の懸隔の解決＝経済問題としての役割を期待されており、それにヒューマニズムが合わさったかたちで捉えられることが多く、政治的リアリズムや国家認識に乏しかったといえる。

もう一つは、輸入された社会主義思想の問題がある。明治期において、日本で完訳されたマルクス主義の文献は『共産党宣言』のみだが、この著作には国家の問題はほとんど入ってこない。国家の問題を論じる文献（『フランスの内乱』『ゴータ綱領批判』『家族・私有財産・国家の起源』『国家と革命』等）が輸入されるのはずっと後のことであり、日本の初期社会主義者による国家認識はこの点からいっても困難さを伴うものといってよい。それゆえ、明治期における社会主義者の問題関心は、日露戦争後はもっぱら社会主義の実現方法（無政府主義的直接行動論と議会制策論）に限定されてゆき、しかも、片山・座間を含めた議会政策派は、社会主義と国体は一致すると考えており、社会主義を帝国憲法下で実行できるという甘い認識があった。こうみるとき、座間に国家認識がないのは当然ともいえよう。

むすびに代えて――その後の動向

座間止水は、二六新報社を一九〇八年七月に社会主義者ゆえに追放されたのち、一〇月には中央新聞社に科学・政治社会記事担当として入社した。[67] 社会新聞の「依然中央新聞にある」[68]「依然中央にありて其鍵策を振ひつつある」[69] と紹介した記事を最後にして、座間の姿は全く社会主義系の新聞から消えてしまう。それは、「大逆事件」関係者処刑後の一九一一年二月のことであった。こののち、座間は本格的にジャーナリストとしての道を歩むことになる。同年四月には中央新聞を退職、履歴によれば同月から一三年三月まで雑誌『初等教育』の編集主幹に奉職したという。[70] これは、府立師範学校同窓会が主催した市販雑誌であり、一二年三月改正の同窓会規則では任期二年の評議員に選ばれている。[71] しかし、一六年一二月座間は「初等教育幹部の更迭」[72] により編集部長を辞したとあり、履歴よりも長期間編集に従事していたとみられる。さらに前後するが、座間は中央新聞退職の一か月後、国民新聞に入社するのである。また、座間と「大逆事件」との関係はどうであったろうか。大宅壮一は、座間は幸徳秋水の家に出入りしていたため検挙されたという。[73] しかしながら、座間が幸徳らの直接行動派ではなく議会政策派であることと、「幸徳秋水の交友録[74]」総勢一二三名のなかに座間の住所氏名が欠落していることからして、幸徳との関係のなさは証明できるのではないか。また、『大逆事件訴訟記録』にも座間の検挙は見当たらず、特

別要視察人のなかの参考人として官憲側からの取り調べはあっても、検挙されたとは考えられない。(75)

座間止水の社会主義者としての役割は、徳富蘇峰の国民新聞に入社したことで名実とも終ったとみることができる。反体制から体制側の思想運動の渦中に身を投じ、その担い手として歩んでいく大正・昭和期は、第三編第9章で論じていく。

補　章　初期社会主義と農民問題——中央と地域の社会主義者

はじめに

マルクス生誕二〇〇年はすでに数年前の二〇一八年のことだが、そのときにエリック・ホブズボーム『いかに世界を変革するか——マルクスとマルクス主義の二〇〇年』（作品社、二〇一七年）の大著が、水田洋監訳、伊藤誠ほか翻訳で刊行された。この書物はマルクス・エンゲルス以前の社会主義からマルクス主義の後退期である二〇〇〇年まで論じており、「社会主義・共産主義の凋落やマルクスの復活」などが叙述されており、二一世紀においてもマルクスやマルクス主義の議論が、そして人類の将来がどのようなものかという問題を熟考する一助となることを、ホブズボームは期待しているという。

興味深い著書ではあるが、行論に直接かかわるのはわずかに『共産党宣言』のみである。すなわち、一八四八年にマルクスとエンゲルスによって書かれた二三頁のパンフレットである『共産党宣言』は、フランス革命の『人権宣言』以来、単独で最も影響力があった政治的文書といわれるが、現在では古典的マルクス主義文献というだけではなく、政治的古典の一冊でもある。この『共産党宣言』の日本語訳は、周知のように週刊『平民新聞』五三号（一九〇四年）に幸徳秋水と堺利彦の翻訳として、第三章をのぞき掲載された。さらに一九〇六（明治三九）年三月、月刊『社会主義研究』一号に、二人の完訳が載った。ただし、この『共産党宣言』には農業綱領がなかったのである。これは『共産党宣言』が労働者の団体である共産主義者同盟の政綱として出版されたことにもよるが、ホブズボームは「当時（一八四八年当時――引用者）のマルクスは、疑いもなく一般の都市住民と同じように農民的境遇に対しては無知であり蔑視を抱いていた」（『いかに世界を変革するか』一四三頁）と述べる。また大内力は、一般に一八七〇年代まで「かれらには農民の問題が十分意識されていなかったことを物語るものといっていい。それはむしろマルクスの死後、八〇年代になってエンゲルスによって意識されるようになった」（マルクス・エンゲルス『農業論集』大内力編訳、岩波文庫、一九七三年、一九八頁）と述べている。マルクスは、一八七二年「土地国有について」を記述しているが、土地国有の下で社会主義化された農業がどういうかたちになるかについては、具体的には指摘はしていない。

補章では、日本の初期社会主義者が農民問題について、どのように考えていたのかを、中央の社会主義者と地域の社会主義者を比較しながらみていきたいと思っている。これまで比較することじたい検討されていなかったゆえに、そこに重きをおきたい。

1　中央の社会主義者の農民問題

日本における初期社会主義運動において、中央の社会主義者の代弁する民衆はそのほとんどが労働者であり、農民に言及する視野が労働者よりはるかに少なかったのは周知の事実であり、つまり労働者＝「変革主体」であったといってよい。そのなかで中央の社会主義者において比較的農民問題にふれている人物は西川光二郎であり、赤羽巖穴らであった。

(1)　西川光二郎

では、まず西川光二郎（一八七六〜一九四〇）について彼の著した『土地国有論』（平民文庫、一九〇四年）についていて少しくふれてみたい。西川は彼の祖父が兵庫県淡路島佐野村で財をなし、田畑五・六町歩のほか山林も所有した農村出身だったこともあり、初期社会主義者になってからも農民問題に関心があったと思われる（田中、一九九〇、九頁）。『土地国有論』は第一章「緒言」、第二章「土地私有の弊害」、第三章「農民の生活を困難ならしむる他の原因」、第四章「農民救済の方法」、第五章「各国における農民救済運動」、第六章「結論」からなっている。西川は土地私有の弊害として地主制度を取り上げ、地主の土地併呑の結果小農・小作人を悲惨な生活におとしいれ、夥しい数の農民が都市・海外へと移住しつつあり、田舎が衰退するとして、土地私有の弊害が大きいことを述べる。また農民の生活を困難ならしめる他の原因として農民の自給自足が解体され、生活必需品を購入せざるをえなくさせ、農民職業の範囲が縮小し、収入も減少し、国の政策が商工業過重になるとする。同時に、日本は穀物の欠乏と商工業者の需要を求めて海外に領地を得ようとすれば、帝国主義に傾き戦争に向かう恐れがあるとし、農民の子弟は戦場に引き出されるとした。では、農民救済の方法は何かといえば、副業の奨励、農産物に対する鉄道運賃の軽減、あるいは農民保護としての農産物輸入税、海外移住の必要性などを指摘するが、これらは枝葉的救済であり、根本的救済法ではないとする。西川は土地を耕作者の手に移し地主を退治することが、根本的救済であると述べる。これにはいくつかあるが、西川は土地を国有にし、さらに進んで社会主義を実行することであるとした。西川は土地国有を、

或は又国家にて一旦土地を買上げ（地主には公債或は年金を与ふる約束にて）、而して後に土地の小作権丈を夫々に（一定の制限内に於て）区画して、月賦若しくば年賦の方法にて売却し、小作権の質入及び又貸しを禁じ、又小作権希望者の実際耕作者なるや否や及び小作権所有者の土地を実際は耕作しつゝありや否や等は町村役場をして厳に之を監督せしむること、せば、完全に土地を耕作者の手にあらしむることを得べし

と述べており、これはいわゆるブルジョア的土地国有論と同じである（岸本、一九六八、五五九

頁)。有償・賠償による土地国有といえる。そして土地国有を実行するには社会主義を実践しなければ、真に完全に農民を救済できないとした。社会主義が行われて土地資本その他が国有となり、同時に普通選挙が実施されて人民が十分に国家を監督でき、利益を目的としての行動と競争の全く止み得るまでは地に決して平和はなく、工場労働者と農民労働者の上に幸福はないとしたのである。

最後に、西川はドイツ・ベルギー・イギリス・フランス・イタリア・ロシアなどの各国の農民救済運動を、それぞれの国の社会主義政党の動向を中心にして記述しているが、これは省略したい。

以上で西川の『土地国有論』の紹介を終えるが、ここでは土地国有を実現するには社会主義を実行することが農民の救済に至るとする結論がある。ここには、いささか西川の楽観的な社会主義の見方を看取しうるが、外国の文献を参考にしながらたどり着いた結論であったろう。土地国有の実現をいかにして社会主義の実行させうるかについては、やはり具体的ではなくその方法が明示されていない。このとき西川は、社会主義のほかは自己等を救うものなしと決心するに至る日が来たらんことを望むと願っていたのである。

(2) 赤羽巖穴

次に、赤羽巖穴の『農民の福音』(一九一〇年)について少しくみていこう。赤羽一(巖穴は号、一八七五～一九一二。以下、巖穴で記述）は長野県筑摩郡郷原（現在塩尻市）の代々郷原宿の問屋場を務める旧家出身であり、父無事は奨匡社の民権運動家であった。一九〇六年三月日本社会党員となり、『新紀元』の同人、日刊『平民新聞』、『社会新聞』、『東京社会新聞』に入社する。一九一〇年六月、著書『農民の福音』が出版法違反により逮捕され、禁錮二年の実刑を受け、一九一二年春に獄中でのハンガーストライキの最中に死去している。

赤羽巖穴の『農民の福音』は直接行動派の唯一の文献といってもよく、また無政府主義者の著書ともいえる。本書は七章に分かれており、最初に土地は人類全体の共有物であり、地主に占有されることには抵抗しなければならぬとし、土地兼併の勢いが激しくなり、土地を奪う掠奪階級は不公平であり、退治する必要があるとする。地主は「土泥棒」であり、相続人は「土泥棒」の相続人となる。我々は「村落共産制」の昔に戻り、そこで科学の最高知識と相互扶助の最上道徳の血と肉を融和した「無政府共産」の自由安楽郷を造らねばならぬとした。続けて、地主制の下で政府の租税の重荷、地主の地代の重荷に小作人は圧迫され死ぬほかはないとして、再び「無政府共産」の大鉄槌をふるい、今の権力階級（地主・金持・貴族）の打倒を叫ぶのである。ついで、内外で「百姓一揆」が失敗したのは偶発の感情に駆られた烏合の農民の軽挙妄動であり、抵抗の土台に階級的自覚心、自由人権の法則がなかったためだとし、農民自身が「地主は土地泥棒なり、土地私有権を許可する政府は農民共同の敵なり」という自覚をもち、革命運動を起こし、土地を貴族・地主らの手から人類共同の手に移さなければならないとした。

では「革命運動」の方法はどうすればよいか。農民が地主に対して「年貢を払はぬ同盟」あるいは「田地を借らぬ同盟」をつくり、その団結が固ければ地主は所有田地を投げ出し降参するほかはない。そして、地主が投げ出した土地は農民（小作人）の手に入る、ただ「地主対小作人の戦争」において小作人はどこから兵糧を得るかといえば、赤羽は地主の倉庫から自由に米を持ちより兵糧に使えばよいではないかとして、この原則はクロポトキンのいわゆる「収用」であり、社会的革命の最大武器であるとした。赤羽は最後に、

万人が共同に所有し、共同に労働し、共同に生産し、共同に分配し、共同に和楽する「無政府共産社会」の実現、之れ断じて夢では無い、若し之を夢なりとすれば、ソハ虚無ではなくして実現すべき正夢であらう。聖人、哲人、賢人の思想の狂的でない限り、我等の遠からざる将来において必ず実現し得べきものなることを茲に宣言して差支へは無い。而してかゝる幸福なる自由なる極楽的社会の実現は、主として農民諸君の自覚と団結の力に待たねばならぬのである。

と述べ、現在の社会を生かすも殺すも、善くするも悪くするのも農民の自由自在であるとして、農民の「直接行動」への奮起を促すのである。

以上で赤羽巖穴の著書の紹介を終える。無政府主義者となりゆく赤羽の思想と運動の形態につ

いては、松尾貞子が詳しく論じており（松尾、二〇〇三、六五頁以下）、それに譲りたい。彼は生活権の視座から革命を論ずるに至り、幸徳派の直接行動論を支持するが、運動の統一を損なうことには反対したという。『農民の福音』を読むかぎり、赤羽はクロポトキンの『相互扶助論』などの影響を受けていることが判明するが、それほど深くはない。また、天賦人権思想も含まれているのではないだろうか。「無政府共産社会」の自由安楽郷を理想とするが、そこにいたる「革命運動」の方法には疑問がある。「年貢を払はぬ同盟」「田地を借らぬ同盟」をつくり、団結が固ければ地主が降参するというのは、楽観的にすぎるのではないだろうか。「年貢」（小作料）を払わなかったり、地主の倉庫から自由に兵糧を持ち出すのは、官憲に逮捕されるおそれがあろう。赤羽の階級闘争の理解は観念的ではあるが、地主的土地所有制への批判・抵抗としては高く評価できよう。また、「田地を借らぬ同盟」に似た同盟が、小川高之助の属する北総平民倶楽部において起こっているが、これは後述したい。

2　森近運平の「社会主義と農業」

岡山県高屋村（現在、井原市高屋町）出身の森近運平（一八八一～一九一一）は、冤罪事件の原点とされた「大逆事件」で刑死した一二名のうちの一人である。彼は岡山県立農学校を卒業後、農商務省農事試験場山陽支部に勤務、のち岡山県庁に勤めた。一九〇四年岡山いろは倶楽部を創立したが、社会主義者のゆえに解雇され、一家をあげて上京し、日露戦争に対する反戦運動に投じた。平民社ミルクホール、氷水屋の開店などをしながら苦労し、のち日本社会党の結成に参加し、評議員兼幹事に就任。日刊『平民新聞』の廃刊後は大阪平民社を起こし、『大阪平民新聞』を発刊し、のちに『日本平民新聞』と改題して直接行動論者の機関紙となり、活躍した。こうみると、森近は中央の社会主義者とみてよいだろう。彼は堺利彦と共著『社会主義綱要』(一九〇七)を著しており、その第五章に「社会主義と農業」があり、それを少しく紹介してみたい。

従来、農業は社会主義とは関係なく、社会党は農民の間に勢力を得ることができないようにみられているが、森近は「農業社会」には農業社会特有の問題があり、農学者や農政家が解決に苦しむような重大問題は、社会主義によりて明快に解決できるとして、農業はこれにより初めてその本来の光輝を発すべきであると述べる。農業においても「分配の不公平」は明らかであるが、工業において生産機関が資本家の占有であるように、農業においては土地は耕作者ではなく地主に占有されている。続いて、小作人と自作農の所得を分析し、前者は工業社会に比べ収入が少なく、時々の日雇い稼ぎと婦女子の内職が主要の財源であり、後者では一戸平均田畑合わせて一町歩に満たないので、その地位を保つことは困難。ゆえに、小作人や「気力のある有意の青年は皆都会に集まり」、農村には「老幼」と意気地なき労働者のみ残り、土地の生産力を衰弱させるという。これは日本だけでなく英国・米国も同じであるとして、統計を駆使して語っている。

森近は農業に要する土地と資本は個人の手より社会の手に移すならば、大地主の独占は廃止され、「耕耘収蔵」に従事する労働者の団体がこれに代り土地を支配すべきだとする。ここに至り地主小作の紛擾はなくなり、土地をその耕作者に委ねることに異議はない。もし私有なら優勝劣敗の実を現し、現今のごとき「貧富の懸隔」を生ずるに至るとして、必ず「一部落、一村、一郡の協同的経営」に拠るべきであり、農業は社会主義によらざれば真の改良進歩をみることはないとして、

現今にありては、農業労働はすこぶる苦痛なるものとして嫌悪せらるる傾きあれども、社会主義の世においては、農業は最も愉快なる労働として歓迎せらるべし。何となれば、（一）営利事業として機械工業と対立する必要はなく、（二）協同と科学の応用と労働者の増加によりて労働時間大いに減少し、（三）かつ労働者は生涯農業に固着するにあらずして工業と兼ね行うをもって、清浄なる空気と麗かなる日光とに浴するを楽しむべく、時期に従う仕事の変化はもって単調なる機械工業の倦厭を除くを得べければなり。読者試みに想像せよ、規則正しく整理せられたる田園に、進歩したる機械と肥え太りたる牛馬を使用して、教育ある温良の男女が自然の歌を合唱しつつ、軽易なる労働に従事し、黄金なす垂穂を刈り入れんとき、または紅緑相映ずる豊大なる果物を摘まんとき、その高尚なる和気と快楽と、他にこれと比ぶべきものあるか……げにや、社会主義の世にありては、農業労働はまったく人々の遊

戯衝動によりて行わるべきを想像するに難からず[1]。

こうして、森近は将来の社会における理想を述べるが、現在において多数の農家は食物の不良と過度の労働により健康を損なうことは都会の労働者より多いと、農家出身で農事にかかわる職務に従事した彼は述べる。現在の社会において、農民は自然に親しむことをもって美を解するなどというのは全く根拠はなく、いたずらに農の功徳を讃することはやめよ、農の人間社会に及ぼす善と美とは、社会主義が実現することにより語ることができるとした。

以上で、森近運平の「社会主義と農業」の語りを終えるが、農業問題について実務経験があり、唯物史観のうえに社会主義を捉えようとした点は明らかであり、当時の社会主義者のなかでは最も進んでいた可能性があった。しかしながら、改良主義的と批判された議会政策派のメンバーには、森近の発言は届いていただろうか。彼の発言は届かず、その影響はなかったように思われる。

3　座間止水の「村落社会主義」思想

これから、地域において活躍した初期社会主義者の農民問題をみていくが、座間止水や小川高之助については、すでに本書の第二編第5章、第6章で論じており、ここではその要点のみをみていくことにしたい。二人を論ずる前に、村落社会主義結社の北総平民倶楽部について若干述べておく必要があろう。小川高之助は倶楽部の幹事であり、座間止水はこの倶楽部にかかわりをもつようになるからである。

日露戦時下の一九〇五年一月一五日、週刊『平民新聞』に最初の北総平民倶楽部の記事が掲載された。例会の通知である。「処　印旛郡八生村宝田気儘屋　時　毎月第一日曜日　費　当分不要」とあり、この倶楽部は八生村ほか久住村・豊住村（現在の成田市）の同志一五名の組織であり、幹事は共に二〇歳台の小川高之助と根本隆一であった。「千葉県の同志諸君に向て当倶楽部へ時々通信せられんことを望む」とあり、二人の幹事や坂宮半助らの名前は以前にも、週刊『平民新聞』に寄付金などの関係で散見される。全国でみると、農村において読書会レベルの集会はあったが、倶楽部までの発展をみるのは北総平民倶楽部が最初で最後であり、しかも一九一〇年の「大逆事件」の余波を受けて自然消滅するまで五年以上存続するのは、他のどの有名な倶楽部もなしえなかった。一九〇六年、日本社会党が誕生した五月には、中央の機関紙『光』に報告を寄せる地域の社会主義結社は、全国で曙会・岡山いろは倶楽部・神戸平民倶楽部・北総平民倶楽部など一〇団体が存在していたが、北総平民倶楽部の後半期は議会政策派の倶楽部として息の長い地域結社として継続した。その経過については省略するが、以下を参照（林、一九八一、三三頁以下）。

座間止水（一八八二～一九五〇）は千葉県安房郡平群村（現在南房総市）出身であり、本名は鍋司。生家は農業である。東京府師範学校を卒業後、一九〇四年四月より東京市神田区佐久間小学校に奉職し、一年後社会主義者としての姿を現わし、馘首された最初の教員となった。日本社会党員となり、七五日間の東海道・山陽道の遊説後、片山潜派の議会政策派に依拠し、千葉の東海新聞に入社する。一九〇七年七月二一日、「社会主義研究会」において初めて村落における社会主義者の運動方法について演説をし、同月二五日と二六日には北総平民倶楽部主催の演説会に片山潜らと招かれ、田添鉄二の代わりに弁士をつとめ演説し、倶楽部会員に大きな影響を与えるのである。

座間止水の北総平民倶楽部での演説にかかわる村落に関する論文は、「村落社会主義」(『社会新聞』一九〇七・七・二六)と「村落」(『社会新聞』一九〇七・八・一八)である。このうち前者の「村落社会主義」を簡単に要約しよう。彼は現行町村制による町村内の「上層階級」(一級公民権者)と「下層階級」(二級公民権者)に着目し、故郷安房郡平群村(七五〇戸)の比率は二三%(一級)と七七%(二級)であると述べ、

……予は信ず、村落における同志諸君の務はまづ諸君が「二級意思」を形成融合せしむべき事……即ち二級意思の代表者をして自治の機関を占領せしむるにあり、二級をして村長村会議員役場吏員を選出せしむるにあり……二級意思が発現して行政議決の両機関を占領し、敢て之を行使するに決せば、随分有力なる者なり。況んや十数町村、数百の町村、数県の町村に及べば如何、更に進んで全国一万三千五百三十三ケ町村に及ばば如何、吾人は村会政策の

実行派なり。議会政策の無効を信ずる能わず。

と論じた。ここでいう座間の「村落社会主義」とは、一八八八年公布された市制町村制＝明治地方自治制にみられる制限等級選挙制度を巧みに利用することにより、村落における社会主義者に対して、「二級意思」＝二級選挙人の公民権者を我が方に引き寄せ、彼らの代表によって自治機関を占領させること、具体的には「二級意思」による村会議員・村長・役場吏員などを選出させることを求めるものであったといってよい。そして、それを全国の町村に及ぼすこと、つまり「二級意思町村」連合の国を最終的につくることが理想であったように思われる。座間のこの論文から直ちにいえることは、「村落社会主義」の形成過程はそれがたとえ理念的に理解できるとしても、実際に町村内の行政・議決機関を占領した後、どのような社会主義を実現・実践していくのかが語られていない。しかし、そういう弱点がありながらも、この論文のすぐれているところは、中央の社会主義者のように土地問題・農村（農民）問題を単に抽象的な土地国有論として済ませているのではなく、農村問題について具体的に農民たちの組織化を取り上げていることである。座間は別の論文でも述べているが、全国二級民を団結して「自由町村連合の国」＝「社会主義」を建設するのだとした（林、一九九五、八〇頁）。座間は議会を利用することにより「社会主義」を実現していく方法を是とするがゆえに、自ら議会主義を主張し、片山派＝議会政策派へと帰着する必然性を備えていたというべきであろう。

座間止水は、その後一九〇七年「旧九月」（新暦では一〇月あたりか）にも北総平民倶楽部に来賓として訪れ、「村治の政策」に関する有益な話しをしたことが、会員である小泉由松の『漫筆』手帳に記されている（林、二〇〇〇、六六頁）。

4　小川高之助の「村落社会主義」思想

次に、倶楽部幹事の一人小川高之助について、少しくみていきたい。小川高之助（一八七五～一九四三）についても、本書の第5章で論じており、ここでは簡潔にふれておきたい。北総平民倶楽部は一九〇五年一月、週刊『平民新聞』に初登場するが、その前後に小川は千葉県のジャーナリズム界に登場している。『千葉毎日新聞』紙上では、一九〇四年一〇月から「帝国・社会主義論」が論壇を賑わすようになるが、主筆寺島信之（松影）の「帝国主義寸言」に対して、小川が「帝国主義寸言を読みて松影兄に質す」と題して反論を加えた「小川・寺島論争」が始まっており、その後も同紙には数回寄稿しており、一九〇五年八月には「社会主義論」を四回寄稿しており、倶楽部内では理論家であった（林、一九八二、七頁以下参照）。中央から招かれた社会主義者には西川光二郎、山口孤剣、堺利彦、森近運平などがおり、社会主義者であり東海新聞社主筆白鳥健が衆議院補欠選挙に立候補したときは、倶楽部全員が支援している。これは平民社の唱える普通選挙運動の実践ともいえた。また日本社会党が結成されたとき、小川や坂宮半助・小泉由松ら五名が党員となり、これは千葉県内の社会党員六名のうち五名を占めたことになる。中央の日本社会党が解散後、後半期の倶楽部の活動では「日常生活を重視し改良主義的傾向を有する労働者型のタイプ＝議会政策派（片山派）に帰着する」賢明さを備えていた(2)。そして、一九〇七年七月の倶楽部演説会に片山潜・白鳥健と座間止水が訪れて、座間止水の影響を受けるのである。

小川高之助は座間止水の演説の影響を受け、「村落社会主義」の実践ともいうべき二級民団組織のことを考えてゆくが、一九〇八年二月の春季総会で演説し、それを元にして論文（「二級民団組織と町村社会主義」『東京社会新聞』一九〇八・四・五）を発表している。西川派の『東京社会新聞』に掲載したということは、倶楽部内にも併用論者（直接行動派と議会政策派）が数名いたことを示している。小川はその一人であった。それでは、小川の論文をみてみよう。

小川は現在の町村制度では町村会議員の選挙は二つの階級に分かれており、議員の数は二級選挙人より半数、一級より半数を選挙するが、実際その選挙において二級選挙人は、「決して自己の意思を代表した所の人を議員に選出することは殆ど無い」「やはり其町村でも富豪とか大地主とか云われた人を議員に出す様である」と述べ、二級選挙人は幸福にならない不利益な人を代表者に出しているといい、何と馬鹿なことではないかと述べる。一級選挙人が投票した富豪・大地主を代表した議員は、二級選挙人＝労働者・小作人の利益・幸福をはかってくれないことは明瞭であり、それゆえ二級選挙人は益々不幸に陥ってその日その日の生活にも困難を感ずるようになるとした。また戸別割等級も、その賦課法は大地主階級に軽く貧民・小作人に重い事実があり、二級選挙人は何とか自己の利益になるようはからねばならぬとして、二級選挙人は団結して強固な二級民団組織をつくり、選挙においては半数を自己の代表者より選出すべきだと述べる。「二級意思」をもつ半数の町村会議員を出せば、町村長もまた「二級民の意思」を代表した者を選挙せねばならぬ。そして両級間の議員に熱烈なる階級闘争が行われるが、二級選挙人の代表者たる二級議員が勝ちをしめることは疑いないとして、

利己心一方の一級民を代表した議員に町村の治績を望むなどは木によって魚を求むるより難い、故に大多数の代表者たる労働議員によって町村の政策を改良し教育勧業衛生等各方面に向って発展の実を挙ぐる外ない、而して又共有財産の如きも数年ならずして備わり教育費の如き其利分を以て補足し得るであらふ、全国に於ける各町村が斯く成ったならば如何であらふ、之れ真の模範町村の実現であって即ち町村社会主義の大発展である。

と結ぶのである。座間の論文より具体的・改良主義的になってはいるが、明治後半期における小作農・自作農の主体性確立のための一方法として、あるいは反体制運動の一つとして発展する可能性はあったとしてみてよい。しかし、こうした運動がどこまで拡大し、効果があったかは不明である。少なくとも、北総平民倶楽部周縁では「町村社会主義」をめざすための実践活動は行われていたであろう。この当時、小川高之助は八生村村会議員（一九〇七〜一九一三）をしており、

同時に一九〇九年五月より二年間助役に就任している。議員としては一級村会議員であり、つまり小川は一級議員の立場から「二級民団組織と町村社会主義」を論じていたのである。

また倶楽部内においては、もう一つの「村落社会主義」の実践が行われていた。『社会新聞』（一九〇九・二・一五）に、倶楽部同志懇親会が掲載されているが、そのなかに小作人同盟の話しがあった。倶楽部会員で小作人海保金次郎は、彼の住む久住村幡谷において二〇名の小作人が、前年の凶作で小作米を減額しない地主に対して全会一致で永年耕作していた土地を返還したと述べる。海保がリーダーであり、その体験談を語ったのである。結果は不明だが、前述した赤羽巖穴の「田地を借らぬ同盟」と似ていよう。更にいえば、この地主の息子である香取弘が倶楽部会員になっており、父親に反対した可能性があったろう。

こうみてくると、「村落社会主義」には二級民団組織と小作人同盟の二つの形態が、この地域では考えられていたとみることができよう。いうなれば、「村落社会主義」は地方農村に居住する社会主義者が、彼らの唱える「社会主義」を実践・適用・応用する思想であると、定義できるだろう。

むすびに代えて

これまで初期社会主義者の農民問題について、ざっとではあるが、中央の社会主義者と地域の社会主義者を比較しながらみてきた。中央の社会主義者の農民問題が楽観的・観念的あるいは抽象的であるのに対して、地域の社会主義者である座間止水や小川高之助はより具体的な農民救済策を考えていたといえるのではないだろうか。同じ議会政策派の中心片山潜にしても、労働者の団結は主張したが、農民については小作人を「愚にして弱心なる」者として扱っている（片山、一九五二、一六～一七頁）。これをみても、不誠実であることが分かるであろう。

もともと、初期社会主義運動は労働者を「変革主体」とみていたが、実際には労働階級とはつながりがなく、労働運動に基盤をもたない少数の知識人・学生・独立生産者に担われながら権力と相対していくのである。座間止水や小川高之助が唱えた「村落社会主義」思想は、他の地域にも若干影響を与えることになり、西川光二郎も座間の影響を受けて、二級民団組織のことを論ずるようになる。その意味では、座間の「村落社会主義」思想や小川を含めた北総平民倶楽部の実践活動は価値あるものだが、逆にいえば、やはり孤独の営為にならざるをえず、そこにおいても中央の社会主義者の指導はなされず、〝草の根〟のままに終える運命を辿るのではないだろうか。倶楽部内においては、大正時代半ばになっても、海保金次郎ら元倶楽部会員は「チョウソンセイ」「チョウソンセイ」（町村制）と住民から呼ばれていたという。

当時の社会主義者のなかでは、森近運平が農業に関する知識や経験が最も豊富であったように思われるが、彼は直接行動派であり、議会政策派の北総平民倶楽部のことをどれだけ理解していただろうか。彼は一九〇六年二月、堺利彦と北総平民倶楽部に遊説にきたことがあったが、どういう意見をもっていたかは不分明である。[3] もし、森近と北総平民倶楽部会員が接点があれば、別な観点から新しい農民問題への対策・方法の可能性があったようにも考えられる。

「大逆事件」以後、小川高之助ら倶楽部会員は村落に沈潜してゆき、刑事の尾行は付くが、結果的には国家に包摂されていくことになり、また「大逆事件」前後、西川光二郎や座間止水も「転向」していくことになるのである。[4] 尚、その後の小川高之助に若干ふれるなら、八生村青年会幹事、小作調停委員、自力更生運動への献身や昭和期には村長にも就任するが、その一方、社会主義関係の文献も購読している。ヘルマン・ゴルテル『唯物史観解説』(一九二四年、堺利彦訳)、エリオット『近代科学と唯物論』(一九二四年、山川均訳)、昭和初期には無産政党右派の社会民衆党から出された安部磯雄監修の民衆政治講座のうち、一九二八年から二九年に発行された八冊のみが現存している。その八冊は、馬場恒吾『議会制度改革論』、安部磯雄『土地国有論』、片山哲『小作立法論』等であり、社会民衆党のパンフレットもあった。こうしてみると、思想的にみて小川は明治期と同じ社会民主主義的思想を堅持していたとみてよいのではなかろうか。

【参考文献】
田中英夫(一九九〇)『西川光二郎小伝』みすず書房。
岸本英太郎編(一九六八)『資料日本社会運動思想史』四巻、青木書店。西川光二郎『土地国有論』、赤羽巖穴『農民の福音』はここより引用。

松尾貞子（二〇〇三）「赤羽巖穴――「生活権」を視座とする無政府主義者」（『初期社会主義研究』一六号）。
林　彰（一九八一）「初期社会主義の一断面」（『民衆史研究』二一号）。
林　彰（一九九五）「座間止水の思想的転回――日本における初期社会主義思想の受容の一形態」（『史学雑誌』一〇四編三号）。
林　彰（二〇〇〇）「北総平民倶楽部と小泉由松」（『成田市史研究』二四号）。
林　彰（一九八二）「村落社会主義者小川高之助の思想と行動」（『人民の歴史学』七〇号）。
片山　潜（一九五二）『日本の労働運動』岩波書店。
○なお、本文中に記されている文献紹介は省略した。

第三編　「大逆事件」以後の動向

愈々《いよいよ》廣《ひろ》く・愈々《いよいよ》深《ふか》き

―第三回全國青年團指導者講習會―

大なる期待を以て迎へられ 活躍緊張の八日間を貫徹し 喝采歓呼裡に無事終了

止水生記

『帝国青年』（1918年・大正7年）3巻9号、編集長の座間止水の執筆。

第7章　小川高之助ら倶楽部会員と地域

1　大正期の小川高之助――村内への沈潜

ここでは、明治期に初期社会主義運動に奔走した小川高之助を始めとする北総平民倶楽部会員が「大逆事件」以後、それぞれの村にどのように沈潜していくことになったか。それを検討していくことが本章での課題である。とくに、小川高之助を中心にみていきたいと思っている。

「大逆事件」の影響がどの程度小川高之助を中心とする八生村・豊住村・久住村の倶楽部会員に衝撃を与えたかは、想像することは難しい。それは第二編第5章で前述しているが、片山潜がいうように、当局者が『社会新聞』を発売禁止にして購読者の名前を入手し、読者をたずね犯罪者として迫害をしていくパターンが多いように思われる。(1)とくに、農村での犯罪人――それも思想犯――の逮捕は、共同体的秩序を脅かすものとして他の村民から疎外されやすいであろう。村内での有力者ともいえる小川高之助にしても、例外ではあるまい。八生村の一九一三（大正二）年の「八生村事務報告書」(2)によれば、「風紀ニ関スル件」のなかで、「本村ニ於テ昨年迄ニ刑罰ヲ受ケタルモノニシテ現ニ生存スルモノ八十六人アリ、而シテ昨年度ニ於テ刑罰ヲ受ケシモノ二十一人ノ多キヲ致スニ至レリ、之等ハ種々ノ事情ノ伏在スルモノアリテ不知不識ノ間ニ犯罪ニ陥リシモノ在ルベシト雖モ本村ノ為メ実ニ概嘆《ママ》ニ堪エサルナリ」（傍点は引用者）と書かれている。一八八九年市制町村制施行により八生村の成立して以来、二三年間で刑罰を受けた生存者は八六名いたが、一九一二年においては二一名もいるという。「種々ノ事情ノ伏在スルモノアリ」とあるのは、おそらく小川高之助をはじめとするかつての倶楽部会員＝村落社会主義者が混在していたであろうことは、容易に想像がつく。こういうでき事は、官憲の圧力も含めてかつての社会主義の隆盛地宝田の面目を失わせることはあっても、決して名を高めることにはならないであろう。こうして、彼らは村内へ沈潜せざるをえなくなり、共同体規制のなかに埋没していくこととなった。「社会主義」の成立のためには、伝統的な共同体からの人間の解放が必要であったが[3]、逆に小川らは敗北して共同体のなかに再び戻ってきたのである。中央の社会主義者が「冬の時代」に耐え続け、きたるべき時を準備しているのと対照的に、小川高之助は自己の主体性を喪失し、沈黙を保ち、村内へ埋没したかのごとくであった。

ところが、小川高之助は大正期以降かたちをかえて意外な変貌を遂げつつあった。村会議員の任期の切れる一か月前、一九一三年二月から役場の書記に仕事を得て一九四一年まで継続する一方[4]、一三年八月には八生村青年会が組織され、その幹事に当選したのである[5]。それまで、八生村には各村落（大字）に青年団体が存在しており、それぞれ活動を果たしてきたが、その統一化がはかられ、八生村青年会を中心として行政町村単位に系統化されていき、かつての各村落の青年団体は各支会に転じた。八生村青年会の目的は明確には記されていないが、各支会のそれをみるかぎり「基本財産造成の目的」（大竹青年会）、「精神修養・風紀の改善」（上福田青年会）、「農事改良」（下福田青年会）、「夜学会」（宝田協和会）、「道路修繕工事」（公津新田青年会）、「出兵者の送別」（山口青年会）など、なかには自治的団体としての性格も多少みられるものの、たいていは当時における地方農村状況にみあって、「上から」の地方改良運動の要請に応えるべく、日露戦後経営の国家体制づくりの補完の一翼を担うところの「道徳主義的受動的な性格」[6]をもつに至っている。同時期、八生村では産業組合が設立され[7]（一九一三年一〇月）、八生村地主会も設立された（一九一二年九月）。こうして、八生村も当然のごとく全国農村の例にもれず、「国家のための共同体」的関係を創出すべく財政的・社会的・精神的に自己負担を余儀なくされていくのである。こういったなかで、明治期社会主義運動に奔走した小川高之助が青年会の幹事に当選したということは、どのような意味をもつのであろうか。

第一に考えられることは、小川と共同体との連関である。かつての小川のもつ共同体からの人間解放を訴えた社会主義の価値観は、その把握自体に限界があったにせよ、結果的には敗北して伝統的な価値観である村共同体の論理に包摂されてしまう。それは、小川が村会議員や助役を歴任することにより村での地位が上昇することとも併せて、同時に大正時代半ばまでの刑事の尾行のついた生活を想起するとき[8]、社会主義運動に献身したがゆえに、かえってその反動が以後の小川を村内へと沈潜させ、「国家のための良民」たるべく沈黙させていくのではないだろうか。書記という村吏員に就いたのは、私生活を正すということよりも、むしろ国家と社会（八生村）との媒介環を果たせる人間（個人）としての周りからの推薦・期待が上回っていたように思われるのである。そこに、共同体から離れられぬ小川自身をみるような気がする。単純に図式化すれば、刑事の尾行（他人の眼を意識）→共同体秩序への包摂＝地方改良運動への献身→「村のために」尽す、ということになるであろうか。

考えられる第二の意味は、小川と農民・農村の幸福という問題である。明治期、倶楽部前半期における小川の社会主義論の本質を、私は「人類の幸福・安寧を求める心」と天皇制把握の誤謬にあると述べたことがあった。そして、倶楽部再建後の規約では「労働者（農民）の幸福を増進する」ことが目的であり、さらに後半期の活動のなかで小川は「町村社会主義」を唱え、そこでは町村会政策の実施は「町村社会主義」の大発展であるといい、同時にそれは真の模範町村の実現——政策の改良・教育・勧業・衛生などの実績を上げること——であると述べたことがあった。こうみてくるとき、一方においては小川のいう人類（労働者・農民）の幸福を求めることの一貫性は保たれつつ、他方において改良主義的な「町村社会主義」は、戊申詔書の具体化された町村是（農事改良・産業組合の設立・補修教育など）と類似しており、かつての倶楽部の改良主義的な実践活動が微妙なところで青年会活動をはじめとする地方改良運動と一致していることに驚かされざるをえないのである。ということは、本来ならば「この運動（二級民団組織）は、前にみた農民の主体的成長に対応する現実性をもち、体制側の町村是運動と対決しうるもの」[9]であったにもかかわらず、結果的には倶楽部の改良主義的実践活動が地方改良運動のなかへ包摂されてしまう危険性を孕んでいたとみることができる。当時の小川高之助にその認識を求めるのは無理なことだが、歴史のもつ皮肉といえようか。そういうことを考慮に入れるならば、村内に沈潜した小川にとっても、それ程抵抗なく青年会活動に献身できたのではないだろうか。そういう意味あいでいえば、小川における「人類の幸福・安寧を求める心」は、社会主義社会とは異なる地方改良運動の体制下においても追求できるテーマであったろうと思われるのである。

以上の、二つの考えの上に立って小川高之助を理解することが大正期は重要であり、昭和期はその延長線上にあるとみてよいであろう。

このようにして小川高之助は農村に深く沈潜していくが、それでは彼は社会主義に対して全く沈黙を保ってしまったかといえば、実はそうではなかったといえる。それは、小川の読書傾向から判明するのである。[10]とくに社会主義に関するものでは、大正末期から昭和初期にかけてヘルマン・ゴルテル著『唯物史観解説』一九二四年、堺利彦訳。エリオット著『近代科学と唯物論』一九二四年、山川均訳。昭和初期には無産政党右派の社会民衆党から出された安部磯雄監修の民衆政治講座（青雲閣のちにクララ社から出版）のうち、一九二八年から二九年に発行された八冊のみが現存している。その八冊は、馬場恒吾『議会制度改革論』、宮崎龍介『対支外交論』、小池四郎『俸給生活者論』、白柳秀湖『近世日本経済発達史』、小池四郎『小経営者論』、安部磯雄『土地国有論』、松永義雄『国家財政論』、片山哲『小作立法論』であり、社会民衆党のパンフレットも一部あった。大正期発行の前二冊は一般労働者向けの教養書であるが、民衆政治講座の八冊はいずれも非売品である。なぜ、小川が社会民衆党発行の書物をもっているのか、あるいは社会民衆党員であるのかどうかは不明だが、「社会民主主義」を標榜する改良主義的性格をもつ社会民衆党の出版物を読了するということは、思想的にみて小川は明治期社会主義運動に献身していた当時とほとんど変化のないことがみてとれるのではないだろうか。

大正時代に入り、村内に沈潜した小川高之助は書記を仕事とし、一方では「道路橋梁ノ掃除修繕ニ用悪水路溝渠ノ改修等」の青年会活動に奔走していく。(11) 一九二三年一月、教育熱心な有志者により八生村に図書館が設置された。その図書館の理事に小川高之助の名前がみえる。(12) 翌年二月には、千葉県優良青年団処女会図書館調査で表彰されており、利用状況は修養書が最も多いという。(13) かつて社会主義の盛んであった八生村は、今や疑うべくもない「国家のための共同体」へと転化しつつあったのである。小川高之助は、思想的には社会民主主義者でありながら実践的には社会改良主義者として、村内での「篤志家」あるいはサブ・リーダーとしての役割を果たしつつ、結果として天皇制国家の諸要請に応えていく模範的な人物へと成長しつつあった。(14)

2　更生運動と中堅人物

大正末期から昭和初期にかけての小川高之助の行動は、それが彼の生涯にとっても重要な時期の一つであるにもかかわらず、やはり小川自身を含めての史料の制約により、十分な説得的な展開をしていくのは難しいといえるかもしれない。だが、この時期は大正期より八生村＝共同体へと深く沈潜してきた小川高之助が、共同体の新たなる再編を成し遂げていくという、換言すれば、昭和恐慌下における農村経済更生運動の主体的条件としての農業生産力を担う農村中堅人物の役割を果たしていく姿そのものであったといってよい。(15) もちろん、それは大正期以降の八生村における青年会活動を始めとする地方改良運動による村共同体の掌握を前提にしているにちがいない。全国の更生運動の事例をみても、中堅人物には青年団幹部経験者らの青年層が比較的多いが、小川もそのカテゴリーに属していた。それ以前、一九二五年二月、小川は村長大沢熊五郎らとともに八生村の小作調停委員に任命されている。(16) 周知のように、これは小作争議を地主・小作間の訴訟によらず、紛争当事者間の互譲・妥協により争議の円満解決をはかろうとする小作調停法（一九二四年）に基き、小作調停委員会として設置されたものであり、農村官僚の側から提起され、一九二〇年代・三〇年代において恐慌を境に激化する農民運動の対応策としての性格をもつ。いわば、小作調停員は「上から」要請された役人的使命（地主側立場に立つ）をもつ共同体の再編者ともいえた。八生村では、小作調停委員の小川が同時に、この時期更生運動の着手へと歩をすすめる。かつての倶楽部会員のいた豊住村や久住村において小作争議があったにもかかわらず、八生村でそれが存在しなかったのは他の村に比べて小作人が少なかったことにも原因はあるが、小川を中心とする中堅人物たちがいちはやく自力更生運動を展開しえたことの方が大きいであろう。また、かつての倶楽部会員は、農民運動には現在までのところ関係していないことが分かっている。

それならば、小川高之助はどのような自力更生運動をしていったのであろうか。大正末期から昭和初期(一〇年くらい)までの具体的足跡は分からないが、一九三六年一〇月に富民協会・農村更生協会共同主催、農林省・東京日日新聞本社後援による農山漁村更生功労者表彰の千葉県関係者三名のうちの一人に選ばれていることからみて、並みの活躍ぶりではなかったことがしれよう[17]。『東京日日新聞』は小川高之助の事績について、以下のように記している。

村会議員、助役、各種委員を歴任、度々表彰された人、▲事績、大正一四年七月時の村当局に献策して全村世帯主をもって戸主会を組織し、生産費の低減、生産物の増殖、生活改善消費節約の主旨徹底に乗り出し、また小学校児童に学用品の購買、養兎の購買、模擬産業組合を組織し、その指導監督に当り、経済更生運動の提唱と同時に、率先して全村の完全な実体調査を敢行、その結果負債整理組合、耕地整理組合を設けて資源の潤沢負債の整理を期し、また産業組合の拡大強化により村民の生活安定を計り、負債整理事業に関しては県指導員として東葛、印旛、香取、海上、匝瑳五郡の町村に出張活躍した。

これをみると、戸主会を組織して生産費の低減、生産物の増殖を始めとして、養兎の購買・模擬産業組合の組織等は大正末期からの一連の政策とみることができ、それが昭和初期の「上から」の経済更生計画の方針とうまく一体化していくように思える。その点、八生村における農業恐慌の影響は大きかったようであり、そこに小川の活躍できる居場所があった。模擬産業組合・負債整理組合・耕地整理組合は、おそらく産業組合の拡充とともに、その下に引き寄せられ、産業組合→農事実行組合(八生村においては各種組合にあたるであろうか)→農家を基本とする全国の組織とほぼ類似してくる。さらに、村民の生活の安定をはかっていくという、かつて小川が唱えた「人類の幸福・安寧を求める心」が、社会主義社会とは異なった昭和農業恐慌下の八生村において、彼自身の手によって実現されているのではないだろうか。もちろん、そこには明治期以来天皇制把握の誤謬がこの時期にあっては、さらに輪をかけて小川自身のなかに大きく膨らみ、一君万民論的考え方は確固たる不動のものとして存在していることは疑いなく、それはこの更生運動においても精神的支柱となっているにちがいない。社会主義社会を理想とした「人類の幸福・安寧を求める心」と天皇制――正しい把握ではないが――の価値観とが、ここでは見事に一致していることに気づく。いや、それは初期社会主義運動における当時からの思想の延長線上にあるといえるのではなかろうか。また、それこそが政府の意図するところであり、政府は天皇制思想をテコとして農村の経済・精神両面における立て直しを経済更生運動に求めているのである。小川高之助は、まさに政府の政策意図を具現化したイデオローグといえようか。

彼は、八生村での更生運動のある程度の成功によって県指導員として五郡の町村へと出張していくが、「大正十四年大沢村長時代に村の経済更生を立案し[18]」たと、彼自身が語るように、それは「非常時挙国一致内閣」と呼ばれた斎藤実内閣の農相後藤文夫の手になる農山漁村経済更生運動（一九三二年一〇月、農林省訓令）より、また、時を同じくした千葉県の経済更生計画より七年早く実行に移され、体制を「下から」支える国家主義的精農＝中堅人物として、きたるべき「上から」のファシズム体制を支えるための社会的基盤の一員となるのであった。こうして、小川高之助の「自力更生」をみてくるとき、八生村の更生運動の全面的な解明はまだ先であるが、「協調主義的支配を実現した[19]」近畿型農村に近いといえるであろう。

その後の小川高之助は、一九四一年一月に二八年間勤めた役場の書記を辞して、直ちに八生村村長となった[20]。それは、小川のこれまで村に尽力してきたことの一つの結果の表われとみることができる。事実、子孫の方もいわれるように、小川自身は常に他薦され、強く要請されないと各種役職には就かない性格であったという。小川高之助は、日本ファシズムの人民支配機構を最終的に確立したものといえる大政翼賛会の八生村支部長として、一九四三年一月一五日まで任期を勤めあげ、同月二七日にこの世を去るのである[21]。六八歳の生涯であった。告別式は、村葬であっ

たという。(22)

3　その他の倶楽部会員

(1)　根本隆一

初期社会主義の運動のあとの「冬の時代」というと、中央におけるように、のちに再び活発化することを想定していると思われるが、この倶楽部の場合は二度とそういうことはなかった。このことは、他の地方結社も似たようなことがいえるであろう。

根本隆一は豊住村南羽鳥出身であり、「大逆事件」の発生した頃は三一歳であった。小川高之助とともに幹事となり、倶楽部の中心となった。『社会新聞』（一九〇九年二月一五日）に載せた最後の記事には、「根本隆一氏立つて幹事引継に付て《ママ》、社会主義の運動に関する苦心談を最も熱心て《ママ》語り、将来の幹部にある者は世の誤解と云へる大敵と戦はざるべからずとて希望を述べ」たとある。一九一一年の根本家の直接国税額は五一円であり（『房総紳士録』一九一二年）、かなり裕福な農民であることが分かっている。根本は、一九一五（大正四）年三月より一六年一二月末まで豊住村の助役となり、一七年五月より六年間村会議員（一級）となっている。その後、一九二一年四月より一年間南羽鳥区の区長代理者となった。また、一九二二年一二月から一年間豊住村の村長に就任している。これは、小川高之助が昭和期八生村の村長になったのと類似しており、共に村内では有力者であったように思われる。聞き取りによれば、根本には大正期においてもしばらく刑事の尾行が付いたが、刑事との宴会の写真もあり、みせていただいたことがある。そして、大正後半期豊住村に小作争議が発生するが、村長の立場からみており、激しい農民闘争とはならなかったようである。彼は「村のために」献身しており、産業組合の創立者でもあり、小作調停委員をアジア太平洋戦争の終りまで続けていたという(23)。

根本隆一は、社会主義運動後の「冬の時代」において、豊住村に沈潜しながらも、村の中心人物の一人として活躍していくのである。一九四七年、六八歳で死去している。

(2) 坂宮半助

農民の倶楽部会員が多いなかで、坂宮半助は肥料商という珍しい存在である。一八六四年生まれ。「大逆事件」の発生時は四五歳であり、倶楽部内においては比較的年配者であった。小川高之助らと同じ八生村宝田出身であり、すでに一九〇四年一〇月から一年間八生村役場の収入役の吏員となっている。前述したように、ここ宝田は社会主義が盛んな土地柄であり、社会主義者や同調者が二〇余名いたといわれるところであった（日刊『平民新聞』一九〇七・一・二七）。坂宮は、日本社会党員名簿の第一回報告（『光』一九〇六・五・二〇）に小川高之助とともに名を連ねており、同時に『千葉毎日新聞』に寄稿する一面もあった。倶楽部のなかでは、小川高之助を側面から後押しをしていた人物である。

坂宮半助の『社会新聞』掲載の最後の記事は、「同志懇親会」（一九〇九・二・一五）の席上であり、「坂宮半助氏は別項記載の地主小作人の紛擾に付て所見を述べ」たとある。「地主小作人の紛擾」というのは、簡単にいえば久住村幡谷の地主小作人問題において、「香取某」という地主に対し小作人（二〇名）が集会を開き、全会一致で土地を返還したできごとであった。坂宮のいう「所見」とは、おそらく土地の返還に賛成を示した内容と推測しうる。「大逆事件」ののち、一九一一年三月末から一二月末まで宝田区長に就いた坂宮は、一九一六年九月に半助を半兵衛と改名した。これは、父親半兵衛の名前を襲名したものである。坂宮の「冬の時代」の動向については、不明なことが多いが、後述する久住村幡谷に住む海保金次郎とは親しかったといわれており、刑事の尾行もしばらく続いたという。

ところで、私は最近官憲側の史料に「冬の時代」下の北総平民倶楽部会員の名前を発見した。これまで十分な目配りをしなかったことを恥じ入るが、それは坂宮半助と海保金次郎らに関する内容である。次に掲げてみたい。

片山潜ハ明治四十四年五月中端書ヲ以テ其ノ購読者ニ社会新聞代金ノ請求書ヲ送付セリ、其ノ判明セルモノ左ノ如シ

千葉県在住　海保金次郎　長谷川藤作
坂宮　半助　香取　喜雄（此ノ二名（準））

茨城県在住　　　　　成井千代三郎
福島県在住　　　　　岡田　筧

右ノ内坂宮及成井宛ノ分ニハ何レモ主義ニ関スル事項ヲ附記シアリ、成井宛ノ文章ヲ左ニ摘載ス

一　社会主義ハ目下睡眠ノ状態ニアルモ後日時機ノ到来ヲ見テ屈起スルノトキアルヘク、右ハ新聞雑誌等ニ依リ推知スルヲ得ヘシト雖（モ）新聞雑誌ノ郵送ハ主義ノ動静ヲ知ラレ、且没収ノ不幸ヲ観ルノ虞アルヲ以テ自今附近ノ主義者ヨリ順次伝送ノ見込ナリ(24)（適宜、読点を付けた）

これまで、管見の限りでは北総平民倶楽部会員の名前は官憲側の史料にはなかったものと思っていたが、ここに存在を確認することができた。千葉県在住の四名のうち、長谷川藤作は初見であり、倶楽部会員ではないが、他の三名は会員である。香取喜雄は久住村幡谷の前述した「香取某」という地主の長男であり、社会主義の研究をしていたとされる(25)。香取の名前の下に「準」とあるのは、内務省の指定した準特別要視察人であろう。坂宮と海保には何も書かれていないが、もちろん特別要視察人であることは間違いない。ちなみに、一九一一年六月末現在千葉県の特別要視察人は二六名、準特別要視察人は六名である。官憲側は、片山が坂宮にも「主義ニ関スル事項」を付記したというが、それはおそらく成井宛の内容と似ているものと考えられる。この史料

に拠ると、「大逆事件」後も倶楽部会員は『社会新聞』を購読していた事実が分かるであろう。坂宮宅は、道路脇にあるどちらかというと小さめな家であり、倶楽部の活動期にはたびたびここで例会（相模屋と称した）が開かれている。その坂宮も、一九四四年八〇歳の生涯を閉じている。

その外、八生村宝田には前述した日本社会党員であった幹事の小川高之助、日本社会党員であるとともに一九〇四年三月より一年間村会議員（一級）に就いた小倉太郎（太市）、日本社会党員で小川高之助の近隣に住む小川和平、倶楽部会員で村会議員（一級・二級）を四年間務めた藤田玉吉がいる。藤田は、「大逆事件」当時は五八歳であった。小川和平・小倉・藤田の「その後」は明らかでないことが多い。

（3） 海保金次郎

自作農の多い倶楽部会員のなかでは、小作人である海保金次郎は珍しく、管見の限りでは他に倶楽部会員で小作人は見当たらない。彼は一八七〇年久住村幡谷生まれで、「大逆事件」発生の頃は四〇歳であった。海保の『社会新聞』に掲載された最後の記事（一九〇九・二・一五）は、「海保金次郎氏は現に自分が関係し居る小作同盟に関して実験談を語れり、其内に『今日の大臣でも金持でも学者でも皆な小作人の作った歩《ママ》を喰ふて生きて居るではないか、然《ママ》に小作人と云へば多くの者は人間扱ひにせ《ママ》ない、自分は稲作を以て最大の名誉と心得て居る』云々」というものであった。小作同盟の「実験談」というのは、社会主義者海保金次郎が中心となり、小作人同盟を組織して地主と対峙したものであり、二〇人の小作人が土地を返還したというものである。それを、体験したことを述べたのである。これは前述した坂宮半助の言葉を受け継いでいる。小作人同盟を組織したことは、すでにふれているが、他の全国の地方の社会主義者には見当たらず、農村独自の運動形態といえるであろう。

「大逆事件」後の海保は、前述したように特別要視察人として尾行がつき、仕事も農業を辞めて、新しく創立された小学校の門前で文房具を中心とした日用雑貨・食料品・酒類の商売を始めている。生活は楽ではなかったものの、久住村では社会主義者として有名な存在であったとみられ、「チョウソンセイ」というあだ名があったという。[26]「チョウソンセイ」は「町村制」のことであり、これはかつて倶楽部後半期の独自の運動形態とするところの「町村社会主義」「町村会政策」のことであり、すなわち「村落社会主義」の理念を実践しようとした倶楽部の活動形態であった。[27]

一九二三年の秋、幡谷に農民組合が結成されたが、幡谷に居住する海保を始めとする元倶楽部会員たちは参加することはなかった。海保金次郎は翌年五月、幡谷区長代理者の就任中にこの世を去った。五五歳であった。

その外、幡谷に居住する元倶楽部会員には葛生新治郎・檜垣多聞・香取喜雄らがいた。葛生は、久住村の学務委員を一九一五年二月から四年以上にわたり務め上げて、一九一七年三月から一年間幡谷区長代理者にも就任している。香取については前述したとおりだが、檜垣については未解明である。また、隣の成毛には倶楽部五人目の日本社会党員であった小泉由松がいた。小泉は自宅を倶楽部総会の会場に提供したり、中央の片山潜の影響を受けた「国体と社会主義は決して背馳するものにあらず(28)」と唱える人物であった。小泉については本書第一編第2章で論じているが、彼は「大逆事件」の発生した頃、一九一〇年六月に五一歳で死去している。

*

以上、小川高之助以外の倶楽部会員の「大逆事件」以後の動向を、根本隆一・坂宮半助・海保金次郎を中心に簡潔に追ってきた。ここまでみてきたように、倶楽部会員のなかで大正・昭和期も社会主義者でいた人物は皆無といえた。思想的には、小川高之助のように「社会民主主義」的な思想をもつ人物はいたけれども。農村という「共同体」に沈潜していくなかで、彼らの「村のために」尽力していく姿勢が読み取れるように思う。例えば、小川高之助のように八生村青年会運動の幹事となり、昭和期には村の更生運動の担い手として、また小作争議の円満解決をはかり、地主的立場にたつ小作調停委員に就任し、さらに村長にも就くという、いわば「名望家的な中間層(中堅人物)」の役割をはたす人物がいた。根本隆一も、この範疇に入るであろう。他の元倶楽部会員たちも、村の役職などを経験しながら村内に沈潜していったものと考えられる。農民組合に参加しなかったのは何ゆえかは不明だが、彼らの明治期の活動が変革・闘争といったドラスティックといったものではなく、地道な日常生活を重視する改良主義的な傾向を有する労働者型のタイプであったことと無関係ではないであろう。同時に前述したように、大正時代末期まで刑事の尾行が付いたとすれば、容易には行動を控えざるをえないと思われる。

農村における農民中心の社会主義結社北総平民倶楽部の「冬の時代」は、結果として中央の社会主義者とは対照的に二度と再び立ち上がることはなかった。これは、農村・農民ゆえに共同体に包摂され、天皇制イデオロギーにからめとられ、天皇制国家を「下から」支える帝国主義的支配民族の成員の民衆の姿であったとみられても致し方あるまい。ただ、彼らは明治・大正・昭和期と「村のために」尽力してきたことは確かな事実なのであり、近代思想史という別の観点からみれば、日本近代思想はわれわれに都市と農村における思想史の違いを照らし出してくれたといえるであろう。すなわち、都市（中央）においては初期社会主義→大正デモクラシーへの思想の変遷の図式が可能かもしれないが、農村においてはそうでないことが分かるであろう(29)。

付記　倶楽部会員の村の役職については、印旛郡豊住村役場『吏員及議員名簿』、八生村役場『吏員及議員名簿』、久住村役場『吏員及議員名簿』を、それぞれ参照した。

おわりに

さて、ここまで小川高之助を始めとした北総平民倶楽部会員の「大逆事件」以降の動向を追ってきた。ここでは、とくに小川高之助の軌跡を中心に取り上げてまとめてみたい。明治期の活動の流れから大正期以降、八生村という共同体に沈潜していくわけであるが、何がいえるであろうか。

明治期の小川高之助の初期社会主義者としての活動と大正・昭和期との連関は、どうであったか。すでに、これまでみてきたように、小川高之助は大正期以降は村内＝共同体へ深く沈潜していく。そこでの小川の役割は、国家と社会（八生村）との媒介環を果たす人間（個人）としてのそれであった。結果的に、倶楽部後半期における小川の改良主義的思想と「人類の幸福・安寧を求める心」→「労働者（農民）の幸福を増進する」ことと天皇制——正しい把握ではないが——とが錯綜しながら、地方改良運動や経済更生運動とうまく一体化していく。小商品生産者としての小川にとって、やはり革命ではなく、改良に重点がおかれるのは当然であったように思う。大正期における役場の書記や青年会活動の幹事の仕事、それに小作調停委員や自力更生運動での奮闘ぶりは、それは確かに「上から」のたびかさなる天皇制イデオロギーの注入とともに、以前にもまして天皇制への信頼に重きをおくこととなり、また国家体制づくりの補完の一翼を担い、ファシズム体制を「下から」支える社会的基盤の一員になると結果的にいえても、小川自身の明治期以来の「人類の幸福・安寧を求める心」＝「労働者（農民）の幸福を増進する」ことは、依然として彼の意識下にあったであろう。

一九三六年一〇月、経済更生運動のある程度の成功により表彰され、記者のインタビューに「未熟な私に対して過分な表彰を頂き身に余る光栄に感激しております……私はただ大沢前村長と現佐瀬村長の方針によって動いて来ただけで大した手腕を振った訳でもないのです[30]」と、応えた小川の謙虚な姿勢には、天皇制国家の期待するところの「国家のための良民」としての性格と、社会主義社会とは異なった昭和農業恐慌下での「人類の幸福・安寧を求める心」を少しでも実現できた満足感があるように思われてならないのである。

小川高之助は、明治期においては社会主義運動に献身し、伝統的な共同体からの人間の解放を求めつつ、一応反体制側に身を置き、「変革主体」としての可能性があったが、大正期以降は敗北して共同体へ沈潜していき、逆に、客観的にみれば「反動主体」として立ち現われることになる。しかも、大正期の「転向」は村内に沈潜することによって地方改良運動に奔走し、村内を掌握していき、さらにその上にたってもう一度共同体の再編を大正末期から昭和初期にかけて達成していく。「変革主体」と「反動主体」との分水嶺は、初期社会主義時代における天皇制思想の把握の限界にあったといえよう。それは、中央の社会主義者にも同じことがいえるが、彼らは「冬の時代」を耐え続け、のちに「科学的社会主義」を獲得していくのである。おそらく、生涯を通して思想的に社会民主主義者であり、実践的には社会改良主義者であった小川には、八生村という居場所が行動様式の中核となりえた。その意味では、「現場」をもたない晩年の宮崎民蔵とは対照的であるが[31]、小川の有する立場＝改良主義的性格が地域の小作農民とともに地主と闘う中心にはならず、かえって小作調停委員となり、あるいは国家権力との闘いを必然的に回避することを余儀なくさせていく。それが、大正期以降における「労働者（農民）の幸福を増進する」ことになるのであろう。すなわち、小川の大正期以降の一連の行動形態は、おそらくおおかたは明治期の小川の社会主義思想にその原初をみることができるのである。その点で、初期社会主義の役割を「大正期以降の社会主義の展開、もっと大きく言えば大正デモクラシー運動の発芽のための土壌を耕したところに意義があった[32]」と、明確に規定することは納得がいかない。小川高之助を始めとする北総平民倶楽部が、その証左となるであろう。初期社会主義の役割は、農村社会主義結社も含めて今一度研究する必要があるように思われる。やはり、初期社会主義に対する評価は、大正期からも改めてふり返って検討することが重要であろう。

無名の一村落社会主義者小川高之助の軌跡は、いってみれば、主観的には非転向のまま社会民主主義者としてその生涯を終え、大正期以降、客観的には天皇制国家を「下から」支える帝国主義的支配民族の成員の一民衆としての実像の姿であった。最後まで、小川には「人類の幸福・安寧を求める心」と天皇制の問題がついて回ったということができる。それは、あるいは「意図と結果との乖離[33]」の問題であるかもしれないが、それにしても、主体的に生きるということが、いかに国家と社会との狭間にあって困難さを伴うものであるか、小川高之助の軌跡はそれを端的に示している。

他の倶楽部会員についてのまとめは、省略したい。

第8章　座間止水と修養思想

はじめに

座間止水は東京府師範学校を卒業してから神田区の小学校の訓導となり、その訓導時代に社会主義の影響を受けて社会主義思想を「公言」、そして社会主義教員として初めて馘首された人物となった。さらに、その後の初期社会主義運動への献身や「村落社会主義」思想に関しては、すでに第二編第6章でふれてきた。

この章では、明治末期の「大逆事件」以降、座間止水がどういう思想的転回、変貌を遂げていくのかを目的にしている。座間は、一九一一（明治四四）年四月、中央新聞を退職した一か月後に徳富蘇峰の国民新聞社に入社する。[1] ここにおいて、座間の社会主義者としての役割は完全に終ったとみることができる。本章では、それ以後を叙述していこう。もともと座間止水については一つの論文として存在していたが、ここでは「大逆事件」を前後に、第6章と第8章に分けていることを、あらかじめ断っておきたい。

ところで、「修養思想」や「修養主義」の用語は現在では死語と化しているが、近代日本ではよく使用された。ここでは修養思想が近代日本の資本主義の発達や国家の発展を、内面ないし側面から支えていく思想であり、同時にこの研究は近代日本を精神・思想面から解明する方法として不可欠な分野になるのではないかと思っている。(2)修養思想は一つの研究テーマだが、これ以上はふれることはしない。(3)

1　初期社会主義から報徳運動へ

座間止水が正式に国民新聞に入社したのは、一九一一年五月のことであった。すでに、この頃『初等教育』編集主幹を引き受けたことは前述しているが、同時に一九一〇年四月から一年程修養団機関誌『向上』の編集も手伝っている。修養団については後述するが、創始者蓮沼門三は座間の師範学校の三年後輩である。座間の修養団とのつながりは、蓮沼との学校を通じての関係が発端と考えられる。(4)

国民新聞社在職中にとくに印象に残るものは、のちに座間も述べるように、乃木希典の遺書全文スクープであった。(5)これは、一九一二年九月一四日、明治天皇に殉死した乃木の遺書全文を座間が入手し、二日後に新聞の号外として出されたものだが、同じ頃に乃木家存続を考えていた政治家・軍当局の変造遺書の発表が先の号外で暴かれ、元の遺書通りになったできごとである。大宅壮一は、座間と遺書を写し取らせた赤坂警察署長本堂平四郎との関係が「大逆事件」以来かなり深かったというが、疑問の余地もあり、検討する必要がある。(6) 座間はこの功績が徳富蘇峰に認められたためか、同月外交部長に昇進した。しかし、四年後の一二月には国民新聞社を退職、翌一九一六年一月には中央報徳会青年部創立に賛同し、幹事となったのである。ここにおいて、座間はかたちを変えてではあれ、社会主義時代と同じように再び農村に視野を拡げていくのであった。

周知のように、報徳運動は道徳と経済の調和を唱えた二宮尊徳の教えを基盤として、幕末から明治期にかけて、主に東海地方の農村に波及していく。政府が報徳主義の利用に本格的に乗り出すのは、一九〇五年一一月尊徳没後五〇周年記念祭が各地で催されて以来のことであり、翌年報徳会が組織され、いわゆる日露戦後の地方改良運動を下から支える自発的・主体的篤志家集団として、国家の諸要請に応える役割を担っていく半官半民団体であった。(7) 反体制思想の普及を抑え、天皇崇拝・勤倹・推譲などを説く報徳会(一九一二年に中央報徳会と改称)は、より深く村落共同体のなかに浸透しようと努め、その一つとして青年の組織化に着目し、一九〇九年一〇月から機関誌『斯民』に青年団の一欄を設け、やがて一九一六年一月に中央報徳会青年部となり、二月より雑誌『帝国青年』を発行したのである。同年一一月青年部は独立して青年団中央部と改め、以後農村青年団の全国組織化の中核をなしていく。座間は、『帝国青年』当初からの編集長兼講師として青年団運動のために尽力していくが、何ゆえに座間は報徳会に入り青年団運動に貢献していくのであろうか。座間の日記などが存在しないため、あくまで推測の域を出ないが、次のようなことがいえるだろう。

座間止水の初期社会主義時代における「村落社会主義」の提起や展開は、基本的に日露戦後疲弊した農民・農村に対する組織的な救済策ないしは社会主義実現のための戦術であり、それは中央の社会主義者の抽象的・ユートピア的な社会主義思想ではなく、より具体的・現実的に農村に即した「民衆の幸福」を考えたものといってよい。だが、「民衆の幸福」を考えたとしても、それが大正期後半以降の民主的・階級闘争的な農民運動の支持へは向わずに、逆に「上から」の天皇制国家の諸要請に応えるかたちの思想運動に共鳴していく要因は、第一に農村出身の初期社会主義者として考える「民衆の幸福」は、本格的な社会主義理論といったものではなく、前述した共同経営の産業制度をつくるといったような改良主義的なものを想定していたからではないか。そこには、座間の社会主義実現の戦術としての「村落社会主義」思想の限界が読み取れると同時に、改良主義的ゆえに報徳運動に包摂される可能性が当初からあったと思われる。

第二には、報徳運動に類似した民間の修養団への参加が要因の一つをなしているといえる。前述したように、一九一〇年四月から一年程、機関誌『向上』の編集に奉職している。もちろん、それは蓮沼門三の説く修養団の精神に賛同してのものだろうが、一九〇六年二月に設立された修養団は、地方改良運動の全面的展開の宣言ともいえる一九〇八年一〇月の戊申詔書の趣旨と合致し、「戊申詔書の煥発によって修養団運動が盛り上がった」(8)ことを考えれば、内務省の地方改良運動の別動隊であった報徳運動と民間の教化団体である修養団運動は、ほとんど同一の精神をもつとみなされよう。「青年は国家の基礎なり」(9)などと説く修養団の精神教育に賛同した座間には、すでに社会主義運動に献身したかつての面影はなく、いいかえれば、「下から」の地方自治を実践する可能性を有したかつての社会主義者座間が、「上から」の「地方自治」の思想に吸収・包摂されていく過程と捉えることができる。『向上』編集の頃、「大逆事件」の検挙とそれに続く処刑が行われていくが、こういうできごとは座間をして社会主義からより一層遠ざけることはあっても、二度と引き戻すことはなかったであろう。初期社会主義から報徳運動への転回を「転向」と捉えるなら、座間の「転向」は状況順応型を中心にして社会情勢の圧力が僅かに合わさったかたちをなしていると思われる。それは、当時堺利彦らが「冬の時代」を売文社などにより糊口を凌いでいるのとは、違った意味で世渡りのうまさを示している。座間は桂系新聞である国民新聞に入社したことにより、国家主義への第一歩を踏み出したといえるのではなかろうか。

2　雑誌『帝国青年』と青年団

さて、座間止水は全国青年団の中央部にあって『帝国青年』を編集しつつ、青年団運動のために献身していくこととなった。ここで、彼が昭和初期に再び修養団にかかわっていくまでの間、少しくこの時期の彼の思想と行動をみておきたい。

座間が編集長となり発行していく『帝国青年』は、前述したように一九一六年二月に第一号が発刊された。改めて述べるならば、この雑誌は前年九月内務・文部両省の青年団に関する訓令（「青年団指導発達ニ関スル件」）をうけて、青年団体の中心機関の役割を果たすために一九一六年一月に設置された、地方青年団の連絡・統一をはかる全国青年の指導部として強い影響力をもつに至った中央報徳会青年部の機関誌であった。それはもちろん、当時の憲政擁護運動を始めとする大正デモクラシー運動の潮流にみられる大衆の政治的自覚の高まりを背景にもつが、内務・文部両省が青年団に対する中央の統制を引き受け、地方の統一は半官半民団体の中央報徳会に任せられたといってよい[10]。内相一木喜徳郎は、「地方青年練磨の伴侶たらしめんが為」創刊したという、地方青年の「好箇の羅針盤[11]」となることを希望しているが、修養団体としての青年団の本質はあくまでも青年層の非政治化にあり、同時に参謀次長田中義一が「国家を強くするには其の国民が、強き国民とならなければならない[12]」と述べるように、青年団指導には内務・文部・農商務省の外に陸軍も軍国主義教育の側面から天皇制・帝国主義イデオロギーを注入しようとしていたのである。

そこでの座間の活躍ぶりは、どうであったろうか。彼は編集長の傍ら、雑誌に執筆も開始する。最初に載せたものは、一九一六年一一月号に「青年の心理」と題して学者の講演を抄録し、結論として青年は感情生活に生き、心理的に大変動・大混乱を起こすものなので修養と指導の必要があるというものだった。この月から青年部は青年団中央部と改称して独立するが、すでに幹事にふさわしい言動・教化精神を持ち合わせているといえよう。この後も、座間は論文などをしばしば掲載していくが、ここではいちいち紹介はしない[13]。一九二三年二月に編集長を辞めるまでの約七年間、座間の動向で特筆すべきことは、編集を含む書物を著していくことと教化などのために東奔西走することにあった。

前者の書物に関しては、一九一六年から二〇年頃までに『青年団真義』(一九一六年刊)・『新時代の常識』(一九一八年刊)を始めとして九冊に及ぶ[14]。このうち少なくとも四冊――『青年団真義』・『青年団指導』・『新時代の青年団』・『青年団問題十五人講演集』――は、講演会の速記録として編集・発行したものである。例えば『青年団真義』は、一九一六年八月二二日から一週間催された全国の青年団指導者を集めた、青年団の精神と指導方法の研究のための第一回青年団講習会の内容であった。他の書物は略すが、それぞれの講習会はいずれも第一次世界大戦が始まっていくなかでの「国民の準備」をなすための青年の訓練や、大戦終了後に投げかけられる重要な諸問題についての内容である。ここには、とくに座間の特色は出てはいないが、残りの五冊は『帝国青年』に掲載されたものをまとめたものが多く、そのなかで『新時代の常識』は独自に書き下ろしたものであり、簡潔に紹介してみよう。

副題に「大正青年活動準備」と記されたこの書物は、本書の方針として「義務教育を終る十二歳の時から、公民生活に入るべき二十五歳までの間に、最も切実に感ずる「必要」「功益」「興味」の三要素により、無数の常識中から取捨して、七百項を」選んだという[15]。「必要」「功益」

「興味」というのは、座間が常に雑誌を編集するさいに選ぶ判断基準の三要素であった(16)。この七〇〇項目の配列は、「日本の国民たり公民たるに欠くべからざる常識或は近世の文明生活を営むに必要なる常識(17)」を選びつつ、「家」「衣食住の日用品」から始まり、「青年団体」「補習学校」「各種学校」「兵役」「自治団体」というように、成長発達の段階を踏まえて系統的に書かれている。内容の形式は、質問に答えるかたちのハウツーものだが、いわばこの書物は「大正版期待される人間像」といったものとみてよい。例えば、第一集「家族論」において座間は、「家」「国家」「天皇」との関係を「日本の国家体系の単位は家族であり」「日本の国家は家族の衆合から成って居ります」と述べ、結論として「神、天皇、人民皆一体系で、宇内に冠絶したる国体の淵源は、実に茲にある」「これが日本の国家組織の根本義でありまして、同時に又た《ママ》国民道徳の「忠孝一貫」の原理である」と答えた(18)。また、青年団の修養とは何かと問われ、それには「健全なる国民的素質」と「善良なる公民的素質」という二つの目的があり、「忠孝の本義を体する《ママ》こと」「品性の向上を図ること」など五つの修養をあげて、「国家の進運を扶持する精神と素質」をつくるのだと答えている(19)。事例はここまでに留めるが、この著作ではすでに家族国家観の天皇制イデオロギーや帝国主義イデオロギーをほぼ完全に身につけた座間がおり、支配側のイデオローグとして彼は体制側の思想を地方青年に鼓吹し続けていく役割を今後とも果たしていくのである。

他方、後者の教化のために奔走する座間の実践運動はどうであったろうか。一九二一年七月下旬から約二か月間、南は四国から北は福島県まで、自ら考案した「複式講習」を実践に移すために文字通り東奔西走している。座間のいう「複式講習」とは、第一段階として郡（市）が主催し、五日ほど各町村青年団幹部の講習を講師や係員とともに共同宿泊の下に行い、第二段階としてこの講習を受けた青年を準指導員として講師を招き、各町村を回り青年たちに同様に一夜講習することだという。[20] それは、やはり青年の修養をはかり、青年団の内容を充実させる目的があり、座間は高知を皮切りに香川・千葉・栃木・福島と実践を遂行していくのである。千葉県においては、香取郡佐原町（のち佐原市、現在香取市）の青年団や香取郡神里村（のち小見川町、現在香取市）に招かれている。事例は略すが、依頼により単独で講師として訪問することが多く、どの県でも学校・施設を借り、講演・運動・行事・懇談・作業・座禅などを組み合わせ実施することで、「お互いに心身をぶつけて熱火の修養を」することを目標においており、[21] 郡関係者の努力により郡下数千人の青年に浸透することをめざした。こういった貢献の仕方が、座間をして地方青年にどれ程広く修養思想を普及させていくのかは実証できないが、この独特の実践運動は体制イデオロギーを民衆に、「善導」するかたちで植えつけようとしており、それは硬軟とりまぜた支配イデオロギー浸透のしたたかさを示しており、そこにイデオローグとしての座間の役割の独自性を見出すことができよう。

その外、座間は本部から派遣され青年団大会などの記事を雑誌に載せることが多いが、そのなかで一九一八年九月から一一月までシベリア出征慰問特使として、全国二万三千名の青年団を代表して戦場に派遣されたことが目立っている。

このようにして座間は青年団運動に尽力していくが、一九二二年三月青年団中央部は以前から計画していた日本青年館の建設を完成させ、財団法人日本青年館と改称された。座間も同館の主事として編集の仕事を継続するが、翌年二月には退職し、同時に中央青年連盟本部を創設し、全国各地の青年団・処女会さらに中堅青年の男女指導講習を実践していく[22]。座間が何ゆえ日本青年館を辞めたかは判然としないが、中央青年連盟の創設についてはかつて論じたことがあった。

……いふ所の「青年連盟」は、優良青年、中堅青年、幹部青年を主力に、一般青年の修養のための全国連盟であって、政治的結合でもなければ、宗教的結合でもない。純真、忠誠、己を修め、国に報ゆる青年の、全国的連繋である[23]。

史料外のことも含めてふれるなら、座間は青年の存在意義を「国士的態度」や愛国の情熱などに求めており、「青年国士」となり、「青年連盟」をつくることが国に報い、国と結びつく道であると述べた。彼は、このことを実践に移したのである。かつての雑誌『帝国青年』の会員を中心に奔走したことは十分に想像しうる[24]。ここには、まさしく国家主義者としての座間が支配イデオローグの末端として、青年＝民衆にイデオロギーを浸透させつつあった姿をみることができよう。しかし、約一年半後の一九二四年九月に座間は、それまで活動していた中央青年連盟を退き、東京毎日新聞に編集局長として入社し、翌年二月には退職、そして読売新聞社に少なくとも一年八か月以上は在職し、整理部長となったのである。[25]

3 修養団の一員として――「教化団体」とのかかわり

明治末期に国家主義者としての第一歩を踏み出した座間止水は、大正期を通して青年団運動とのかかわり合いのなかで成長し、天皇制国家主義のイデオロギーを完全に身につけたイデオローグとして地方青年を中心に体制側の思想を浸透させていき、しかも、独自の方法を実践するという国家主義者となった。おそらく座間は、同じ大正期に「地方の青年団処女会修養会などといふもののくだらなさを、今更こきおろして見たところで始まらない」「青年団の青年を憎んではいけない。彼等を導いて来た従来の教育が悪い為めに、自分では正しい途を歩いて居ると信じつつ、誤って愚かな途を進んで居るのである[26]」と述べた、大正デモクラシーの影響を大きくうけた長野県上田の、在野の哲学者土田杏村の存在など知るよしもなかったろう。土田は民衆的文化の創造を論じた知識人だが、その対極に座間は位置していたといってよい。

大正期地方青年のために修養を説き続けてきた座間は、昭和期に入り、明治末期に一年間編集の奉仕をしていた民間の教化団体修養団に勤務することになり、それはアジア太平洋戦争を経て二三年の長きに及ぶこととなった。以下、修養団における座間の動向をみていこう。

一九二七年一月、座間止水は読売新聞を辞め文部省の嘱託として二か月程働いたのち、三月から修養団の編集部に就職した[27]。修養団については、先にふれたように、一九〇六年府立師範学校の学生蓮沼門三らにより創立された教化団体であり、昭和期には日本のみならず朝鮮・満州・台湾にまで団員が拡大し、一九三六年当時正・準団員約八〇万人、支部総数千余りという日本を代表する教化団体の一つであった[28]。修養団は、前述したように報徳会運動と思想的に一致しており、例えば青年団の目的は精神の修養にあり、「国家の運命を決定するものは青年」「講師は……青年と一緒に修養しやふ」という修養団講習の趣旨や特色を考えてみるとき[29]、座間が青年団運動から修養団運動に転じたのはさして不自然ではないように思われる。実際に、修養団が青年団運動の高揚に対処して積極的に活動していくのは、一九一三年以後のことである。一九一五年以降は中堅青年のための大規模な講習会として行われ、長い間続くことになる。大正期、青年団運動と修養団運動の両方にかかわった人物として、当時の青年団運動の中心的指導者田沢義鋪を指摘しうる。青年の修養に独自性を模索する点において、田沢と座間には共通点を見出すことができる[30]。

ところで、座間の修養団における活動は戦後以降も続くが、ここでは戦前と戦後に分けてみていくことにしたい。

まず、戦前の動向をみていこう。座間が修養団に就職した頃、すでに修養団はその思想を完成させていたといってよい。初期の綱領の一つである「国家の発展を計り社会の幸福を増進す」るとあるのは[31]、国家との接近を強めていく一九二〇年代——関東大震災やそれに続く国民精神作興詔書の普及徹底による民衆教化体制への協力、翌一九二四年四月平沼騏一郎の第二代団長への就任等——に明魂の顕現を基礎に「愛と汗による総親和総努力」の社会建設を運動の理想とし、のちに「流汗鍛錬、同胞相愛の二大主義に基き各自の修養を図り社会の風教を嬌め以て皇国の進運に貢献する」という修養団の目的に結実するのである。[32]もともと体系的な教義をもたない修養団は、愛と汗による「道の国」日本の完成をめざした単純なものであり、社会協調と勤勉努力により時弊を矯正し、天皇制賛美、明魂を発揮することで自己を確立、地上に住みよい社会国家の建設、これが使命・思想といえた。座間は、編集部に勤めた年の一二月に編集部長となり、『向上』の発行責任者として『帝国青年』時代以上の健筆ぶりをみせ、活動していく。記事内容は講習会・会議記録が多くをしめ、例えば一九二九年文部省により実施された教化総動員に協力し、修養団は全国町村の中堅人物に呼びかけ、国内を九大区に分け講習会を実施していく。近畿講習会の最後に「……真に、親和、総努力の明るい美はしい世界を顕現して、精神的結盟は築かれた」「此の力がやがておのれを磨き、家庭を明るくし……救霊救国の実を挙ぐるに至るを想ふ時、無限の喜びにみたされ[33]」ると述べた座間は、すでに修養団運動に首までどっぷり浸かっているとみることができよう。その外、座間の記事で目につくものは、修養団の団員を日本全土に拡充する方法と翼賛政治体制を検討するための諸論文である。簡潔にみておこう。

前者において、まず「外延的拡充[34]」の小論で座間は、団員拡充の方法として内包的充実と外延的拡充があり、拡充については団体の支部が新設されるまでを述べ、その地域で新団員三名を基礎にして支部をめざすという。この拡充の背景には、一九三三年頃から修養団の活動は地域よりも企業に伸びていく傾向がみられ、逆に農村県の団員数の低落という問題があった。[35] 団員拡充のために座間は、この小論に続いて四つの方法を提起する。それぞれを一言でいうならば、第一は内包的充実をはかるために「定足数の検分と補充の作用を活発にする」「残存同志協同すること」[36]であり、第二は模範的な「修養団工場」を見学することにより同志・共鳴者を増やすことであり、[37]第三は修養団の大会や諸連合を十分に利用して団員、団員外の人びと、来賓の三部構成で開催することにより団員を獲得することであり、[38]第四は同志から同志外の人に呼びかけ同志にすることによって、家族・友人などに働きかけ、同志を拡大していく方法であった。[39] ここには、修養団の発展を真摯に願う座間を看取でき、低落傾向にあった農村の団員数に歯止めをかけようとする様がうかがえる。

後者においては、すでにこの時期は第二次近衛文麿内閣下での、いわゆる新体制運動の渦中にあって、当然のごとく修養団は翼賛国民運動を推進する側にいた。座間は「万民輔翼の体制は国民挙って欣然之に参加し得るもの」[40]としつつ、中央本部の翼賛新政治体制の指導・協力対象の第一を全有権者の半数をしめる青壮年層（二〇～三四歳）にすべきだとする。指導方法としては、祭政一致を徹底するために「禊祓《みそぎはらい》」を七〇〇万青壮年＝皇国民に実践させ、それにより本当に滅私奉公ができると述べる。これは、修養団独自の国民錬成方法であり、事実一九四〇年一〇月には会津禊道場などを開設し始める。座間は、青壮年が「禊祓」を体現することにより、「神人合一し、神意を奉公して……祭政一致と祭祀と事業の一致にまで、到達したる行動」[41]を新体制は要求していると述べるのである。ここには、「禊祓」にみられる独特の宗教的要素が存在するが、「禊祓」は講習会で修養団が実践してきた「冷水浴」のことであり、これを日本の青壮年全員に実行させようとするところに修養団、そして座間の特色を見出せよう。「神人合一」の「神」は、もちろん天皇のことであり、神がかり的な古色蒼然たる修養団の活動が、以後実践されることとなった。とくに、準戦時下ないし戦時下における座間は、すでに極端ともいえる国家主義活動の指導を行ったといっても、いいのがれができない程の奮闘ぶりであったとみることができよう。

以上で、座間止水の修養団における戦前の動向を終えることにするが、彼は勤務が長くなるにつれ、理事・専務理事・常務理事・参議とその地位も上昇していき、体制側の思想運動の指導者の一人として名実ともに君臨していったといえる。また、座間は政治家としての野心もあったとみえ、一九二八年初の普通選挙下第一六回総選挙に、千葉三区政友会から立候補しようとしたことが判明している。[42] しかし、この選挙は郷里の川名博夫が同党から出馬の意志を表明したため、断念することになった。[43] こうして座間は敗戦をむかえることになる。

4 戦後の動向

座間止水は、履歴によると終戦の翌日、八月一六日を限り修養団関係役員を全て辞任したことになっている。[44] 戦前の活動等に対する自省ともとれるが、確かではない。実際には、翌年六月理事会で、情勢に見合う組織改組のため理事全員の総辞職が決定し、それまで専門理事の一人であった座間は辞任することになった。しかしながら、七月の理事会で新組織がおかれ、座間は中央事務局長室顧問となっている。[45] 修養団中央の組織は、戦後の社会情勢に応じ再編成され、一九四七年二月までには存亡の危機を脱し、それまでの『向上』に代り、機関誌『親和』も新たに発行された。[46] 以後、修養団は模索しながらも社会教育活動を展開していくことになる。そういったなかで、座間はどのような活動をしていただろうか。

専門理事の辞職後座間は、東京を離れ郷里の安房郡平群村に戻ることになった。約半年は、実家近くの知人の別宅で暮らしている。すでに、前年一一月から社会教育連合会の構成団体の一つとして修養団は、「討議式啓発運動」を各地に実践し始め、座間も加わっていたが、[47] 本格的な活動を再開するのは郷里に戻ってからといってよい。座間は親和運動の精神を展開しようと、平群村を始めとする鋸南五か町村のなかに入っていく。「人類の天性、魂の叫びである親和」精神を平和日本の建設に役立てようと、綱領はあるが体系理論のない「親和」精神を討議によって、まず町村の幹部と討議・懇談により、それを基礎に「親和クラブ」をつくっていくのである。その後、各町村ごとに青年男女講演会を五か町村連合青年団の仕事として開催するように進め、のちに中堅青年親和クラブが生まれる。さらに、座間は親和運動を安房全郡下、千葉県下の全域に展開することを理想としていた。彼が鋸南五か町村に働きかけてから半年間に、町村・事業場の中堅者と会談した回数は一〇四回に及んだという。[48] 回数もさることながら、老いを知らぬ親和運動に献身する座間の姿をみることができる。こうした運動の背景には、座間の新憲法に対する一定の認識をうかがえる。日本の将来が保守政治の継続か、社会主義時代の現出かは多数国民の動向により決まるとして、「教育教化の必要なる所以は、全くここらにある」と述べた。座間のなかにある保守的で階級調和の思想が、この時点にあっても指摘しうるし、また自作農創設などに関しても地主小作間の闘争を激化させずに、「真に働くものの福利を高め、必要とされる増産に結果させ」ることが日本の民主主義の将来に重要だと唱えている。[49]「真に働くものの福利を高め」ていこうとする座間の論理には、初期社会主義時代とそれ程大差のない彼の論理意識が読みとれるのである。

戦後の座間は、一九四六年郷里に移って以来他界するまでこの地に留まった。[50]その間、一九四七年には「戦時中極端ナル国家主義活動ノ指導」を行ったと認められ、[51]教育職員不適格者と判断され、大阪府にある女子専門学校の理事を一年程で辞任している。[52]いわゆる公職追放である。自身の生活では、四九年に川名甚太を養子にむかえ、晴耕雨読の暮らしをしつつ、順調であったとみえる。しかし、そうした座間も、一九五〇年久しぶりの上京ののち、約半年後の九月に目黒の自宅で六八歳の生涯を閉じた。[53]『親和』一一月号に掲載された「幾十百種の研究完成」と題した、地元平群村の安房農業科学研究所の紹介が遺稿となった。編集後記には、わずかに座間の死をふれているのみだが、最後までジャーナリズムとかかわり、農村と深くかかわった生涯であったといえよう。

おわりに

さて、ここまで、われわれは座間止水の足跡を何とか最後まで追うことができた。以下、第二編第6章の初期社会主義時代からの足跡からのことをも踏まえ、「村落社会主義」思想の意義、座間止水の評価などを論じてみたい。

第一に、初期社会主義における「村落社会主義」の位置づけである。これについては第6章において、すでに三つの意義を述べておいたので、再びここでふれることはしない。ただ、総論にあたる第一の意義の農村貧民のための「下から」の救済策や、寄生地主的土地所有への抵抗といったものが、第二の意義にみられた良質的・階級闘争的方向へとうけつがれ、逆に第三の意義では国家の側に吸収・包摂される過程にうけつがれる要素をもったことは、「村落社会主義」論のもつ両義的で未だ確固としていない思想をみてとれ、日本近代特有の、すなわち良質的・階級闘争的方向への側面と、体制側に吸収・包摂される方向へのアンビバレントな側面を併せもつ思想であり、同時に輸入されて間もない日本社会主義の黎明期にふさわしい「村落社会主義」の思想といえることを、まず確認しておきたい。そして、それはこの思想を唱えた座間を始めとする人たちの未成熟性にもよるが、より本質的には中央の社会主義者に農民・農村へ言及する視野が欠落していたこと、換言すれば、初期社会主義に農業綱領が存在しないことよりも、農民・農村問題を中央の社会主義者たちが自己の問題として突き詰める姿勢のなさにあったといってよい。彼らは、この時期左右の派閥争いや社会主義運動への弾圧の強化などにより、客観的にも当時疲弊していた地方農村への配慮はできるはずもなく、こうした「村落社会主義」の思想を、あるいは農村の現況を理論問題として汲み取れなかったのである。そうはいうものの、座間らの提起した「村落社会主義」論は、千葉県で一部実践をめざそうと努力されており、たとえ理念で終ったにせよ、それだけの存在価値を認めうるのである。(54)

ところで、「村落社会主義」の全体像を一応明らかにしたことで、従来の初期社会主義研究に次の点で蓄積を加え、ないしは修正を迫ることになるであろうと思われる。それは一言でいえば、初期社会主義研究にこれまで本格的に論じられてこなかった「村落社会主義」思想の存在を明らかにし、位置づけをしたことである。第二編第6章の「はじめに」で少しくふれたが、これまで中央の社会主義者は労働者を「変革主体」の担い手として認識しており、小作人などの貧困を指摘する声を紙上に載せることはあっても、組織化することはなく、農民を「変革主体」の対象とする初期社会主義思想をもたなかったといってよい。座間らが「村落社会主義」思想を論じ、そのことにより農村・村落に視点を据えた一つの思想が誕生したことは、前述したようにさまざまな要素があったとはいえ、それまでの初期社会主義像に新しい思想を加えることになったといえる。すなわち、農業綱領の存在しなかった時代に農民を「変革主体」の担い手とすることによって、労働者以外に「変革主体」の対象を求め得たことである。このことは、初期社会主義の全体像を豊富化する役割を果たすことになるのではなかろうか。さらに、「村落社会主義」が都市社会主義と比べて、地方自治を利用した類似点を指摘しうるが、基本的には非なるものであったことは、第二編第6章でみてきた通りである。これまで、村落社会主義者の動向を追った研究は存在したが、「村落社会主義」を思想をも含めて意義づけしたものは本書が嚆矢となろう。

第二に、座間止水の評価についてみておこう。小学教員から日本社会党員となってからの初期社会主義時代は、それなりにみるべきものがあったように思われる。「世に背き人に反き独り行く棘道」という決意での七五日間の遊説にみる行動力、その後における議会政策派に依拠しての活動、さらに「村落社会主義」思想には、民主主義的活動やその思想といえるものがあった。しかしながら明治末期以降大正・昭和前期は、主に体制側のイデオローグとして地方青年や民衆に思想善導のための修養を説いていく。おそらく、座間は天皇制の本質を最後まで把握できなかったと推測しうる。(55) 大正・昭和と時代を経るごとに、天皇制国家の諸要請に応えるイデオローグ、さらに極端なる国家主義活動へとその行動は積極的になり、思想はより宗教的要素のあるものになったとみられる。また、戦後は保守的な一社会教育活動家として評価できよう。明治・大正・昭和と体制を問わず、座間は一貫してジャーナリズムに関係し、同時に農村に深くかかわっていく。三つの時代の農村問題に関して、彼なりに「農民=民衆の幸福」「働くものの福利」を考え続けていたといえる。これは、どう理解すればよいのか。単に、「転向」「変節」といった次元では捉えられないのではないだろうか、と思っている。座間に似た事例を類型化していくことが、これからの課題となるであろう。

すでに、第三の課題に移行しているが、座間の一貫した農民・農村への姿勢を、少しかたちは異なるが、「歴史における人間の意図と結果の乖離の問題」という見方もできよう。[56] しかし、もう少し別の観点から接近できないものだろうか。西川長夫の説によれば、近代日本の教化団体は、いってみれば国民統合のためのイデオロギー装置＝「国民文化」であり、それ以外の例えば資本に対抗する労働運動や社会主義の側からの文化を「民衆文化」とするなら[57]、日本の近代化は「民衆文化」を始めとする諸文化が一つの「国民文化」へと収斂される過程をたどるとみてよい。そうしたときに、時代により日本の精神文化的な土壌・風土が社会主義者を問わず、個々の思想家・運動家にどういう影響を及ぼしていくのか、考えていく必要があるのではないか。座間と同様に、大正・昭和期を個人的に修養を説き続けた初期社会主義者として西川光二郎らがいるが、彼らはいずれも生涯をモラリストとして生きており、体制を問わず全力で献身していく様は何ゆえなのか、比較・考察されてしかるべきであろう。そうした研究を重ねることで、日本近代思想史を修養思想・修養主義の側面から解明していくこととなり、それは日本近代思想史における新たなる大きな課題の一つになりうるであろう。今後の研究課題の一つにしていきたいと思っている。

また、同じ初期社会主義者においても、直接行動派の一部と片山潜を例外とする議会政策派の大部分の社会主義者は、その後社会主義からは遠ざかっていく。とくに、後者の場合は併用論者もいるが、漸進的な現実重視の労働者型の改良主義的運動が中心であり、本章でみてきたように、天皇制把握のできていない当時にあっては、社会主義に対する強い信念や理論がなければ、体制側の巧妙な地方改良運動や他のイデオロギー装置に容易にからめとられる危険性があったであろう。他方、若いインテリ層の多い前者の方が幸徳秋水・堺利彦らのすぐれた指導者に恵まれたこともあり、社会主義への延命策をはかりやすく、同時にグループとしてのまとまりもあったように考えられる。いいかえれば、右派は民衆との接点があったがゆえに保守化しやすく、左派は民衆との接点をもたなかったゆえに「冬の時代」を耐えていけるという、アイロニカルな問題＝仮説を設定できるのではなかろうか。

最後に、日本近代思想史に座間止水の思想的転回を位置づけるとしたならば、次のことがいえるであろう。それは、これまでの日本近代思想の通説的枠組では座間の思想的転回を捉えきれないということである。周知のように、近代思想の通説的枠組では啓蒙主義→自由民権→平民主義→初期社会主義→大正デモクラシー→ファシズムという単線的発展が強調されており、一方、それをおおうかたちで国家主義思想（天皇制思想）が貫かれていたとされてきた。この流れに添うかたちで、例えば橋本哲哉のごとく、初期社会主義の役割を「……大正デモクラシー運動の発芽のための土壌を耕したところに意義があった」とする研究も存在した。[58] しかしながら、初期社会主義→大正デモクラシーという図式は、いまや考え直す段階にきているのではないだろうか。本章で検討したように、座間の場合は、むしろ初期社会主義→国家主義思想（体制側の思想運動）

への移行をなしていた。同様の事例として、以前検討した小川高之助や農村社会主義結社北総平民倶楽部も、座間の場合と類似していた。さらに荻野富士夫の研究では、「『初期社会主義』は、『大正デモクラシー』とほぼ並列状態で存在していた」とされる。(59) このように、近代思想の潮流は一様ではなく、基本的骨格の変更を迫られているというべきである。座間の思想と行動は、一つの証左となろう。

第9章　渡辺操の国民道徳運動

はじめに

本章では、渡辺操の国民道徳運動を検討することが目的である。これまでの第二編第5章の小川高之助、第6章の座間止水と比べて本章の渡辺操は、第一編第1章でみてきたように自由民権運動＝大同団結運動の経験者ではあるが、初期社会主義とは直接かかわりはない。それゆえ、「第三編「「大逆事件」以後の動向」とした表題とは直接関係がないことを、予め断っておきたい。ただし無逸塾を運営していくなかで、一八九七年九月私立同志中学館に名称変更して昇格していくなかで、教え子では唯一初期社会主義者となる人物がいた。前述したように、千葉県の初期社会主義運動におけるオルガナイザーとなる吉田璣である。吉田璣は、第二編第5章で論じてきた北総平民倶楽部の演説会で演説をし、また足尾鉱毒事件に深くかかわる田中正造とも、宇都宮で演説をしたことがあった(1)。また渡辺が発行していく私塾雑誌は、同志中学館に名称変更したと同時に『無逸』から『同志文学』となるが、そのなかから初期社会主義者として社友原霞外が登場し、池田錦水・大沢天仙らはその周縁にいて、『同志文学』に社会問題を告発する新体詩などを載せていくのである。

ここで、改めて渡辺操を紹介しておこう。香取郡地域を代表する教育家の一人である渡辺操は、安政二（一八五五）年一二月、香取郡久保村（市制町村制施行後は良文村久保区となり、のち小見川町、現在香取市）で生まれ、一〇歳台前半に郷学を学びながら農業に従事し、二〇歳台半ばより東京本所の信夫恕軒の漢学塾（奇文欣賞塾）において、妻を残して漢学を三年間学んだ。そこで塾頭にもなったが、経済的事情により帰郷することになった。そして、その学びを生かすために地元で漢学塾を設立することになる。すなわち、一八八四年一一月、自宅に無逸塾を創立したのである。さらに、渡辺は漢学塾を学校形式にするため、数年後に英語科・数学科を加え、自分は文部省の漢文科（師範学校・尋常中学校）の免許を得て、教員や多くの生徒を募集し、寄宿舎も増築する。塾長宅の寄宿舎には、香取・匝瑳・海上郡を始めとして茨城県鹿島・行方郡からも入学する生徒もいた。その後、私立中学校に昇格させていき、同志中学館として認可されるのは、前述したように一八九七年である。大同団結運動を経験した彼が、なぜ、弘道会運動にかかわって継続していくのか、それがここでの課題となる。また、渡辺の大同団結運動や弘道会運動について、第一編第1章と内容が一部重なることをお断りしておきたい。大同団結運動から弘道会運動への転回では、彼のもつ大同団結の実体の把握が必要だからである。

1　渡辺操と大同団結運動

香取郡の民権運動は一八八二年前後と一八八八年前後に盛り上がりをみせるが、渡辺操は後者にかかわることになる。渡辺は前述したように、東京本所での漢学塾＝奇文欣賞塾で三年間学んだあと帰郷し、一八八四年一一月自宅に無逸塾を設立した。渡辺がいつ頃から民権運動に参加していくのかは判然としないが、一八八七年四月の佐原町石田楼の懇親会や同年一一月開催の佐原町と小見川町の政談演説会・懇親会には一聴衆として参加した可能性がある。管見の限りにおいて、渡辺の新聞史料での最初の登場は「香取郡東南部有志懇親会」（『東海新報』一八八九年四月一〇日）であった。この懇親会は府馬村（のち山田町、現在香取市）で開かれているが、香取郡を代表する民権家飯田喜太郎や高野麟三（温知社から自由党下総地方部の常議員、のち保安条例により東京を追われる）・平野南海（本名藤右衛門、好問社から自由党下総地方部参加、雑誌『非政論』の印刷人）らとともに、渡辺も演説を行っている。同年五月万歳村（のち干潟町、現在旭市）における政談会では、演説会の弁士ではなかったが、その後の懇親会では演説をしている。[2] このときの演説会の弁士には、前述した飯田・高野・平野ら七名が登壇したが、そのなかに福島・喜多方事件で活躍した花香恭次郎がいた。花香は帝国憲法発布の大赦により出獄後、郷里の万歳村に戻って来ていたのである。懇親会は花香の慰労も兼ねて、河野広中・平尾松尾が来賓として参加しており、ともに演説をしている。

渡辺操が新聞史料に登場する前年の一一月、香取郡では大同団結期における政社である「同盟議会」が結成されていた。[3]この会は「親睦を旨トシ純ラ世務ヲ諮詢シ以テ国利民福ノ増進ヲ企図スル」目的があり、香取郡の有志者により佐原町に結成された。[4]同月一一日の総会では一三六名が参加しており、会長は山来健であり、常議員は一五名いた。この時点では、まだ渡辺の名前は見当たらない。創立二か月後には会員が一五〇名となり、翌年五月には会員は三〇〇余名となった。ただ、年二回六〇銭の会費納入は、春秋二回報告書を刊行し会員に頒布するとしても割高であり、生活に余裕のある人びとが会員の対象といえるであろう。そして、翌一八八九年七月の臨時総会において、渡辺は二五名の常議員の一人に選出され、常議員には外に、飯田喜太郎（兼幹事）・高野麟三（兼幹事）・高城啓次郎（兼幹事）・平野南海・大竹岸太郎らがいた。渡辺が「同盟議会」の会員になったのはいつ頃か判然としないが、同年四月前後には会員になっていた可能性はたかい。渡辺は新常議員になるとすぐに、翌八月五日には幹事の飯田喜太郎とともに条約改正中止建白（大隈外相の改正案に対する）のために、香取郡を代表して上京し、民権派としての行動力を示しているが、常議員に成りたての彼が、なぜ香取郡を代表して建白書を提出したのであろうか。具体的理由は不明だが、常議員に就任する前に府馬村などでの演説会の話しぶりが飯田や高野の目に留まり、推薦されたと推測できる。私塾で教える教育者としての漢学の素養を背景とした演説が、外の民権派とは違って魅力あるものとして映った可能性があろう。事実、のちに彼は飯田や高野に推され、県会議員に立候補することになるからである。「同盟議会」の建白書提出は、さらに高城啓次郎らが行い、三回目の建白も計画中であるという。

一方、香取郡では東総倶楽部（一八八九年一〇月結成）が有志者（花香恭次郎・大竹岸太郎ら）により大須賀村（のち大栄町、現在成田市）で組織され、一〇月末には大竹が一人で条約改正中止の建白書を元老院に提出している。大竹は、大同協和会に属する「同盟議会」の常議員だが、大同倶楽部に属する東総倶楽部をも代表したことになり、それゆえ、この地域では中央ほど旧自由党の分裂にはこだわっていないといえる。同年三月頃より「同盟議会」は、中央の動向にも関心を示し、政社としての活動を活発化しており、同年八月には大井憲太郎を招いて北総有志懇親会を開き、さらに自由党再興が決定すると「同盟議会」は「旧党員下総部」の同志らに「正義公道」の旗下に団結することを呼びかけ、事務所を旧自由党員協議会に提供した。一八九〇年一月の自由党結成式には、飯田喜太郎・高野麟三は会場整理委員となっている。

これ以後、香取郡の動向は「同盟議会」の活動を含め、『東海新報』にはほとんど掲載されなくなる。この時期、渡辺操はどうしていただろうか。彼は一八八九年一二月、元自由党員佐藤万太郎（元好問社幹事）・萱谷周佑（元好問社社長）の三回忌に平野南海・高野真澄（元自由党下総地方部、元好問社）・花香恭次郎らと「祭文」を読み、演説をしていたのである。以下に掲げてみたい。

十二月廿九日友人相会して……亡友佐藤愛石君及ひ菅谷周佑君の霊を祭る、嗚呼人生の哀きは道を同くし志しを等しくし、将来の希望を共にせんと誓へし者と相別る、より哀きハなし、況や幽瞑隔離復た温容を接ゆる能ハざる者に於ておや、吾人ハ二君と既に道を同くし志を等くし猶ほ将来の希望に於ても毫も異なることなかりしに、何ぞ図らん二君ハ既に幽瞑を隔て復た相るを得ざるの人ならんとハ……然り而して二君が主として設立せられた好問社は今や種々の事情ありて解散を告ぐると雖とも、其の団結の心に至てハ確固不抜旁礴として鬱積し毫も飛散することなし……猶且つ菅谷君が多年後進を教育せられしと佐藤君が海防費千金を献して国用を補ひしが如きに至てハ吾人今幽瞑を隔つると雖も未だ嘗てその徳を追思せさるの日はあらざるなり……蓋し二君の霊を慰むるハ二君の設立せられたる好問社の精神を継続し併せて其将来の希望を全たからしむるより善きハあらざるべし、吾人不肖と雖も奮て其志を継かんとす（略）

（『非政論』二号、一八九〇年一月、適宜読点を付けた）

ここにある好問社は、かつて自由党下総地方部の設立の際には最も参加者が多かった結社である。(5) 一八八一年一二月、元教員の菅谷周佑を社長、佐藤万太郎・平野南海ら四名を幹事として好問社は一〇〇余名の社員を得て発足した。渡辺が菅谷や佐藤を追悼したということは、彼らの人となりを熟知していたと思われ、以前から結社や民権運動に関心があったことが知られよう。佐藤の弟の靖は、渡辺の主宰する雑誌『非政論』の発行人となっている。これ以外に渡辺は、香取郡結佐村（のち茨城県稲敷郡東町、現在稲敷市）の旧自由党員・「同盟議会」常議員野原仙太郎の弟の安三郎が渡米して「殖産の業」を視察に行くにあたり、この時期に結佐小学校において送別会で演説をしている（『非政論』二号）。それによると、野原はかつて関西において「四方の志士と交わり其間危険の場を踏むこと」も多かったという。ここでいう「志士」とは、民権派の謂いであろうか。また「筑波山の暴挙」（加波山の誤り）では官憲側に勾留されたことがあったが、疑いが解けたことも渡辺は話しており、加波山事件で野原は勾留されていたことが分かる。「我友野原君」というとき、どの程度渡辺と野原は親しかったかは不明だが、いろいろな演説会に招かれるのをみるとき、渡辺の香取郡における人望の厚さが分かり、名士的存在ともいえる働きぶりを示している。さらに渡辺は、一八九一年三月『自由平等経綸』（社長新井章吾、主筆中江兆民）の発刊にあたり、新井からの依頼により犬養毅・島田三郎らとともに「祝詞」を贈っている。帝国議会が開かれた以降、渡辺は香取郡自由派有志総代の飯田喜太郎・高野麟三・平野南海らに推されて、自由派から県会議員選挙に立候補したが、落選した（九二年三月）[6]。この議員選挙活動が、渡辺の民権派として最後の実践となった。同時期、飯田と高野は衆議院議員に立候補したが、飯田は大須賀庸之助に次点で敗れて、ともに落選をしている（九二年二月）[7]。

次に、渡辺操の主宰した雑誌と民権との関係についてみておこう。渡辺の発行していく初期の雑誌には、民権運動との関連がみられ、前述したように渡辺も好問社の菅谷周佑らの追悼演説を本誌に載せているからである。雑誌『非政論』（一八八九年一二月〜九〇年九月、一〇号で廃刊）は無逸塾内文教社が発行所であり、発行人は佐藤靖（兄万太郎は自由党下総地方部幹事）、編集人は渡辺の弟長次郎(8)（東京市下谷区同朋町在住）、印刷人は平野南海（本名は藤左衛門、医師、自由党下総地方部参加、「同盟議会」常議員）であり、民権派及び民権関係者が雑誌の担い手といえる。『非政論』の内容については、すでにふれたことがあり、ここではごく簡単に民権関係の記事を中心にみておきたい(9)。

渡辺は、『非政論』を「嗚呼非政論ハ政論ニあらす元気の消長を論する演壇にして学術の栄を競ふ文場なり」（一号）として、「学術の栄を競ふ文場」を強調し、また「目的は各人が精神を練磨し知識を運用し……道義の衰退を挽回するに在り」（八号）と、「政論」ではなく「学術」「文教」に志を求めた。同時に、文教と道徳の興隆により国家形成をめざしていこうというのは、孔子の議論から援用した彼の持論でもあり、民権派であるにもかかわらず、儒教的要素が強かったといえる。とはいえ、雑誌では民権（運動）関係記事にも理解を示しており、前述したような元好問社菅谷周佑らの追悼演説を掲載しており、また七号（九〇年六月）以降には「倶楽部等ノ依頼ニ応シ廉価ノ特約ヲナスベシ」と「社告」の方針が変わり、東総倶楽部や香取倶楽部の記事が載るようになったのである。とくに東総倶楽部は、前述したように花香恭次郎らがかかわっており、政社としての活動を行っていた。そして、おそらく東総倶楽部などの政論記事が掲載されたことで、「法網ニ触レ発行停止」となり、廃刊になったのであろう。

次いで発刊された雑誌『文教』（一号〜七号、九一年六月〜一二月）は、一号の「社告」に「文教は政治的の雑誌に非ずして文学上の好友なり」、「文教は党派機関に非ずして交際上の媒介者なり」と示され、『非政論』の廃刊の衝撃があったことが分かると同時に、「政治的の雑誌」「党派機関」の否定をせざるを得なくさせたともいえる。『文教』は、社主兼社長は渡辺操、発行兼印刷人は高木惣兵衛（自由党下総地方部の幹事、「同盟議会」常議員）、編集人は平野南海であり、一号の祝辞には渡辺の旧知の新井章吾衆議院議員、桜井寛（元自由党員、「同盟議会」常議員）らから来ており、民権色を一掃したとはいえない。しかしながら、二号から高木と平野は引退、新しく萱谷元治・絵鳩伊之介に交代し、以後『文教』は香取郡の地域の動向を提供する場としての役割を果たしていくのである。

渡辺操と大同団結期の運動（思想）との関係は以上で終えることにするが、ここで渡辺が大同団結運動にかかわっていく要因を考察してみたい。渡辺は、ある人物から教育家なのに、あえて大胆にも元老院に建白するのはなぜかと問われたことがあった。それに対して、彼は「抑僕の持論とする処は政教一途にして敢て其間に区別を設けず書を読で何の為めにす、修身斉家治国平天下の事のみ、然らずんば空文のみ徒為のみ……信夫恕軒無逸の二大字を書して僕に賜ふや之に附記して曰く、入此堂者政治教育必合於一可以王化可以補聖教と是を以て常に意を政事絶つ能はず、進んでは筆に口に時事を談じ王化万分の一を助けすと欲せざることなく退いては聖賢の書と今古の歴史とを繙き又聖賢万分の一を助けんと欲せざることなし（略）」と答えている。[10] このなかで「政教一途」は「政教一致」のことであり、これは儒教（儒学）の特色をなす政治と教育（宗教）

の一致を意味する。さらに教育とは「経学」（四書五経などの儒教の正典）のことであり、渡辺はかつて漢学塾で学んでおり、実際に「経学」を授業で教えてもいる。そのときのテクストは未発見だが、儒教的政治思想、道徳的国民形成を重視する西村茂樹らの影響を受けたものを使用した可能性がたかい。渡辺は、具体的に政治を論じ教育（「経学」）を教授することの一致をめざして実践したことがうかがえる。すなわち、大同団結期の政治的な運動と儒教教育の実践である。儒教的要素を含んだ民権運動の実践は、同時に「王化万分の一」「聖賢万分の一」を援助する運動にもつながる。「王化」（天子の徳の感化ないしは天子の人格・政治により人民が善良になること）の援助とは、もちろん天皇制思想を支援する立場を意味しており、この質問に答えたときは、すでに渡辺は日本弘道会の会員であったことも留意する必要がある。また、大同団結期の運動に奔走したがゆえに、渡辺にとっては「民権」「権利」「人権」などより「国家」「国権」論的な、条約改正運動などのナショナルな問題が優先されたといえるのではないだろうか[11]。「民権」「人権」などの記された史料が発見されないため、渡辺がそれらにどの程度の理解力があったかどうかは不明であるが、「民権」的な内実が蓄積されていれば、少しく彼の大同団結運動へのかかわり方も変わったかもしれない。しかし今となっては、何もいうことはできないが。

この渡辺のかかえる問題は、近代儒学（儒教）のゆくえの問題とも重なるが、ここではそれ以上はふれることはしない[12]。

2　弘道会支部の設立

一八九二年八月、渡辺操は日本弘道会に入会し、地域の有志者とはかり会員の募集を開始した。渡辺の入会は、『日本弘道叢記』五号（一八九二年九月）の広告欄で確認できる。このとき、のち三代支会長となる布施亀次郎（府馬村、のち山田町、現在香取市）も同時に入会し、渡辺らとともに会員を募集中であった。前述したように、渡辺はこの年の三月に県会議員選挙に落選しており、落選後に方向転換したとも考えられるが、「地方道徳の衰退を憂」えて率先して入会したとされる[13]。彼は道徳の衰退を、年少者の「吸煙」「酒を飲む」「金衣を好む」、犯罪人の多さなどに求めており、教育者の立場から入会したと考えられる。一八九三年一一月上旬には設置願いを提出、同月一九日付けをもって日本弘道会第三三支会千葉県香取郡東部支会の認可を得た。渡辺は支会長であり、支会の事務所は彼の自宅である。渡辺の私塾雑誌が、『文教』から『無逸』の発刊（一八九二年一二月）の頃は民権派色が全くなくなり、そして『無逸』時代には渡辺の発言に道徳主義的内容が増えてくるのである。周知のように、日本弘道会は国家（国民）道徳主義者の西村茂樹が一八八七年に設立し、修身道徳の思想を国民道徳として官製化してその普及につとめる民間の教化団体であり、地方会員の組織化をはかっていく[14]。全国的に弘道会運動の盛んな千葉県では、明治二〇年代一七の支会ができるが、香取郡には七つの支会が設立されている。

ところで、ここで東部支会規約を少しく掲げてみよう。

第一条　本会の目的は日本弘道会の主旨に遵ひ先ず各自の善行を専らとし併せて郷土の頑風汚俗を矯正し忠孝徳義の思想を発達するを期図《ママ》するにあり

第六条　本会の目的を達する為め隔月集会して道徳上の研究会を開く、且つ時宜に依り本部より講師を聘し又は地方学識名望の士に請ふて講義演説を為す事あるべし

第八条　支会員修繕の便を計り本部発行の弘道叢記を各会員に配布し常に道徳思想の間断なきを務《ママ》む

第九条　会員在地に於て不測の過災に罹り或は鰥寡孤独にて貧困堪え難きある時は総会の議決に依り臨時に義捐を募り慈善を行ふ事あるべし

（『支会沿革誌』）

渡辺の思想は、規約第一条に似通っていることが分かる。渡辺は民権派の思想を有しながらも、結果として日本弘道会思想＝教化団体の思想にいきついた。(15) 大同団結期の運動に参加しながらも、伝統的な儒教道徳主義的な要素を色濃く残したまま国民道徳運動に献身していく。これは、もちろん渡辺が西村茂樹の弘道会を支持したことの表われにほかならないが、西村とのより具体的な思想の類似点は、渡辺に関する史料が少ないために判然としないが、儒教道徳主義や「頑風汚

俗」の矯正、「忠孝徳義の思想」は、一致しているように思われる。

渡辺にとって弘道会運動に献身していくことは、大同団結期の条約改正中止建白の運動への献身と同じ価値をもつことを意味しており、「地方道徳の衰退」や「頑風汚俗」の問題はナショナリズムのそれへと、容易に転化するように考えられる。(16) 支会員には、元自由党員で「同盟議会」常議員の平野南海や元自由党員の宮野昌平もいた。宮野は、終始一貫自由党を支持し、県会議員・支会副会長にまでなる人物であり、彼らは弘道会の思想に包摂された、あるいは教化されたという意識はないと思われる。ここには、自由民権運動退潮期から地域の教化団体に取り込まれていく地域の民権派の事例をみることができる。第九条には地域独自の視点がみられ、実際に実践していくのである。会員は一八九四年五四名、一九〇四年五二名であり、この時期それほど増減に変化はない。

3　評議員への就任

日本弘道会東部支会は、一八九四年八月に八都村《やつむら》（のち山田町、現在香取市）の小見《おみ》の徳星寺で発会式を開催した。会長西村茂樹以下、八都村長・佐原支会長・栗原支会長・匝瑳支会長、来賓は香取郡長代理書記・佐原税務署長・小見川警察分署長、本郡東部各町村各小学校長及び有志者らが参加した。聴衆は八〇〇名であり、この発会式は『日本弘道叢記』三〇号（一八九四年）

に掲載され[17]、西村の演説も掲載された[18]。また東部支会の活動は、当初は雑誌『無逸』にも載ることがあり、「無逸は何が為にして発行するか余輩ハ少年諸氏が怠惰に陥らんことを憂ひて発行する者なり」（一号、一八九二年一二月）とあり、渡辺の思想に道徳主義的内容が多くなり、犯罪者を減らすには「只教ふるに忠孝を以てし導くに徳義を以てするのみ」（七号）、戦争の勝敗は道徳如何による（三一号、一八九五年六月、後述）といった記事がみられるようになる。

日本弘道会第一回総集会が、一八九五年五月に京都で開かれたが、渡辺は支会長として三日間の全日程に出席した。弘道会が社会に重きをなす方法について渡辺は発言し、六項目の方法を外の四人の委員の支会長とともに修正案として提出している[19]。最終日の演説会において渡辺は、「戦争の勝敗は道徳の深浅に随う」と題して演説する機会に恵まれ、この内容は『無逸』（三一号）に掲載された。ここには、弘道会に積極的にかかわっていこうとする渡辺の姿がみられよう。以後、渡辺は毎年支会総会を開き、本部の総（集）会に、ほぼ毎回出席を果たしていく。

以下、目立つ記事を中心に簡潔にみていこう[20]。一九〇三年三月、東部支会では支会総会・講話会を小見の徳星寺で開き、本部からは二代会長谷干城らを招き、二名の善行の表彰式の後に、講話会（渡辺操・桶田魯一・谷干城）が開かれた。そのなかで谷干城は、『大学』を援用しながら、勤勉・力行・誠意・誠心、国民の義務を尽くし、これがやがて弘道会の主意にして、また国民の国家に報ずる所以であるという講話を、懇切に諸般の例を引きながら説き、聴衆を「敬聴」させたという。この日の聴衆は一五〇〇名であり、夜の懇親会では谷が西南戦争における熊本籠城作戦を話し、翌日は佐原支会で講話をしている。続いて、一九〇八年五月の第九回本会総会・創立三〇周年祝賀会が神田区錦町斯文学会で開催され、東部支会から渡辺ら一四名が出席した。ここで、渡辺は「教育の効果を奈何」と題して演説をしており、三日目の功労者表彰式では、渡辺ら九名が銀色功労賞、大八木佐助ら五名が銅色功労賞を授与された。同年九月の支会総会が小見の徳星寺で開かれ、本部から四代会長徳川達孝・池田謙蔵講師が招かれた。徳川は「道徳の要領」を講話し、池田は「三種の神器」と題して講話し、また会員の希望により「農業道徳」と題して、農業と道徳の関係を論じ、聴衆に感動を与えたという。さらに、一九一四年三月に日本弘道会は社団法人となり、渡辺は本会評議員に推薦されることになり、長年の弘道会への貢献努力が結実したといえよう。その渡辺も、一九二〇年三月に六五歳で支会長のまま死去し、三〇年以上の「道徳の振興誘導に尽力」した後半生に終りを告げたのである。[21] 東部支会の会員は、一九一五年当時五〇名だったが、一九二九年一月には一五〇名、一九四一年一二月には二八三名となっている。

渡辺操は、一九二〇年一月に機関誌『弘道』に「現下の諸問題」と題する遺稿を掲載している。それまでの彼の寄稿は漢文調のものが多く、政治的発言は少ないので、次にこれをみておきたい。まず思想問題について、渡辺は孔子と孟子から援用して思想上の「悪変」を憂い、仁を説き孝を教え、あるいは独り仁義を絶叫して王道の「唱揚」をするなど思想上の奮闘が中国ではずっと続くとして、では日本の現在の思想界はどうかと問うている。彼は「健全なる思想」を支持する立場をとる。その思想とは「勤倹産を修め力を邦家に致す者是なり」として、現今の思想界を「旧思想」と「新思想」に分ける。そして、「旧思想者」と「新思想者」はお互いに嫌ってはおらず、問題によって「旧に赴き或は新に走り」両者相争うものなのではないかと述べ、近年の官公吏の汚職や関西の女子教員惨殺事件などは新旧思想によらず、健全な思想の養成を怠ってはいけないとする。また「政事上の思想」では、今の政友会の四大政策（教育・勧業・交通・国防）は政事上の「新思想」にして「其政綱」だが、その実は昔から伝来する「旧政策」であり、要するにその時代その国勢に応じて、その運用は為政家の大きさに存するのみとした。如何に有形の完備があろうとも、「無形の民心」が正格を欠き、危険に傾いていれば国家は滅亡に至るとして、わが弘道会が天下に呼号するのはこの「格心」にあり、換言すれば、四大政策の欠点を補足するのに充分なるものだとする（中略）。弘道会の会員は、「弘道戒」（弘道会要領など）を厳守して現在の思想問題に奮闘する助けにするべきだと述べる（略）。最後に、孟子は教育を「学は則ち三代之をともにす。皆人倫を明らかにする所以なり」として、それから援用し、国家万般の解決は人倫上に明らかにして「小民下」に親しむところにあり、古人は決して「後人」を欺かないと論じた。

渡辺は、「現下の諸問題」について孔子・孟子などを援用しながら、「無形の民心」「民心統一の思想問題」は「有形の完備」より重要であり、弘道会の呼号するのはこの「格心」にあるとした。地域への国民道徳の振興に長い間貢献したがゆえの一つの到達点として、この遺稿をみることができよう。渡辺の民権運動としての経験が、道徳運動にどのように波及していくのか、あるいは影響をもたらすのかは、結論において改めて考えることにしたい。

むすびに代えて――教育者として

渡辺操にとって、民権運動を離れる一つの分水嶺となったのは、自由派の代表として立候補した県会議員選挙での落選であったろう。専門の漢学的要素が終始つきまとい、そのことが民権派としての活動を儒教道徳的なものとして制約したといってよい。儒教の特色の「政教一途」が持論である渡辺は、政治と教育の一致ゆえに政治活動＝大同団結期の民権運動への献身（同盟議会の常議員、条約改正中止建白など）を果たし、他方、教育としての「経学」の実践、「地方道徳の衰頽を憂」へて弘道会＝民間の教化団体に入会したのは、「王化万分の一」の支援の実践、すなわち天皇の徳の感化の援助活動＝教育勅語体制の支援につながることであった。そして道徳振興を手段として「忠孝徳義」の思想、「各自の善行」「郷土の頑風汚俗の矯正」等の地域への浸透をめざしていく。政治運動から国民道徳運動＝儒教道徳の復活への転換は、彼においては容易であったろう。渡辺にとって、政治と教育の一致ゆえに民権運動と弘道会運動は、同じレベルで貴重な価値をもつものといえるのであり、国民道徳運動は教育の実践であったのだ。したがって、「民権」「人権」等の価値意識に対して、渡辺がどれほどの認識をもちえたかは、今のところ史料不足であり、今後の課題となろう。同じく儒教の基礎がありながら、中江兆民や植木枝盛のような理論家になれなかったのは、保守主義者である西村茂樹を崇拝し、同時に「民権」「人権」などを含めた西洋思想・文化などの摂取の弱さにあると推測できるのであり、結果として渡辺は大同団結期の運動に参加したがゆえに、前述したように「国権」論的な主張が中心とならざるをえなかったといえる。渡辺は「修身」という個人的修養を実践すれば、国が治まり、天下が平らかになるという近世以来の儒教道徳の復活を期待していたのであり、そういう意味では保守主義者といえよう。

渡辺が大正期ごろ記したと思われる「断片」（年代不明）には、「○　明治十四五年頃の危険思想は蓋し今日より甚だしかりしならん……加波山暴挙、大阪国事犯、朝廷を如何にせんと陛下を孰の地に置くといふ申すに極論したものもゐる、やがて明治二十三年の教育勅語の大煥発と相りて国民道徳の向ふ所か確呼不抜となった」とある。[22]これをみると、渡辺は明治一〇年代の民権運動や激化事件等を「危険思想」と把握しており、ここには民権期の認識の甘さがみてとれ、彼にとっては後半生の弘道会＝国民道徳運動の経験が中心であり、「民権経験」は一定程度失念したのか、あるいは「民権」という知識の認識不足か。いずれにしても、渡辺にとって「民権経験」とは印象の薄いものであったことは否めない。そこには、民権期の演説のスタイルなどは、「経験」として国民道徳運動のそれに継続されることはあっても、「民権」思想の内実が渡辺のなかに、しっかりと根づいていなかったことが指摘できよう。いいかえれば、ここには西洋の「民権」思想の地域へ土着化する困難さがみられ、教育勅語体制や修身教育体制を補完し、天皇制イデオロギーと結びつきやすい儒教道徳の復活、国民道徳運動の土着化の方が、より地域に浸透しやすかったということができる。

ところで、教育者としての渡辺操のその後の働きはどうであったろうか。無逸塾から同志中学館に県知事から認可されたのは、一八九七年九月であった。ここにおいて、五年制の私立尋常中学校と同格の地位を得た同志中学館は数年間継続するが、渡辺は一九〇〇年乙種農学校の新設を村会に提出、良文村議会で可決され、同年六月県知事は認可した。村立良文農学校となった背景には、実業教育の振興の要請があったとされる。しかしながら、日露戦争による負担が農学校の存立維持を許さず、一九〇五年四月村会は廃校の決議をした。それでも渡辺は独力で学校存続を決意し、同年九月文部大臣に認可された。私立良文農学校である。その後、渡辺は一九二〇年三月六五歳で死去するが、農学校は一九二二年小見川町に移管されて小見川農学校となり、一九二八年には県立小見川農学校となり、戦後は共学となり家庭科ができる。一九五一年普通課程が設置され、一九六二年農業科が廃止され、現在の県立小見川高校につながっていく[23]。

渡辺操は教育者として無逸塾や同志中学館、さらには村立良文農学校、私立良文農学校を設立する香取郡を代表する教育者の一人であるが、その一方、大同団結期の自由民権運動に参加し、香取郡の政社＝「同盟議会」の常議員を代表して条約改正中止の建白などを実行する民権派の一人であった。と同時に、彼の後半生の弘道会＝国民道徳運動の経験が中心となり、それを地域に浸透・土着化させていき、六五年の生涯を終えたのである。

終章

さて、ここまで千葉県北総地域の近代思想史を、主に香取郡と印旛郡の二つの地域を中心にして制約はありながらも、検討してきた。第一編では、「自由民権と初期社会主義のはざま」と題して、私塾雑誌、小泉由松に関して発見された文書史料や地域の開明性、結社、女性との関連で論じてきた。

第二編では、主に印旛郡の初期社会主義結社＝北総平民倶楽部の活動と思想を中心に、幹事の小川高之助を軸にして、また座間止水の「村落社会主義」思想を検討してきた。第三編では「大逆事件」以後の小川高之助をはじめとする旧倶楽部会員の動向、さらに座間止水の動向、そして渡辺操の思想を論じてきた。ここで、改めて、まとめを繰り返すことはしない。

本書の最後に、二つほど考えてみたいことがある。一つは、農村地域ににおいて近代思想である自由民権や初期社会主義の結社（サークル）が生まれる背景の土壌・基盤に関することである。どういう土壌ならサークルはできやすいのだろうか。例えば、第一編第1章に関係して千葉県北総地域でも香取郡の結社について、私塾の主宰者渡辺操がかかわった民権結社はなく、渡辺が民権運動に参加したのは大同団結運動期の政治運動であり、すでに自由党の支部である「自由党下総地方部」は解散・廃止となり、それ以前の自由党下総地方部に結集する好問社などの民権結社はすでにない。彼は人間関係として、好問社の社長菅谷周祐や幹事の佐藤万太郎・平野南海らとは親しかったようであり、佐藤の弟の佐藤靖や平野南海は私塾雑誌にも関与していた。それゆえに、好問社のできる背景の土壌は不分明である。神尾武則によれば、好問社は一八八一年一二月創立され、「親睦修養結社」であるとともに「学術演説結社」でもあり、自由党下総地方部が結成されたとき、総員五九名のうち好問社グループが最も多かったということくらいである。[1] 明治一〇年代は「結社の時代」といわれるように、自発的・自生的に全国的に多くの結社が誕生し、同時に民権派新聞の普及なども考慮に入れ、それらが民権運動を発展させていったのは確かであり、そうした影響の一端を受けたことはあったであろうが、それでも具体的に背景の土壌・基盤については、やはり不分明ではないだろうか。民衆が「政治」に目覚めた季節であったかもしれないが、農村地帯で、なぜ民衆が新しい思想に夢中になっていくのか、これは今後の課題になりうるだろう。

それに比べると、第一編第3章で言及した自立社の背景の土壌・基盤は、ある程度は分かっている。結社の社長となる下埴生郡長沼村の小川武平は、それ以前係争中の「長沼事件」に奔走していた。第3章で述べたように、近世では長沼村は長沼の漁撈により生計を立てていたが、明治になりその所有権が県側と長沼の東側の利害の対立する一五か村により脅かされ、『学問のすゝめ』を読んだ小川武平は福沢諭吉にその解決を依頼して、長沼の所有権の回復をはかっていこうとしたのである。自立社発起人の七二名のうち、長沼村村民二四名と北羽鳥村村民二〇名が中心であり、この二か村を中心に南羽鳥・竜台・安西新田・安食村などの村民が発起人となっており、長沼村と対立する東側の一五か村の村民はいない。長沼の西側地域の村むらの結束をはかるねらいがあったといってよく、そうしたことが自立社の創立する背景の基盤になっていたといえる。もちろん、古くからの「悪弊」による「紛議」を官＝公権力などに頼らず、自分たちで解決してゆき、自立しようとする結社の「緒言」は民衆の豊かな主体意識の成長をうかがうことができ、同時に社員らは集会で新聞を朗読し、国会開設の論議などをしていたことは、他の民権結社と同様である。

　初期社会主義結社である北総平民倶楽部の創立に関しても、創立の社会的背景には中央の平民社の創立とその影響、同時に日露戦時下の千葉県への伝道行商・遊説、県内の地方新聞と社会主義の結びつきなどが考えられる。倶楽部誕生の背景の土壌・基盤には第二編第5章でも叙述したように、小川高之助の住む八生村宝田は倶楽部拠点の一つだが、近世初頭から幕末まで村方出入りが激しかったことが一つの要因ではないだろうか。[2] 村役人の不正の解明などの問題が明治初年まで持ち越されたり、また前述したような近隣の長沼事件の動向は把握していたと思われるのであり、こうした歴史的環境が宝田の村民に論理的で独立自治の精神に富む、より民主主義的な人間形成をかたちづくらせていくのは容易なことのように思える。宝田での同調者を含めた二〇余名の社会主義者が、いずれも宝田の有力者（地租一〇円以上を納める小地主）であったのは、宝田の歴史的環境とは無縁ではないだろう。

もう一つ考えてみたいことは、地域における初期社会主義（思想・運動）から「大逆事件」後の「転回」「転向」の問題である。このうち、渡辺操は初期社会主義とは関係がなく、大同団結期の民権運動から弘道会運動へ転回していくが、これは体制側からの圧力はなく、むしろ自ら進んで選択していったと考えられよう。地域における青少年の喫煙や飲酒を好む問題は、教育者の立場からの「地方道徳の衰頽を憂」えているのであり、率先して弘道会に入会し、地方有志者とはかり会員を募集していた。ここには、大同団結期の民権運動に参加しながらも、伝統的な儒教主義的要素を彼のうちに色濃く残しつつ、「王化」（天子の徳の感化ないしは天子の人格・政治により人民が善良になること）への援助を支援する立場であり、国民道徳運動＝民間の教化団体に入っていく事例を看取できよう。

他方、初期社会主義者であった小川高之助や座間止水の場合はどうであったろうか。二人の場合は、あきらかに体制側の圧力があったことは事実であるが、対処の仕方はそれぞれ異なっていたように思う。小川の「大逆事件」以降の転回は、大正時代半ばまで（実際には大正時代の末期まで）の刑事の尾行がつく生活は、前述したように社会主義運動に献身したがゆえに、かえってその反動が小川を村内へと沈潜させ、「国家のための良民」たるべく沈黙させていく。新しい

「社会主義」という共同体を理想とした小川は、逆に「大逆事件」以降は村の共同体に沈潜し、そこから離れられない小川自身をみることができ、青年会の幹事、更生運動への尽力、小作調停委員などを歴任していく。思想的には社会民主主義的思想を堅持しつつも、村のために貢献して、最後は村長に就任するのである。

また、座間止水の場合はどうであったろうか。彼は小川高之助より、より上手く立ち回ったように思える。彼の転回は徳富蘇峰の国民新聞に入社したことにより、反体制から体制側の思想運動の担い手として歩むことになり、さらに中央報徳会青年部創立に賛同し、幹事となり雑誌『帝国青年』の編集長となり、昭和期には報徳会運動と思想的に似ている修養団に入り、雑誌『向上』の編集責任者となり、しだいに蓮沼門三らと同じように極端なる国家主義的活動を実践したために、戦後に一時期公職追放になってしまう。とくに、地域においては近代思想の枠組は初期社会主義→大正デモクラシーではなく、初期社会主義→国家主義思想（体制側の思想運動）への移行の図式となろう。同時に、座間止水の唱えた「村落社会主義」思想の初期社会主義における位置づけは重要である。

最後に、日本の初期社会主義について少しく述べて終えることにしたい。本書で私は、中央の平民社を結成した幸徳秋水や堺利彦、また初期社会主義者として著名な片山潜や安部磯雄・木下尚江・大杉栄といった初期社会主義を代表する人物ではなく、地方の無名に近い人物や結社＝北総平民倶楽部に焦点を宛てて論じてきた。平民社解散以後、初期社会主義は直接行動派と議会政策派に分かれて対立していくが、北総平民倶楽部は唯一の議会政策派の結社として「大逆事件」まで継続する息の長い結社となり、中央からの指導や援助はほとんどなされなかったにもかかわらず、独自の活動を展開したことは確かであり、十分に評価できよう。有産者の多い農民中心の結社ゆえに粘り強く行動はするが、直接行動派のように若くインテリ層が多く、幸徳秋水や堺利彦といったすぐれた指導者に恵まれてはいない。片山潜を例外として大部分の議会政策派の社会主義者は、その後社会主義からは遠ざかっていくのである。それでも、小川高之助を始めとする倶楽部会員の活動や思想は、初期社会主義の豊かさの一端を提供しうるのではないだろうか。中央の社会主義者のごとく、国際性はなく、あったとしても、倶楽部内では小川高之助や一時期倶楽部の役員をしていた白鳥健くらいであろう。

日常的に、倶楽部会員が当時の資本主義をどのように考えており、どのような「社会主義」を描こうとしたかは、「村落社会主義」思想の展開以外に、具体的には不分明である。小川高之助の号は春水であり、小泉由松にも石腸という号があり、彼らは嗜みとして漢詩や短歌・俳句などをつくっていたことは確かであり、香取郡の渡辺操も漢詩をつくっていた。初期社会主義の運動に奔走していく背景に、こうした文化的背景があったのである。民権運動の盛んであった三多摩における深沢権八は、色川大吉によれば、深沢の漢詩を「自分の青春を賭けた変革思想表現の手段」として詩作したと述べるが(3)、小川や小泉らに関しては具体的な史料がでてこないので不分明である。小川らは「冬の時代」の中央の堺利彦や大杉栄・荒畑寒村らの行動を、どのように考え、感じていたのかは全く分かってはいない。直接行動派のメンバーが、その後の社会主義やアナーキズム運動の中心になり、活躍していくことは分かっていただろう。小川高之助が大正時代に、堺利彦の翻訳した著書（ヘルマン・ゴルテル『唯物史観解説』一九二四年）、山川均の翻訳した著書（エリオット『近代科学と唯物論』一九二四年）などを、どのように読んでいったかを知りたいと思う。地域ゆえに、史料がないのは仕方がないにしても、「冬の時代」下の旧サークルのメンバーの言説や感情が、少しでも判明する史料が発見されることを願っている。

ここまで、叙述してきて改めて思うことは、地域における天皇制思想の浸透度の強さである。「冬の時代」を耐え抜き、一九二〇年代官憲側に弾圧されるけれども、中央でのマルクス主義者やアナーキストとなり天皇制を克服していく人たちに比べ、村内に沈潜していった小川高之助を始めとする旧倶楽部会員たちは天皇制思想の克服は無理であった。明治憲法という法的な枠組よりも、教育勅語の普及が民衆に与えた影響は強かったであろう。国民道徳の規範となる教育勅語は、学校を通じて天皇制注入の最大のよりどころとして機能し、万世一系の天皇像とあらゆる道徳的な「善の具現者」としての天皇像は、民衆にとって、「天皇教」といった一つの宗教として作用したように思えてならない。後半生において青年団活動をする小川高之助や、また『帝国青年』編集長、修養団に入っていく座間止水、弘道会運動を実践していく渡辺操はいずれも教化団体であり、国民道徳を推進する立場におり、戦時体制になれば戦争協力を行っていくのである。

そうはいいつつも、小川高之助や座間止水らの初期社会主義における活動や献身は事実であり、初期社会主義をより豊かなものにしたのは確かであり、教育者たる渡辺操の大同団結期の民権運動は、それなりにみるべきものがあったであろう。

注

序章

（1）地域における思想の流れは、本書の第三編第8章の最後で展開している。

（2）永原慶二『20世紀日本の歴史学』（吉川弘文館、二〇〇三年）、九二～九五頁。

（3）週刊『平民新聞』（一九〇三・一一・一五）。

（4）それでも、社会民主党の「宣言」の最初の「いかにして貧富の懸隔を打破すべきかは実に二十世紀における の大問題なりとす」の文言、「理想」に掲げた「1　人種の差別・政治の異同にかかわらず、人種は皆同胞たりとの主義を拡張すること」、「2　万国の平和を来すためにはまず軍備を全廃すること」など。それに、綱領にある「死刑を全廃すること」「軍備を縮小すること」などは、二一世紀の現在においても実現されておらず、依然として人類の課題のままである。

（5）幸徳には「地租復旧運動に就て農民諸君に告ぐ」（『万朝報』一八九九・一一・二三）と「読地租論」（『万朝報』一九〇三・三・二四～二七）がある。後者では、幸徳は土地問題・農民問題の核心が地主・小作問題であることを正しく指摘したが、そこではただ抽象的で素朴な土地公有をのみ唱えるだけであった。この辺の記述は、拙稿「初期社会主義の一断面――千葉県北総平民倶楽部の活動と思想」（『民衆史研究』二一号、一九八一年）の「はじめに」を参照されたい。西川については後述する。

(6)これについては、第二編補章などを参照。

(7)最近、僅かに後藤彰信が単税論を補助線にして自由民権から初期社会主義を展望している(「自由民権運動から初期社会主義運動へ――単税論を軸として」『東北の近代と自由民権』日本経済評論社、二〇一七年)。

(8)拙稿「民権から初期社会主義へ――マイノリティとしての一農民の軌跡」『(『駒沢史学』九四号、二〇二〇年)の注(4)を参照。

第1章

(1)多くの研究を全て記すことは不可能だが、国民国家論そのものの概念や特徴をあげているものは、木畑洋一「世界史の構造と国民国家」『国民国家を問う』青木書店、一九九四年。西川長夫「一八世紀フランス」同前、西川『国民国家論の射程』柏書房、一九九八年。安丸良夫「一八五〇――七〇年代の日本」『日本通史第16巻』岩波書店、一九九四年。宮地正人「日本的国民国家の確立と日清戦争」『黒船と日清戦争』未来社、一九九六年などがある。これらの概念や特徴については、基本的には肯定しうる。国民国家形成の視座から近代への接近には、国語・国文学・日本文化・国家儀礼・祝祭・家族などの方法がみられる。

(2)「個人」に関していえば、例えば初期社会主義者と国民国家との連関では日露戦争期、国民国家の枠を超えた国家間の活動などもみられるが、一方、初期社会主義者であった西川光二郎・座間止水らは反体制の思想運動から体制側の思想運動へと転回する。それを国民国家にとりこまれたと捉えかえすことが可能であり、しかも彼らは主体的に国民として体制側の思想運動をイデオローグとして異なった方法で浸透させていくことになる。こういった思想運動の論理をいろいろ検討していくことは、国民国家の相対化を考えていくうえで一つのヒントになるのではないかと思っている。なお、二人の人物については、拙稿「初期社会主義と修養に関する覚え書」『千葉県近現代の政治と社会』岩田書院、一九九七年、同「座間止水の思想的転回」『史学雑誌』第一〇四編三号、一九九五年（本書第6章）参照。また「地域」に関して大門正克は、国民国家という全体の歴史を描くことに収斂している最近の国民国家論を批判し、「小さなもの」を全体の部分に化さずに見る視点をもち、そこを歴史研究の「拠点」にすえることなどを提起している（「歴史への問い／現在への問い」『評論』一〇一号～一〇三号、一九九七年参照）。

（3）ただし、本章では雑誌の検討から「地域」をみているので、本格的に「地域」を扱っていない。雑誌の検討を通じて、国民国家との連関を少しでも論じられればと思っている。また、国民国家における国民化には「主体的に国民になる」場合と「国民にされる」場合が想定され、そのことは国民化以後、「個人」のいかなる精神構造の差異・位相をもたらすかが問われるのではないだろうか。本章に連関のある著書で、近年刊行された牧原憲夫『客分と国民のあいだ』（吉川弘文館、一九九八年）は、民衆が客分から国民となる過程を「国民」意識に焦点をあて検討したものであり、多方面から国民化の回路をあざやかに描いてみせた。

（4）安在邦夫は自由・民権は普遍的な価値であり、その獲得・確立をめざす運動の基本的性格は近代的なものであると自由民権運動を捉え、目標は「真の国民国家」の構築であるとする

（「自由民権運動の歴史的位相と研究の課題」『自由民権』九号、一九九六年など参照）。安丸良夫は「民権＝国権」型の政治思想が広範な民衆の願望・伝統とふれあい、独自の政治文化を形成した創造過程と自由民権運動を捉え、その政治思想は「国民の自由や権利の発展と、そこに発揚される広汎な人びとの能力や活動性こそが近代的国民国家形成の基本原理であるとする立場」とした（「民衆運動における「近代」」『日本近代思想大系21　民衆運動』岩波書店、一九八九年参照）。そして、民権派の基本思想は民権の発展こそ国権の発展を支える「民権＝国権」型ナショナリズムとした（『近代天皇像の形成』岩波書店、一九九二年など参照）。西川長夫は安丸良夫の「民権＝国権」型政治思想をうけて、自由民権運動がなぜ国権に、ナショナリズムにとらわれていくかを問題にし、反体制運動はむしろ民衆を巻き込み国民国家形成を助け、ナショナリズムを強化すると捉える（「国民国家形成と自由民権運動」『自由民権』一〇号、一九九七年）。以上をみると、安在と安丸・西川とでは相違がある。安在は自由・民権の概念に価値を置き、「近代的人間の造出」をめざすが、安丸は権利論・憲法論に重点を置きすぎると運動の実態から遠くなるとみており、そこに民衆願望を介在させる。私は自由民権運動を相対化するためには国民国家論は必要だと考えている。ただ、この運動は国民国家形成の一段階と捉えており、形成過程は近代を通じて絶えず続くものとみている。また、国権と民権については以前から民権派は「国権をまっとうして民権もありうるという立場」にあると、飛鳥井雅道は述べたことがあった（「自由民権運動の性格をめぐって」『歴史公論』一九八一年、のち『天皇と近代日本精神史』三一書房、一九八九年所収）。安丸の「民権＝国権」型ナショナリズムという概念は、飛鳥井などの論を定式化したものと思われるが、こうした見方に違和感はない。

(5) 西田長寿『明治時代の新聞と雑誌』至文堂、一九六一年。同『日本ジャーナリズム史研究』みすず書房、一九八九年。

(6) 山本文雄編著『日本マス・コミュニケーション史』東海大学出版会、一九七〇年、増補版一九八三年。とくに第Ⅰ章・第Ⅱ章(山本文雄執筆)参照。本書の内容については、西田の著書と比較して幅広くマス・メディアを取り上げているが、地域の雑誌については全くふれられていない。

(7) 山本武利『新聞と民衆』紀伊国屋書店、一九七八年、同『近代日本の新聞読者層』法政大学出版局、一九八一年。

(8) 門奈直樹『民衆ジャーナリズムの歴史』三一書房、一九八三年。

(9) 内川芳美・新井直之編『日本のジャーナリズム』有斐閣、一九八三年、第Ⅰ章。内川芳美『マス・メディア法政策史研究』有斐閣、一九八九年。

(10) 根本弘「自由党下総地方部」『香取民衆史』一号、一九七六年。

(11) 及川敏雄「明治二十三年の東総倶楽部と香取倶楽部」、同前。

(12) 石橋幹次「渡辺操」『香取民衆史』三号、一九八一年。石橋は、この論文の概略を「渡辺操と無逸塾」(『房総史学』三二号、一九九二年)として発表している。千葉県における自由民権研究は他の地域に比べて遅れており、新聞史料の研究を経て最近漸く在地史料の研究へと進んできたといえる(佐久間耕次「[千葉県]の近況報告」『自由民権』一〇号、一九九七年、七六頁参照)。

本章では、石橋の「渡辺操」論を新しい史料の発見をも含め、新しい知見を示し、より系統的な論文として叙述している。

(13) 本章においても少しく民権運動にふれざるをえないが、中央において大同団結運動が大同協和会と大同倶楽部に分裂した一八八九（明治二二）年から一八九〇年頃について、地域の動向を若干提示できるだろう。

(14)『小見川町史』通史編、一九九一年、六五〇頁。

(15)『良文村史』一九五一年、一三頁。

(16) 前掲石橋論文、一二頁。

(17)『私立乙種良文農学校沿革』一九〇六年、二頁。以下、『農学校沿革』と略す。

(18) 宮地正人のご教示による。また、塾名の由来は渡辺の遊学時代に中村正直を訪うたとき、書経無逸編中の「所其無逸」の一句を揮毫してもらい命名したという。

(19)『同志中学館沿革』一八九八年。頁数はなし。

(20) 渡辺操の履歴については、『良文農学校設立者履歴』（一九一四年）を元にしている。以下、『履歴』とする。

(21) 同前、『履歴』。

(22) 宮崎藤太郎は、並木栗水の門下であった。並木は儒者大橋訥庵の高弟であり、幕末に熱烈な攘夷論を唱え、佐原や多古で塾を開いたといわれている（前掲石橋論文、一六頁）。享保一二（一七二七）年の「阿玉久保村御年貢取立帳」によれば、渡辺家は六石八斗六合二夕とあり、村内ではほぼ中間の年貢高であった（同前、一一頁）。

（23）渡辺操『忠孝義烈漢訳階梯』文教社、一八九四年、三三頁。この著書は教科書として使用された。

（24）前掲『農学校沿革』八頁。

（25）前掲『良文村史』七四頁。なお、渡辺操の思想の軌跡については別稿を準備している。

（26）高野は一八八二年三月に自由党下総地方部が結成されたときは常議員の一人であり、それ以前は民権結社温知社に属していた。上之島村（当時香取郡、その後茨城県東町、現在稲敷市）出身。

（27）飯田は、自由党下総地方部結成のときは地方部を代表する「部理」であった。佐原村（のち佐原市、現在香取市）出身である。

（28）『東海新報』（一八八九・五・三一）。

（29）花香恭次郎については、田崎公司「旧幕府子弟の自由民権」『歴史科学と教育』一四号、一九九五年参照。論文で田崎は花香の釈放を「一八九〇（明治二三）年八月三一日」（三三頁）としたが、これは本章と矛盾する。したがって、田崎説は誤謬ではないだろうか。

（30）『非政論』三号、（一八九〇・二月）の広告参照。

（31）全号三二頁、一冊四銭、四六版の大きさである。

（32）注（30）と同じ。ごく最近、渡辺長次郎の著書を調べる機会があった。『国会準備政党団結』と『雄弁秘訣演説法三十三則』は合本となっており、「民主社」の発行であり、一八八九年に刊行されたことが分かった。「民主社」は、「民政社」の誤りか。また、『愛国公党論』は大日本書籍行商社が刊行しており、一八九〇年一月に出版されていることが判明した。

(33)『東京府史』府会編、第一巻、一九二九年、七九・二八七頁。

(34) 好問社は一八八一年一二月に万歳村（その後干潟町、現在旭市）で結成された民権結社であり、のち他の結社とともに自由党下総地方部の創設に加わった。

(35) 前掲『農学校沿革』二二頁。

(36) 安在邦夫は、この時期を「民権派統一政党結成運動」（八九年四月〜九〇年八月）と「議会開設後の民党共闘運動」として整理している（「三大事件建白運動と大同団結運動」『自由民権と明治憲法』吉川弘文館、一九九五年参照）。

(37)「同盟義会」の存在は、前掲石橋幹次「渡辺操と無逸塾」で初めて知った。しかし、それの性格づけは紙数の制限のためかやや弱いものとなっている。

(38)『東海新報』（一八八八・一一・一五）。

(39)『東海新報』（一八八八・一一・七）。

(40)『東海新報』（一八八九・五・一七）。

(41)『東海新報』（一八八九・七・二七）。

(42)『東海新報』（一八八九・八・六）。

(43)『東海新報』（一八八九・一〇・二）。

(44)『東海新報』（一八八九・一〇・一九）。及川敏雄「香取郡の民権家大竹岸太郎」『香取民衆史』

三号、一九八一年参照。
(45)『東海新報』(一八九〇・一・二一)。
(46)『文教』一号、一八九一年六月。いわゆる新聞紙条例により発行停止となったのである。『文教』一号~七号は、東京大学法学部明治新聞雑誌文庫(正式には、東京大学大学院法学政治学研究科附属近代日本法政史料センターであるが、以下東大明治文庫と略す)で発見した。
(47)雑誌は毎号二〇頁前後が標準であるが、付録(小説)がついた場合は三三頁(四号)、二六頁(二・三号)と増加する。四六版、一冊三銭である。
(48)国華社は、『国華新誌』を一八九一年二月に第一号を発行した。発行人は富沢興一郎であり、「文海」「誌苑」「歌林」が中心の小規模な雑誌である。東大明治文庫に、二号(一八九一年三月)のみがある。しかし、有為社の実態は不明である。
(49)『文教』一号(一八九一年三月)、三頁。
(50)高木惣兵衛は、正確には二号以降で「社友」となり、一号では「社員」であった。「社員」資格は五か月以上の社費を納めることであり、また「社友」は「諸名士」を選び、文学・徳義の隆盛をはかりうる人であり、かつ本社維持のため毎月詩文・論説を書き、毎月社費二〇銭を出す人だという。ちなみに、四号掲載の「社友」二四名のうち八名は小学校長であり、他は元民権派・名望家が多い。
(51)『文教』二号(一八九一年七月)、六頁。
(52)これより先渡辺操は、栃木県出身の自由党員新井章吾が経営する『自由平等経綸』が発行

（一八九一年三月）されたとき、大井憲太郎・島田三郎らとともに祝辞を送っている。渡辺と新井は、かつての香取郡政談演説会で知り合っていた。
(53)雑誌『無逸』は主に東大明治文庫で閲覧したが、欠落が多かった。一号から四〇号までは表紙がなく（四一・四二号は欠落）、Ａ４版の大きさで八頁、一冊二銭である。四三号から表紙がつき、頁数も二〇頁前後となる。四六版、一冊二銭五厘～三銭となる。
(54)『東海新報』（一八九二・三・四、三・一八）。
(55)一八九二年二月には、高野麟三・飯田喜太郎が三区で衆議院議員に立候補したが、大須賀庸之助に飯田は次点で敗れたことがあった（『東海新報』一八九二・二・三、二・一九）。
(56)『日本弘道会東部支会沿革誌』九～一〇頁。以下、『支会沿革誌』と略す。
(57)同前、九頁。「地方道徳の衰頽」とは、具体的には年少諸子が「吸煙」「金衣」や飲酒などを好むこと、さらに地域における犯罪人の多さなどを指摘しうる（『無逸』一号、七号参照）。
(58)千葉県の弘道会運動については、『千葉県教育百年史』第一巻、一九七三年、一四三三頁以下参照。
(59)前掲『支会沿革誌』二二頁。
(60)安丸良夫『近代天皇像の形成』岩波書店、一九九二年、第八章など参照。
(61)一八九六年改正『無逸塾規則』第一六条、参照。この頃の発行部数は、約一千部であった。
(62)『同志文学』に改称したもう一つの理由は、匝瑳郡東陽村（現在の山武郡横芝光町）の文友社と一一月に合併したからであるといわれている（『同志文学』九七号、一九〇一年四月、一頁）。

この雑誌は六〇号〜八五号あたりまでは二〇頁前後、三銭、四六版である。八六号（一九〇〇年二月）から二八頁〜四〇頁へと増加し、一冊四銭五厘〜六銭となる。九七号からは表紙がなくなり、一六頁、六銭となり、Ａ４版より少し大きい雑誌となった。

(63) 雑誌が『同志文学』に名称が変わったとき、文教社から同志文学社に変わったのである。

(64) 実際には、八八号（一九〇〇年五月）の段階で読者数は数千を超えている。ちなみに、八六号の広告では入会者は五六名を数えた。

(65) 前掲『農学校沿革』二二頁。

(66) 東大明治文庫には、一一七号まで保存されている。

(67)『同志文学』一〇六号（一九〇二年一月）、二頁。

(68) 小田切進「解題」（『明治社会主義文学集（二）』『明治文学全集83　筑摩書房、一九六五年）参照。

(69) 彼は元函館毎日新聞記者であり、以前より『同志文学』に俳句を載せていたが、のちに社会改良団体である直交団の機関誌『直言』の編集を原霞外らとしている。大沢は編集主任であった。

(70)『千葉毎日新聞』（一九〇五・一・五）。

(71) 荻野富士夫『初期社会主義思想論』不二出版、一九九三年、第一編参照。

(72) かつての無逸塾は三学期制であり、二学期は九月一一日から始まっている。同志中学館もこれに準じたと推測され、一学期の終了後（七月三一日以降）吉田は転学したと思われる（『無逸塾規則』一八九七年参照）。『同志文学』八四号（一八九九年一一月）の裏表紙参照。なお、吉田が同志中学館に在学し転学したことについては、田中英夫のご教示をえた。

（73）吉田の社会主義受容の動機については、拙稿「吉田璣の受容過程」『初期社会主義研究』九号、一九九六年参照。一一八号以降の雑誌が発見されれば、吉田も執筆した可能性が高いと思われる。

（74）前掲『支会沿革誌』二二頁。

（75）渡辺は国家思想について、別のところで「国民的思想を養成し、国体乃如何んを知らしむるは何を以て可となすか」と問い、未だ一定の見識のない子供にはいたずらに「西洋を追慕」させるのではなく、教育者は「簡端なる日本歴史を編纂して以て国体の如何ん、皇統の連綿、忠臣烈士の略伝を記し以て之を尋常小学に用いるより善きハなし」（「国家思想を如何んせん」『非政論』六号、一八九〇年五月）と述べたことがあった。渡辺は、国民統合の装置の一つとして「日本歴史」の編纂等を通じ生徒らを「国民」化しようとこころみる。その前提には後期水戸学や王道思想を考えることができ、さらに天皇制へと帰着するように思われる。

（76）本章とは別に、同一地域（千葉県）に限定して自由民権から初期社会主義への系譜に言及したものに、拙稿「自由民権から初期社会主義への系譜――地域・結社・女性」（『初期社会主義研究』一一号、一九九八年。本書の第一編第3章にあたる）がある。参照されたい。

第2章

（1）拙稿「北総平民倶楽部と小泉由松――『漫筆』手帳を中心にして」『成田市史研究』二四号、

二〇〇〇年（のち『日本史学年次別論文集』（学術文献刊行会、二〇〇一年所収）。ここでは、小泉由松の「漫筆」と書かれた手帳により、北総平民倶楽部に関する新しい事実が発見されたことが重要であり、それを元に論文にした。本章では、『漫筆』手帳とそれ以外に発見された史料により論文化した。また本章は、拙稿「「民権」という経験がもたらすもの――渡辺操と小泉由松を事例にして」（『自由民権の再発見』日本経済評論社、二〇〇六年）における小泉由松についての論考を、修正・加筆したものとなっている。

（2）福田英子については、最近映画フィルムを通して、自由民権研究の視野の拡大、豊富化を論じている。これは民権期の景山英子時代であるが、拙稿「忘れられた映画フィルム――福田英子の『我が恋は燃えぬ』によせて」（『歴史評論』八二二号、二〇一八年）参照。

（3）マイノリティとしての存在が意識されるのは、一つには「ある領域にたいする政治権力の排他的・専一の支配の確立を挙げ」うると述べることに同意したい（下村由一「序論――ヨーロッパにおけるマイノリティ問題の成立と展開」下村由一・南塚信吾編『マイノリティと近代史』彩流社、一九九六年、七頁）。またマイノリティは、単に数が少ないという意味ではなく、社会学では「マイノリティ minority group」が、「マジョリティ Majortiy group,dominant group」の権力に服従している人びとと定義されている。その際、不平等な地位におかれる点に最大の特色がある」とした（Richard T.Schaefer,Racil and Ethnic Group,14th Edition, Pearson,2014を参照）。私は、日本の初期社会主義者じたいも、マイノリティに属すると考えている。

（4）注（1）を参照。現在、地域において民権から初期社会主義への移行を検討する研究者はほとんどいない。

(5)『小泉利夫家文書』一七四、一七五、一七七。以下、『文書』と略す。なお、この文書は一般公開はしていない。

(6)『文書』一七四、一七五。

(7)『朝野新聞』(一八八二・九・一八)。

(8)長沼事件とは福沢諭吉が関与した事件であり、江戸時代いらい長沼を重要な生活源としていた沿岸の長沼村が、明治維新以後その所有権を県側と近隣一五か村によって脅かされたため、その所有権を回復・要求した運動のことである。長沼村の小川武平(用掛、元の百姓代)は、一八七四年にこの係争事件の解決を福沢に依頼した本人である。これについては、本書の第一編第3章を参照されたい。

(9)その結社は、一八七九年六月に結成された自立社であり、下埴生郡長沼村、北羽鳥村、南羽鳥村などの社員を中心に設立された。社長は小川武平、副社長は北羽鳥村の野島新兵衛であった。なお、自立社七二名の発起人のなかに南羽鳥村の根本幸太郎がいた。この根本は、実は初期社会主義結社である北総平民倶楽部の幹事の一人である根本隆一の父親であった。自立社は農民的結社といえるが、学習結社・生活結社・扶助結社としての性格をもち、同時に村々に起こる「紛議」の調停をおこない、政治的結社の役割をも備えており、民権結社と呼んで差し支えないだろう。また、この地域では慶応義塾系の交詢社社員が増えている(本書の第3章を参照のこと)。これは、福沢諭吉が長沼事件にかかわりがあったことに関係があろう。さらに、発起人七二名のなかに、香取郡出身の飯田喜太郎がいる。のちに彼は一八八二年三月、自由党下総地方部の代表となる部理に就任する。飯田喜太郎については、神尾武則「千葉県の民権結社」(『千葉史学』二五号、一九九四年)。あるいは本書の第1章などを参照。
(10)『郵便報知新聞』(一八八四・六・五)。
(11)『文書』一五。この内容は、一八九二年八月横田対山が小倉良則に送った書簡であり、小倉の過去の事績についてその労をたたえている。
(12)『文書』一七六。
(13)『文書』一二。
(14)『文書』六三、六四、一四一。
(15)『文書』四四、四七、七九、一一三。『掛け軸文書』2—3・4。
(16)『掛け軸文書』1—13・14、3—5。
(17)『掛け軸文書』3—9・10。
(18)『文書』三五、四一。特に四一は新総房新聞社の創業一周年の記念祝典通知であり(一八九八年一一月)、「貴台初め同志諸賢の深更なる御庇蔭を以て社運日に月に隆盛に趣き候段、社中一同感佩の至りに耐えす候」として、小泉は進歩党系新聞の「同志諸賢」の扱いを受けている。
(19)『文書』一七九。
(20)帝国主義・社会主義論争は『千葉毎日新聞』において、一九〇四年一〇月から翌年八月まで続いている。この論争については、拙稿「村落社会主義者小川高之助の思想と行動」(『人民の歴史学』七〇号、一九八二年）、同「千葉県における社会思想状況」（『初期社会主義研究』四号、一九九〇年）参照。本書の第4章、第5章で扱っている。

(21) 前掲拙稿「北総平民倶楽部と小泉由松」六二一〜六二三頁。

(22) 本書の第5章を参照。なお、一九〇四年九月平民社の伝道行商の創始者の小田頼造は、週刊『平民新聞』の読者の多いこの地域をも訪問し、書籍・新聞を売り、読書会を開いているが、小泉もこの読書会に参加した可能性があり、新しい思想である「社会主義」思想の学習にも、かつての民権学習の経験・方法・スタイルが生きており、違和感なく入っていけたと推測できる。全国的にみても、農村において長く継続した初期社会主義結社は、ここ以外は存在しない。

(23) 本書の第5章、第6章を参照。

(24) 『社会新聞』（一九〇七・七・二八）。

(25) 「漫筆手帳」の紹介などについては、前掲拙稿「北総平民倶楽部と小泉由松」を参照。

(26) 『社会新聞』（一九〇八・六・二六）。

(27) 片山潜は一九二九年ソ連において、当時の自身を振り返り、社会主義者として議会主義者であったが、今日のごとき革命家ではなく「合法主義者」すなわち、日和見主義者であったと反省している（片山潜『日本の労働運動』岩波書店、一九五二年）、拙稿「「大逆事件」判決一〇〇年の現代的意味」（『日本の科学者』四六巻一一号、二〇一一年）の注（5）を参照。

(28) 大正期以後の倶楽部会員の動向については、第三編第7章を参照。

(29) 漢詩文づくりのネットワークといっても、小泉の書いた漢詩文がそのままのかたちで残ってはいない。五日市の深沢権八のような詩集は残存していない。色川大吉は深沢に対して「文人風の芸風としてではなく、自分の青春を賭けた変革思想表現の手段として、詩作した」と述べるが、この地域ではそういう漢詩文は発見されていない（色川『明治の文化』岩波書店、一九七〇年）。「Ⅳ漢詩文学と変革思想」を参照。

（30）拙稿「野依秀一と大杉栄――雑誌『近代思想』の時代前後」（『大杉栄と仲間たち――『近代思想』創刊一〇〇年』ぱる出版、二〇一三年）を参照。

（31）倶楽部の幹事であった小川高之助や根本隆一らには刑事の尾行が付き、大正時代以降農村に沈潜していくが、根本は大正時代に、小川は昭和時代に、それぞれ豊住村と八生村の村長に就任している。

第3章

（1）三浦茂一は香取郡下総町の町史編纂の過程でこの史料を発掘されており、この史料紹介により千葉県の民権結社の存在がいくつか明らかになった。本章は三浦茂一の史料発掘によりヒントを与えられたものである。

（2）ひろたまさき『福沢諭吉』岩波書店、一九七六年、一二一～一二八頁。なお、本書は岩波現代文庫として、二〇一五年に再刊された。

（3）小川武平は、『随聞随筆総房人物論誌』第八編（博聞館、一八九四年）によれば、福沢の弟子小泉信吉から帰郷後、家畜を飼養するよう勧められ、豚などを飼養している。また、長沼村に小学校を設立したとき、その開校式には県知事や師範学校長、教育課長及び慶応義塾から四教授が来会したという。さらに学校の講堂には小川の俳句が額に掲げられた、と記されている。ひろたまさきは、福沢が長沼村に小学校設立を勧めて募金五〇〇円を寄附したというが（前掲『福沢諭吉』一二七頁）、『成田市史近現代編』（一九八六年、九三頁）では村民が福沢から一〇〇〇円を借り受け、校舎を新築したとあり、これはどちらが正確かは不分明である。また、ひろたまさきはこの学校は明治一四年開校、千葉県で二番目と述べているが、これは誤りである。学制発布後、三～四年後で成田市域内だけでも一六校の小学校設置が確認されており、そのうち三校は新築であった（『成田市史近現代編』九三～九四頁）。

（4）江村栄一「自由民権運動とその思想」（『岩波講座日本歴史』15・近代2、一九七六年）。鹿野政直「序論―統治体制の形成と地域」（『近代日本の統合と抵抗』1、日本評論社、一九八二年）など参照。

（5）扶助結社の性格としては、毎月社員より一円（株金）納め、それを「貯蓄金」として社員に貸与する規則があった。政治結社の性格としては、一八八〇年一一月香取郡佐原で催された学術演説会で中央から交詢社の社員を招き、野島新兵衛・鈴木大治らが運動した一度のみがあった（『交詢社雑誌』三号、一八八〇年）。自立社の発起人の一人に香取郡佐原出身の飯田喜太郎がいるが、彼は香取郡を代表する民権家の一人であり、自由党下総地方部結成のときは結社を代表する「部理」であった。香取郡の演説会には、彼の仲立ちや活躍もあったのでないだろうか。

（6）坂野潤治『大系日本の歴史13――近代日本の出発』小学館、一九八九年、四五頁。

(7) 前掲『福沢諭吉』、一七四頁。

(8) 南羽鳥村の伊藤惣輔は、一八八〇年九月に千葉交詢社が創立されたとき、山本嘉平治(長沼村)・鈴木大治(長沼村)ともに社員となっている(『交詢雑誌』二五号、一八八〇年一〇月)。また、伊藤と山本は『交詢雑誌』三二号(一八八〇年一二月)において、他の社員の小作・地主関係の質問に詳しく回答していたことがあった。

(9) 石河幹明『福沢諭吉伝』第二巻、岩波書店、一九三二年、三八四頁。なお、小川武平については富田正文『考証福沢諭吉』(上)岩波書店、一九九二年参照。

(10) 同前。

(11) 拙稿「『冬の時代』の北総平民倶楽部」『初期社会主義研究』八号、一九九五年参照。ここは、本書第三編第7章を参照。

(12) 注(4)鹿野政直論文、一四頁。

(13) 結社という名称ではないが、結社という性格を備えているものに、岡山女子懇親会(一八八二年六月創設)、仙台女子自由党(一八八三年六月創設)、愛甲婦女協会(一八八四年四月創設)などがある。北羽鳥村の愛夫社は農民の妻たちが中心であり、その内実は分からないが、史料を読むかぎり、親睦結社や生活結社としての機能があると思われる。また、女性結社としての評価を別にするならば、時期的にはこれまで全国的に最も早く結成されたといわれた岡山女子懇親会よりも、愛夫社の方が一年以上早く結成されたといえよう。

(14) 小論とは別に、系統的な雑誌を通して自由民権から初期社会主義までを眺望したものに、拙稿「近代日本の地域における思想と文化――千葉県香取郡の私塾雑誌を中心として」(『民衆史研究』五六号、一九九八年)。それは、本書第一編第1章にあたる。

第4章

(1) 田村秀夫「社会思想とは何か」『社会思想事典』中央大学出版部、一九八二年、のち『社会思想史の視点』中央大学出版部、一九九〇年所収。

(2) 社会思想がどれだけ民衆の生活に定着しえたか、あるいは可能性がありえたか、検証の必要があるであろう。

(3) 日本近代社会思想を扱った文献は多い。なかでも、岸本英太郎・小山弘健編著『日本近代社会思想史』青木書店、一九五九年。吉田光・作田啓一編『近代日本社会思想史I』有斐閣、一九六六年。隅谷三喜男『日本社会思想の座標軸』東京大学出版会、一九八三年等は、それぞれ独自性を示しており、興味深いものとなっている。

(4) 太田雅夫『社会主義遊説日記』(『明治社会主義資料叢書』第3巻、新泉社、一九七四年、三六〇頁)は、「明治社会主義と地方新聞」をこれからの研究テーマであるとしている。本章は、これまで私が少しく千葉県における初期社会主義研究をやってきたなかでは、その前史に位置づけることができる。

(5) とくに断らないかぎり如上の事実経過等は、社会主義新聞(『週刊平民新聞』『直言』等)に拠っている。

(6)『週刊平民新聞』(一九〇四・九・一八)。

(7)この倶楽部や羽衣会については、拙稿「初期社会主義の一断面――千葉県北総平民倶楽部の活動と思想」(『民衆史研究』二一号、一九八一年)参照。この拙稿は、本書第5章に一部を利用している。

(8)一九〇四年から翌年にかけて、『東海新聞』主筆寺嶋信之が『千葉毎日新聞』主筆として、また『千葉毎日新聞』主筆白鳥健が『東海新聞』主筆として移っている。さらに、『新総房』にいた石川正徳(一鷗)は『東海新聞』に移り、その後『千葉評論』に移っている。千葉県下の新聞界は、こういった交流が盛んであり、自由主義的な雰囲気を有していたことが分かるであろう。

(9)石川旭山編・幸徳秋水補『日本社会主義史』(『明治文化全集』第六巻所収、日本評論社、一九二九年)、三六七頁。

(10)太田雅夫『明治社会主義政党史』ミネルヴァ書房、一九七一年、四二頁以下参照。

(11)『新総房』『東海新聞』ともに、五月二一日付記事は欠落しており、確認はできていない。

(12)『万朝報』(一九〇一・一二・一二)。

(13)前掲『社会主義史』や太田前掲書も『東海新聞』を挙げているが、このことはもう少し調べてみる必要があろう。すでに、かつて片山潜は『日本における労働運動』(一九一八年、のち『日本の労働運動』岩波書店、一九五二年に所収)において、「我々の宣言は、東京では四つの日刊新聞と「労働世界」に、それから一つの日刊地方新聞に印刷された」(三二六頁)と述べている。一つの日刊地方新聞を『新総房』と考えれば、『東海新聞』は除外されるだろう。私は、片山潜の主張を支持したい。ここでの校訂者（山辺健太郎）の注（三八五頁）は、明らかに誤りである。

(14)『万朝報』（一九〇一・一一・一一）。

(15) 同前。

(16)『千葉毎日新聞』（一九〇四・八・二一）。以下、『千葉毎日』と略す。

(17)『千葉毎日』（一九〇四・八・二五）。

(18) 前掲拙稿「初期社会主義の一断面」、参照。小川高之助の「社会主義論」は、本書第5章を参照。

(19) 小川素泉は『実業之千葉』（月間雑誌）の記者であるが、それ以外は何も分かっていない。

(20)『千葉毎日』（一九〇四・一〇・二六）。

(21) 小川素泉が論文を執筆した同年四月に、幸徳秋水の『廿世紀之怪物帝国主義』が刊行されているが、その著書の影響は現われていない。

(22) 社会主義者としての吉田璣の動向は、田村貞雄「村落社会主義の周辺」（『静岡大学教養部研究報告』一九八一年）、拙稿「吉田璣の受容過程」『初期社会主義研究』九号、一九九六年。また、本書第1章を参照。

(23) この「帝国主義」論争については、拙稿「小川高之助の思想と行動」『人民の歴史学』七〇号、一九八二年参照。ここは、本書第5章に短く要約している。

（24）『千葉毎日』（一九〇五・三・一二）。

（25）帝国主義の経済的側面は、簡単にいえば独占と金融資本が確立し、商品の輸出に代わって資本輸出が顕著な意義をもち、国際的トラストによる世界分割が完了し、植民地分割が争われるに至った資本主義の新しい段階、すなわち在来の産業資本を中心とする自由主義とは異なり、独占資本を中心とする新しい資本主義の段階をいうのであるが、当時においてこのことを理解するのは無理な話であった。

（26）拙稿「小川高之助論——ある村落社会主義者の軌跡」（『駒沢史学』三五号、一九八六年参照）。これは本書の第5章にあたる。

第5章

（1）山川菊栄・向坂逸郎編『山川均自伝』岩波書店、一九六一年、三一六〜三一七頁。

（2）かつて「明治社会主義における農民問題」を理論問題として解明しようとした牧原憲夫（「明治社会主義の農民問題」『歴史評論』三三九号、一九七八年）は、明治社会主義に農業綱領の欠落した理由を、農業綱領を不要とする『共産党宣言』の論理によるものとし、結果として明治社会主義の問題点を「農業綱領を欠落させたこと自体よりも、理論と現実との不断の検証、とりわけ自己の理論とは異質な事実に対する感受性やそれを理論問題としてつきつめる姿勢の欠落にあった」と結ぶ。基本的には承服できるが、『共産党宣言』について当時の社会主義者の直訳的輸入は彼らをしてどれ程の読み込みをさせ得たかは議論の余地のあるところであり、これを完全に日本に扶植・定着させたとみるのは留意する必要があろう。

（3）大河内一男「社会主義運動の日本的形成」（『社会主義講座7日本の社会主義』河出書房、一九五六年、のち『歴史科学大系26社会主義運動史』所収、校倉書房、一九七八年）、一二二頁。

（4）名前を掲げるだけで著書・論文・資料等は略すが、柏木隆法・田村貞雄・小池善孝ら。

（5）しかし、それだけで初期社会主義の全体像を解明できるとは思っていない。

（6）拙稿「村落社会主義者小川高之助の思想と行動」（『人民の歴史学』七〇号、一九八二年）、同「初期社会主義の一断面――千葉県北総平民倶楽部の活動と思想」（『民衆史研究』二二号、一九八一年）。この二つの論文のそれぞれ一部は、修正して本書第5章に組み入れている。

（7）北総平民倶楽部の研究に先鞭を付けたのは神尾武則である。神尾「北総平民倶楽部についての研究ノート」（『房総史学』一二号、一九七二年）、同「明治期における千葉県の社会主義運動と北総平民倶楽部」（地方史研究協議会編『房総地方史の研究』、一九七三年）の論考がある。とくに、後者は「北総平民倶楽部少史」ともいうべき労作であるが、問題視角の不分明さや倶楽部会員が農民問題をどのように考えていたのか、明確なかたちで現されていないなどの問題が残る。本章では、その後発見された史料などで私なりに克服・解明し、再構成していくつもりでいる。

（8）注（2）参照。

（9）橋本哲哉「民衆運動と初期社会主義」（『講座日本歴史』近代2、東大出版会、一九八五年）、二二九頁。また、同「地方における初期社会主義の活動」（金沢大学『経済論集』第二一号、一九

八四年、金沢大学経済学会）。同「日本における初期社会主義研究の意義」（金沢大学『経済学部論集』第四巻、第二号、一九八四年）参照。

(10) 前掲拙稿「初期社会主義の一断面」、四三頁。

(11)『日本労働運動史料』第二巻（労働運動史料刊行委員会、東大出版会、一九六三年）において、おもな地方社会主義組織（組織のはっきりしている団体）として横浜曙会、北総平民倶楽部、大阪平民社、神戸平民倶楽部、岡山いろは倶楽部の五団体を紹介している。このうち、『光』に報告を寄せる団体と重なるものは、大阪平民社を除いてすべてのグループにあてはまる。

(12)『週刊平民新聞』全六四号の記事により、千葉県の社会主義者や読者は三四名を数えることができる。また小田頼造は、のちに結成される北総平民倶楽部の八生村・豊住村へも当然のごとく回っている。これは、もちろん読者がいたためである。

(13) 千葉県では、北総平民倶楽部の外にも社会主義結社が生まれているが、それについては本書第4章を参照。

(14) 小川高之助自身に関する明治期の史料は、ほとんど残存していない。それゆえ、本章では新聞史料と現地の少しの区有文書、聞き書き等で再構成していくつもりである。

(15) 一九〇二年における小川高之助の直接国税額は二五円というから、かなり富裕な農家といえる（『千葉県紳士名鑑』多田屋書店、一九〇二年）。聞き取りでは、田畑一町七反、山林四町歩で、先祖は千葉氏の末裔であるという。尚、八生村の土地台帳は残存していないことが分かっている。

(16) 印旛郡八生村『吏員及議員名簿』。

(17)『週刊平民新聞』(一九〇五・一・一五)。

(18)『光』(一九〇五・一・一五)。

(19) 倶楽部会員の階級的基盤については、すでに前掲「初期社会主義の一断面」でふれたことがあるが、会員紹介を含めてここで改めて述べておく必要があろう。八生村の有力な拠点である宝田からは、小川高之助(一九〇五年一月現在二九歳、以下同じ)・坂宮半助(相模屋四〇歳)・小倉太郎(三四歳)・小川武平(二一歳)など(同調者と社会主義者をあわせ二〇余名がいる)が加入しており、その後宝田では日本社会党員四名、党員の村会議員二名(一九〇七年現在)を出すようになる。彼らは、皆宝田の有力者——全戸数(一二〇戸)の四分の一は地租一〇円以上を納める小地主・自作農クラスのいわゆる農村中間層——であった。一方、もう一つの拠点である幡谷(戸数八〇戸のちに七九戸)からは海保金次郎(三五歳)・葛生新次郎・檜垣正巳らが会員であり、隣の成毛部落から小泉由松(のちに社会党員となる、四六歳)が加入している。ここでの会員は、小作人=没落小農民、自小作農民が多く、また豊住村からは根本隆一(二五歳)・新橋貞・鈴木弥一ら農村中間層が加入している。表4には、主要な倶楽部会員の直接国税額をあげておいた。村内においても、有力な地位を占めている会員は多いようだ。成田市街からみると、この三村は北の方角に位置しており、豊住村は利根川に近く、長沼という湖を取り囲むようなかたちでこの三村は位置している。

(20) 近世の宝田については、『成田市史』(近世編史料集四上(村政Ⅰ)、一九七三年)を参照。また、近くに長沼という湖があり、それをめぐる漁業権・藻草採取の争いも江戸時代からあり、明治期に入って福沢諭吉の関与する長沼事件も、ここで発生する。第3章を参照。

(21)『直言』(一九〇五・二・二六)。

(22)(23)『光』(一九〇六・二・二六)。

(24)『千葉毎日新聞』(一九〇五・一・二八)。以下、『千葉毎日』と略す。

(25)詳しくは、前掲拙稿「村落社会主義者小川高之助の思想と行動」、六頁以下参照。

(26)幸徳秋水『社会主義神髄』岩波書店、一九五三年、七三頁〜七四頁。

(27)『千葉毎日』(一九〇五・八・三)。

(28)「社会主義入門」(荒畑寒村監修・太田雅夫編『明治社会主義資料叢書4』新泉社、一九七二年)、四九頁。

(29)国家資本主義は、社会主義に転化する前の資本主義的過渡段階であるが、当時の日本の社会主義者にはまだ十分な把握はできなかった。

(30)『千葉毎日』(一九〇五・八・四)。

(31)『千葉毎日』(一九〇五・八・五)。

(32)『千葉毎日』(一九〇五・八・六)。

(33)千葉毎日新聞社編『房総人名辞書』一九〇七年、五二七頁。

(34)『千葉毎日』(一九〇四・一・三〇)。

(35)『光』(一九〇五・一二・二〇、一九〇六・一・二〇)。

(36)『千葉毎日』(一九〇五・一二・一七〜一九)。
(37) その年の五月、東京市において衆議院補欠選挙に出馬した木下尚江が三二票で落選していることをみれば、当時の制限選挙下(有権者は直接国税一〇円以上納入、男子二五歳以上)での白鳥の得票数はその七倍であり、それだけでもこの選挙は評価できるのである。もちろん、木下尚江の立候補は千葉の補欠選挙の影響を受けての立候補であった。
(38)『光』(一九〇六・一・二〇)。
(39) 選挙後の白鳥健の行動は、とくに一九〇六年以降は記者の仕事の外、県下の社会主義者に対し中央と地方を結ぶ窓口的役割を果たしていくようになる。それは『東海新聞』の「無題録」(雑誌でいえば編集後記に当たる欄である)を利用することによって、いろいろな中央の情報を県下の社会主義者にもたらすのである。そういった意味あいで、白鳥健は千葉県の社会主義史上欠くことのできない存在であり、県下の代表的な社会主義者の一人として呼ぶことができる。白鳥健のその後については、省略する。
(40)『光』(一九〇六・五・二〇)。それ以前、倶楽部では同年二月二一日倶楽部主催の演説会が開かれ、中央から堺利彦・森近運平が招かれている。これは日本社会党として最初の遊説であり、その三日後に日本社会党第一回大会が開かれている。この二一日の夜の懇談が一つの契機となり千葉支部結成へとつながっていくのではないだろうか(『光』一九〇六・三・五)。
(41) 日刊『平民新聞』(一九〇七・三・五)。
(42)『光』(一九〇六・五・五)。

(43)『光』(一九〇六・一一・二五)。
(44)『東海新聞』(一九〇七・一一・二五)。
(45)『光』(一九〇六・三・七)参照。
(46)日刊『平民新聞』(一九〇七・一・二七)。
(47)ここに北総平民倶楽部と名称しているが、まだこの時期には日本社会党千葉支部は健在であり、実際には印旛倶楽部が正しい。しかし前述したように、支部の下につくられた各郡の倶楽部は印旛倶楽部一つだけであり、それゆえに旧名称に変えたのではないだろうか。
(48)もう一人の党員は久我久五郎といい、千葉支部に属していたと思われるが、本当のところは不明である。
(49)日刊『平民新聞』は実質的に日本社会党の中央機関誌として出発しながら、組織上は別個のものであった。これは日本社会党が組織論を欠いていたことに原因を求められるが、日刊『平民新聞』に際しても、その組織的な宣伝・拡張は中央からは何もせずに、もっぱら地方のサークルに頼らざるを得なかったのである。
(50)『社会新聞』(一九〇七・七・二八)。
(51)神尾前掲「明治期における千葉県の社会主義運動と北総平民倶楽部」、三〇七〜三〇八頁。片山派の「社会主義同志会」が組織されたのは八月末(『社会新聞』一九〇七・八・二五付)であり、倶楽部総会の約二か月近く後に設立されている。
(52)この年の六月二五日、片山潜と田添鉄二は「憲法の範囲内において社会主義を実行す」るという合法的な「日本社会平民党」の結社届けを出したが、禁止されている。

(53) 拙稿「北総平民倶楽部と小泉由松――『漫筆』手帳を中心にして」(『成田市史研究』二四号、二〇〇〇年)、六八頁~六九頁。

(54) 前掲『吏員及議員名簿』。

(55) 倶楽部が議会政策派へ移行した理由には、外に白鳥健の影響――議会主義派で『社会新聞』の特別寄稿家であったこと――も、多少はあっただろう。

(56) 詳しくは、前掲「初期社会主義の一断面」、四七頁~四八頁参照。

(57) 座間止水については、第6章を参照。

(58) 『社会新聞』(一九〇七・八・七)。

(59) 前掲「北総平民倶楽部と小泉由松」、六六頁。

(60) 『東京社会新聞』一九〇八・四・五)。

(61) 議会政策派の中心片山潜にしても、労働者の団結は主張したが、農民については小作人を「愚にして弱心なる」者として扱っている(片山『日本の労働運動』岩波書店、一九五二年、一六~一七頁)。これをみても、不誠実であることが分かるであろう。また幹事の一人根本隆一は、一九〇八年二月の片山派の社会主義研究会に出席して「地方労働者及農民の生活難は日々激甚に向ひつつあれば、社会主義は伝道さへすれば極めて容易に伝播すべし、否、彼等の多くは既に社会主義者なり」(『社会新聞』一九〇八・二・九)と述べた。ここには、すでに有力農民根本の同じ農民でありながら、他の農民に対する短絡的な焦りと不安が感じられ、当時の正確な農民把握にはなっていない。

(62) 小川高之助は、片山と西川の分裂について、以下のように述べている。「直接行動とは無政府主義の謂なるが、議会政策とは社会主義の謂なるか、之れ吾人の共に首肯する能はざる時なり、直接行動と云い、議会政策と云ひ両つながら社会主義者の取りて以て力を致すべきの道にはあらざる乎、議会政策にのみ傾注して直接行動を忘れんか、社会主義は唯だ骸骨のみ生令なるもの無きなり」(『東京社会新聞』一九〇八・三・二五)。小川は、西川と同様に併用論を唱えていた。

(63) 片山派は、一九〇八年三月一日より再刊された『社会新聞』の経営・編集の責任者は、片山潜・田添鉄二・白鳥健があたることになり、その第三七号(再刊一号)で田添は、これまでの中央の社会主義運動の経過を反省し、地方への見直しを図ろうとした。それは具体的には、「一、統一組織秩序ある運動、一、中央本部と地方との密なる連結、一、重大事件発生の時は必ず全国同志者の意見を叩くこと(略)」であった。こうした地方の同志との結びつきや認識の変化は初期社会主義においては初めてのことであった。このこと自体意義のあることであったが、すでにこの時期においては遅すぎるものといわねばならなかった。そして、田添鉄二はまもなく死去してしまうのである。

(64) 日刊『平民新聞』(一九〇七・三・一六)参照。

(65) 日刊『平民新聞』(一九〇七・三・五)。

(66)『小泉利夫家文書』一三九。

(67)『社会新聞』(一九〇九・二・一五)。
(68)前掲『吏員及議員名簿』。
(69)『社会新聞』(一九一〇・一〇・一五)。

第6章

(1)成田龍一「バイ=プレーヤーの復権」『続現代史資料月報』みすず書房、一九八四年参照。
(2)藤田勇「ソビエト社会主義とは何であったのか」『歴史評論』一〇月号、一九九二年、西島有厚「社会主義の理念と二〇世紀の『社会主義』」同前、参照。
(3)田村貞雄「明治末期の村落社会主義論」『静岡近代史研究』五号、一九八一年。拙稿「初期社会主義の一断面」『民衆史研究』二一号、一九八一年。同「平民社と座間止水」『初期社会主義研究』七号、一九九四年。
(4)村落社会主義者の軌跡を大正・昭和期まで追ったものとして、拙稿「小川高之助論」『駒沢史学』三五号、一九八六年がある。これは、本書の第5章にあたる。
(5)山泉進「初期社会主義研究の現状と課題」『初期社会主義研究』一号、一九八六年。
(6)座間止水には、一九二二年日本青年館に嘱託拝命のとき持参した履歴書と、一九四八年平群村役場に提出したそれの控が存在し、両者には誤差がある。ここでは前者を履歴(A)、後者を(B)とする。とくに断らないかぎり、座間についての履歴は上記に従う。座間止水の実家を訪ねたとき、子孫の座間君代より村役場に提出した履歴書を写させていただいた。

(7) 松沢弘陽『日本社会主義の思想』筑摩書房、一九七三年、一八頁。
(8)「東京府立師範学校同窓会名簿」『初等教育』四八号、一九一二年。『直言』(一九〇五・九・二)参照。これに従えば、二つの履歴書は事実とあわない。
(9) 履歴(A)。これにより、『直言』での二つ小学校説(一九〇五・七・九、七・二八)は解消する。
(10) 履歴(A)。
(11)『直言』(一九〇五・七・九)。
(12) 労働者を社会主義陣営に取り込む可能性の最も高い時期は、一九〇一年のことである。同年四月、当時の労働運動の指導者片山潜は労働運動が政治運動として実行され、その第一着手として労働者が普通選挙同盟会に加入することを望んでいた。この希望に応えたのが日鉄機関工組合矯正会(一〇〇〇人以上)であり、四月の年次大会では全会員が社会主義を支持し、同時に普選同盟会への入会を決議した。そして「もし社会主義の政党が組織されるなら、矯正会は全員これに参加するだろう」との情報が、片山にもたらされたのである。このことを背景にして、社会民主党結成への気運が起るのである(隅谷三喜男『片山潜』東京大学出版会、一九七七年参照)。
(13) 週刊『平民新聞』(一九〇四・八・一四)。
(14) 同前(一九〇四・一一・六)。
(15) 田村貞雄の「この保守主義の研究会において、事もあろうに社会主義の言説が述べられた」

（前出、一〇五頁）とあるのは、そういう記事はなく間違いであろう。
(16) 履歴（A）。ただし、記載に誤りがある。
(17) 『直言』（一九〇五・九・六）。
(18) 『直言』（一九〇五・七・二八）。
(19) 石戸谷哲夫『日本教員史研究』講談社、一九七六年、三三二頁以下参照。
(20) 『光』（一九〇六・六・二〇）。
(21) 履歴（A）。
(22) 『光』（一九〇六・九・一五）。実際には、九月一五日に出発したと思われる（『光』一九〇六・九・二五）。
(23) 『光』（一九〇六・九・一五）。
(24) 『光』（一九〇六・一二・五）。
(25) 『社会主義沿革（一）』（『続現代史資料（1）』みすず書房』、一九八四年）、三三頁。
(26) 『光』（一九〇六・一二・五）。
(27) 日刊『平民新聞』（一九〇七・一・二六）。
(28) 『社会新聞』（一九〇七・七・二八）。
(29) 同前。
(30) 『社会新聞』（一九〇七・九・一五）。
(31) 『社会新聞』（一九〇七・八・二五）。

(32)『社会新聞』(一九〇七・九・一五)。
(33)『社会新聞』(一九〇七・一一・三)。
(34)『社会新聞』(一九〇七・一二・八)。
(35)『社会新聞』(一九〇八・四・五)。
(36)『社会新聞』(一九〇八・六・一五)。履歴(A)では、一九〇八年四月入社とあり、くいちがう。
(37)『社会新聞』(一九〇八・七・二五)。新聞では七月中に追放となっているが、履歴(A)では九月とあり、ここでも新聞の記事を重視したい。
(38)座間君代から、戸籍をみせていただいたことによる。
(39)『社会新聞』(一九〇七・七・二八)。
(40)『社会新聞』(一九〇七・八・一八)。
(41)『社会新聞』(一九〇八・四・二六、一九〇九・一・一五、二・一五)。ここでは筆者が「村の人」になっているが、文脈や千葉県の事例の引用などからみて座間論文であると類推した。同時に、座間が「目下一生懸命にて村会政策を研究中なり」(同前、一九〇七・一一・三)と、いわれることも考慮に入れて判断してみたのである。
(42)北総平民倶楽部については、本書の第5章を参照されたい。
(43)注(33)と同じ。
(44)『社会新聞』(一九〇八・四・二六)。

(45)『社会新聞』(一九〇九・一・一五)。
(46)印旛郡八生村役場『吏員及議員名簿』。
(47)内容は、「五法律勅令ニ定ムルモノヲ除クノ外使用料手数料町村税及夫役現品ノ賦課徴収ノ法ヲ定ムル事」とある(『法令全書』二二巻の一、一九七八年)。
(48)『社会新聞』(一九〇九・二・一五)。
(49)『東京社会新聞』(一九〇八・六・二五、七・五)。
(50)『東京社会新聞』(一九〇八・四・五)。
(51)『東京社会新聞』(一九〇八・四・二五)。
(52)『東北評論』(一九〇八・九・一)。
(53)「同志懇親会」『社会新聞』(一九〇九・二・一五)。
(54)前掲「初期社会主義の一断面」五〇頁。
(55)辻清明「都市と自治」『ジュリスト増刊総合特集、現代都市と自治』一九七五年参照。
(56)小原隆治「明治都市社会主義の再検討(一)」『早稲田政治公法』一五号、一九八五年参照。
(57)三大都市特別市制施行などあげられるが、例えば町村の二級に対し市の三級の等級選挙制は当時の為政者がいかに農村より新興都市を不安視ないしは、重要視しているかの表れである。
(58)例えば、植木枝盛らが町村制施行後、批判的視点から等級制廃止を唱え(植木「市町村制」『日本近代思想大系20』岩波書店、一九八五年)、片山潜らも市制三級制廃止を唱えているが、座間止水らは現実におかれた町村制を巧みに利用する。どちらが優れているかは別にしても、座間らの論文により現実性・柔軟性をうかがうことはできる。
(59)『資料日本社会運動思想史4』青木書店、一九六八年、五四二頁。
(60)島袋義弘「大正末――昭和初期に於ける村政改革闘争（上）（下）」『一橋論叢』一〇・一一月号、一九七一年参照。
(61)信夫清三郎『大正政治史』第三巻、河出書房、一九五二年、七七四頁以下参照。
(62)『日本労働年鑑』一九三四年、三四五頁。
(63)『社会新聞』（一九〇九・二・一五）。
(64)『東京社会新聞』（一九〇八・四・五）。
(65)前掲「小川高之助論」一五七頁。ここは、本書第三編第7章を参照。
(66)鹿野政直「明治後期における国民組織化の過程」『史観』六九冊、一九六四年、三七頁。のち『資本主義形成期の秩序意識』筑摩書房、一九六九年所収。
(67)履歴（A）。
(68)『社会新聞』（一九一〇・八・一五）。
(69)『社会新聞』（一九一一・二・一五）。
(70)履歴（A）。
(71)『初等教育』四八号、一九一一年。
(72)『創立六十年青山師範学校沿革史』第一書房、一九八四年、六七八頁。
(73)『大宅壮一全集』二四巻、蒼洋社、一九八一年、二八頁。

(74)『社会主義者・無政府主義者人物研究史料（2）』柏書房、一九六六年、一五一～一五二頁。

(75)『大逆事件訴訟記録』については、山泉進からご教示をえた。

補章

(1) 岸本英太郎編『資料日本社会運動思想史　明治期第5巻』（青木書店、一九六八年）、三七二～三七三頁。

(2) 拙稿「小川高之助論――ある村落社会主義者の軌跡」（『駒沢史学』三五号、一九八六年）、一五一頁。

(3) このときは、日本社会党として北総平民倶楽部の一拠点である久住村幡谷の檜垣正巳宅で演説を行い、その後雨のなかを八生村宝田まで一里ほど歩き、堺と森近は坂宮半助宅で泊まった。そこで、小川高之助らの同志に会っている。宝田が他に類がないほど社会主義が盛んであり、村民が「独立自治の精神を養成」し、その結果法定地価は幾分安く、労働賃金は高いと森近は聞いている。また、「人は服従を強いらるるよりは圧制に反抗するの習慣を養ふた方が早く文明に進むものだ」という話しを聞き、紹介している（『光』一九〇六・三・五）。

(4) 西川光二郎と座間止水の「転向」については、拙稿「初期社会主義と修養に関する覚え書――千葉県の初期社会主義者らを中心に」（千葉歴史学会編『千葉県近現代の政治と社会』岩田書院、一九九七年）、また座間止水については、本書第三編第8章をも参照されたい。

第7章

（1）『社会新聞』（一九一〇・一〇・一五）。
（2）『押畑区有文書』二一二。
（3）隅谷三喜男『日本社会思想の座標軸』東京大学出版、一九八三年、五六頁。
（4）前掲『吏員及議員名簿』。
（5）『成田市史』近代編史料集二、教育Ⅱ、三四六〜三四七頁。
（6）鹿野政直『資本主義形成期の秩序意識』筑摩書房、一九六九年、四七四頁。
（7）その目的には、「資本ノ共同ト精神ノ団結トニヨリ勤倹治産ノ法ヲ確立シ、貧富ノ懸隔ヲ調和シ、現下社会ノ問題タル農村衰退ノ救済ト生活ノ難ヲ訴ヘツツアル小産者ニ共同一致ノ力ニ依リ立脚ノ地位ヲ得セシメ、自懇ノ啓発ト共ニ堕落シタル社会道徳ノ振興をヲ企図スベキ最モ適切ナル地方的経済機関ヲ組織シタリ」とある（『押畑区有文書』二一二）。
（8）聞き取りによれば、大正時代の中期くらいまでは尾行がつき、最後の頃は三里塚御料牧場に皇族が来訪したときだけ刑事がついたという。しかしながら、日本農民組合の八生村巡回講演会（『土地と自由』一九二四・一二・一二）によれば、この時期もまだ平民社時代の残党に尾行がついていることを指摘している。大正時代末期である。これが事実ならば、小川らはかなり厳しい生活状況下におかれていたとみることができよう。
（9）牧原憲夫「明治社会主義の農民問題」（『歴史評論』二三九号、一九七八年）、四四頁。
（10）それらの書籍は、子孫の方より成田図書館に寄贈されている。

(11)『押畑区有文書』一二一二。
(12)(13) 前掲『成田市史』近代編史料集二、教育Ⅱ、三六七~三七〇頁。かつて、一九〇八年二月の北総平民倶楽部総会で小川高之助の提出した「図書館設置の件」が満場一致で可決されたことがあったが、大正時代にかたちを変えて八生村に設置されたのである。
(14) 私は、前掲拙稿「村落社会主義者小川高之助の思想と行動」(一三頁)において、大正期以後の小川を「地方名望家」としたが、実際にはそうではなく、農村における「篤志家」「有志者」あるいは、「中堅人物」「サブ・リーダー」的存在を示しており、訂正したい。しかし、さらに正確を期すならば、彼の村内での名声をも考慮にいれて、「名望家的な中間層(中堅人物)」と規定してみたい。
(15) 農村経済更生運動については、中村政則『近代日本地主制史研究』東京大学出版会、一九七九年。森武麿「日本ファシズムの形成と農村経済更生運動」(『歴史学研究』別冊特集、青木書店、一九七一年)、同「戦時下農村の構造変化」(岩波講座『日本歴史』近代7、一九七六年)、同「農村の危機の進行」(講座『日本歴史』近代4 東大出版会、一九八五年)等参照。
(16)『成田市史』近代編史料集四政治、一九八三年、二四七頁。豊住村では、根本隆一が小作調停委員となっている。
(17)『東京日日新聞』(一九三六・一〇・一五)。
(18) 同前。
(19) 前掲森武麿「農村の危機の進行」、一五七頁。

(20) 前掲『吏員及議員名簿』。なお、小川高之助の書記退職に対し、各村落から慰労寄付金が集められている。大竹区のみ判明し、そこでは一三〇名の寄付で一〇六円七八銭の額が集まっている(『大竹区有文書』二六四)。

(21) 同前『吏員及議員名簿』。なお、前掲拙稿「村落社会主義者小川高之助の思想と行動」(一四頁)において、「任期中にこの世を去る」としたが、それは誤りである。

(22) 聞き取りによれば、私生活では短歌・俳句をやり、人望のある人物であったという。病弱なこともあるが、農業は家族に任せ、ほとんどしなかったといわれ、三回の結婚をしている。また、小川高之助の直接国税額が大正期しだいに減っていくのは、子孫の方がいわれるように、やはり「村のために」尽力した結果であったと思われる。

(23) 根本隆一の子孫、根本二郎らへの聞き取りによる。

(24) 「社会主義者沿革第三」(『続現代史資料(1)』みすず書房、一九八四年、一七三頁。

(25) 海保保兵衛「久住村における農民運動」(『成田史談』二〇号、一九七四年)、三四頁。香取は、かつて中央から堺利彦・森近運平が倶楽部の演説会に招かれたときに、幡谷の会場において尽力したことがあった(『光』一九〇六・三・五)。

(26) 同前、海保論文、三四頁。

(27) 「村落社会主義」については、本書第二編第6章を参照されたい。

(28) 『社会新聞』(一九〇九・二・一五)。

(29) 拙稿「座間止水の思想的転回」『史学雑誌』一〇四編三号、一九九五年参照。あるいは、本書第三編第8章を参照。
(30)『東京日日新聞』(一九三六・一〇・一五)。
(31)宮崎民蔵については、牧原憲夫「宮崎民蔵の思想と行動」『歴史学研究』四二六号、一九七五年参照。
(32)橋本哲哉「民衆運動と初期社会主義」(『講座日本歴史』近代2、東大出版会、一九八五年)、二三六~二三七頁。橋本は初期社会主義の研究史の整理を通して述べているが、実証的結論でないのが気になるところである。
(33)中村政則『日本近代と民衆』校倉書房、一九八四年、三三頁。

第8章

(1)履歴(A)。
(2)修養思想の代表的な研究として、筒井清忠『日本型「教養」の運命』(岩波書店、一九九五年)などがある。報徳運動・青年団運動などには、直接間接に、〝修養〟が論じられることが多い。私も、「近代日本における修養思想」(『人民の歴史学』一五〇号、二〇〇一年)、同「初期社会主義と修養に関する覚え書」(千葉歴史学会編『千葉県近現代の政治と社会』岩田書院、一九九七年)などを叙述しており、参照されたい。
(3)例えば、修養の定義には「日本に伝統的にあった身を修め、心を養うということ」(武田清子「解説」『新渡戸稲造全集』第七巻、教文館、一九七〇年、六九四頁)、ないしは「恣意的な欲望や利己心を制御して、内面的な道徳律に従うという自律的な精神の訓練を行うという意味」（坂田稔『ユースカルチュア史』勁草書房、一九七九年、一四三頁）がある。

（4）蓮沼は座間らとともに、円覚寺仏日庵で座禅のために一九〇六年一二月から七年間日曜ごとに出かけたという（『蓮沼門三全集』五巻、一七〇頁以下参照）。しかし、これは第二編第6章でみてきたように記憶違いであろう。

（5）「乃木将軍遺書全文スクープ」『新聞及新聞記者』九六号、一九二六年。

（6）前掲『大宅壮一全集』二四巻、二九頁。

（7）報徳運動については、石田雄『明治政治思想史研究』未来社、一九五四年。宮坂広作『近代日本社会教育政策史』国土社、一九六六年。鹿野政直『資本主義形成期の秩序意識』筑摩書房、一九六九年。宮地正人『日露戦後政治史の研究』東京大学出版会、一九七三年。見城悌二『近代報徳思想と日本社会』ぺりかん社、二〇〇九年等参照。

（8）『修養団運動七〇年史』（稿本）一九七六年、一九頁。

（9）『向上』一一号、一九〇九年参照。

（10）宮原誠一『日本現代史大系教育史』東洋経済新報社、一九六三年、二四八頁以下参照。

（11）『帝国青年』二月号、一九一六年、九〜一一頁。

（12）同前、一九頁。

（13）論文・参加記等として座間は、「早起の偉人列伝」（一九一七年・三月号）、「国勢調査と青年団」（一九一八・七月号）、「体現主義の提唱」（一九二一・七月号）などを執筆している。

(14)本文中の五冊の外に、『間接探訪函』『中堅青年複式講習ノ原理ト実際』『文化的理想的新娯楽町村単位常識試合』『青年の政治的実力』がある。九冊中四冊は未見である。
(15)『新時代の常識』一頁。
(16)『帝国青年』五月号、一九一八年参照。
(17)前掲『新時代の常識』二頁。
(18)同前、四~五頁。
(19)同前、六六~六九頁。
(20)『帝国青年』五月号、一九二一年、九~一〇頁。
(21)同前、九月号、五九頁。
(22)履歴(B)。
(23)「青年が真に国に繋る道」『帝国青年』八月号、一九二一年参照。
(24)座間止水の長男一郎に、その頃千葉県において活動している写真をみせていただいた。滝田憲治『房総人文記』松田屋書店、一九二七年、九三頁。
(25)『新聞及び新聞記者』九六号、一九二六年参照。二つの新聞社での年収は、四八〇〇円であったという(履歴(B))。
(26)土田杏村『教育の革命時代』一九二四年、六三頁以下参照。
(27)履歴(B)。
(28)『修養団三十年史』一九三六年。、二三六頁。修養団については、松村憲一「近代日本の教化政策と『修養』概念」『社会科学討究』五三号、一九七三年。拙稿「近代日本における修養思想」『人民の歴史学』一五〇号、二〇〇一年など参照。

(29) 前掲『修養団三十年史』二三七頁。

(30) 田沢の天幕講習や座間の複式講習は、日常生活の経験のなかでの公徳心の養成を是とすることであり、具体的・実践的である(宮原前掲書、二四一頁以下参照)。

(31)『向上』(一九〇八・一一月号)。

(32) 前掲『修養団三十年史』二二八頁。

(33)『向上』(一九三〇・三月号)二七頁。

(34)『向上』(一九三六・一月号)七八頁以下参照。

(35) 前掲『修養団七〇年史』六八頁。

(36)『向上』(一九三六・二月号)参照。

(37) 同前、三月号参照。

(38) 同前、四月号参照。

(39) 同前、五月号参照。

(40)『向上』(一九四〇・一〇月号)七一頁。

(41) 同前、一一月号、六九頁。

(42) 履歴(B)。

(43) 川名博夫は、政友会新人として一三一九二票を獲得したが、次点で落選した。

(44) 履歴（B）。
(45) 前掲『修養団七〇年史』八〇頁。
(46) 修養団は戦後GHQのCIA（民間情報教育局）が調査に入る前に、蓮沼門三は重要書類をことごとく焼却し、証拠隠滅をはかった（『蓮沼門三全集』第五巻、一九六九年、四五九頁）。同時に、寄附行為の改正と親和運動の展開を決定し、一九四七年一月GHQにより団の存続を認めるという内示を受けた。数多くの社会教育団体のうち存続を認められたのは、修養団と報徳社のみであったという（『修養団運動八十年史概史』修養団、一九八五年、一四五頁〜一五二頁）。
(47)『親和』（一九四六・七月号）、二七頁。
(48)『親和』（一九四七・二月号）、八頁。
(49)『親和』（一九四七・三月号）、二頁。
(50) 座間は、生涯三回の結婚をしている。三回目は、戦後郷里に帰ってからであり、斎藤もとと結婚している。戸籍より判明。
(51) 履歴（B）。
(52) 修養団の創立者蓮沼門三も、公職追放＝教職追放となっている。修養団の理事には、こうした事例がさらにあってもおかしくはない。極端なる国家主義的活動を修養団が行っていたのは事実であり、それがいつからか、禊教徒である蓮沼門三と関連があると思われるが、まだ未解明な課題の一つである。修養団は当初、渋沢栄一や森山市左衛門を顧問として、とくに渋沢は「育ての親」として修養団を支援し、初代後援会長にも就任した（一九二五年）。また内務・

文部省、陸軍・海軍、皇族などの支援もあり、同時に朝鮮・満州・台湾にも進出し、昭和期は文字通り「国家の教化団体」といわれても言い訳ができないであろう。

(53) 座間止水の長男一郎の、妻千代子への聞き取りによる。

(54) 拙稿「小川高之助論――ある村落社会主義者の軌跡」『駒沢史学』三五号、一九八六年参照。本書の第二編5章を参照。

(55) 明治期においては木下尚江を除き、中央の幸徳秋水・片山潜・安部磯雄を始めとする多くの社会主義者は、天皇制（国体）と社会主義とは矛盾せずに一致するとしたものがほとんどであった。大正期に、天皇制と社会主義との矛盾を認識して、のち天皇制廃止を唱える社会主義者が出現し、日本の社会主義運動をリードしていく。座間の場合は、生涯社会主義と絶対主義的天皇制との矛盾を把握できず、そういう意味での天皇制の本質を見抜く力はなかったといえる。中央でも、右派社会主義者安部磯雄は天皇制の本質を最後まで把握しえず、やがては戦争協力者に変容していくのである。

(56) 中村政則『日本近代と民衆』校倉書房、一九八四年、二八頁以下参照。

(57) 西川長夫『国境の越え方』筑摩書房、一九九三年、Ⅳ・Ⅴ章参照。

(58) 橋本哲哉「民衆運動と初期社会主義」（『講座日本歴史』近代2、東京大学出版会、一九八五年）、二三六〜二三七頁。

(59) 荻野富士夫『初期社会主義思想論』不二出版、一九九三年、三〇頁。なお、この著書については、拙稿の書評「荻野富士夫『初期社会主義思想論』」（『歴史学研究』六六六号、一九九四年）参照。

第9章

（1）拙稿「初期社会主義者たちと田中正造」『田中正造と足尾鉱毒事件研究』一五号、二〇〇九年、三七頁。同「吉田璣の受容過程」『初期社会主義研究』九号、一九九八年など参照。

（2）『東海新報』（一八八九・五・三一）。

（3）「同盟議会」については、矢島毅之「大同団結の地方政社」（『常総の歴史』二一号、一九九八年）、あるいは本書の第一編第1章を参照。

（4）『東海新報』（一八八八・一一・七）。これは仮規則である。「同盟議会」は大井憲太郎とのつながりが強く、大同協和会を支持している。

（5）好問社（現在東庄町・干潟町（のち旭市）の会員が中心）は、自由党下総地方部結成のときには二五名が党員として参加している（神尾武則「千葉県の民権結社」『千葉史学』二五号、一九九四年、四七頁）。これらの党員は、自作農以上の生活にある程度余裕のある人びとが多かったといわれる。好問社の開社式では、郡長・警察署長代理や各学校教員が来賓として参加する地域ならではの発会式であった。同社の仮規則では、「茲ニ結社同盟スル所以の者ハ実行ヲ先ニシ名利ヲ後ニシ、同胞ノ親ヲ厚フシ旧戚ヲ共ニシ以テ各自ノ安寧ヲ謀リ政治ニ関スル事項ヲ除クノ外、広ク有益ノ所説ヲ採択シ頗ル処世ノ本分ヲ尽シ長ク邦家ヲ保愛スルニアリ」（第一条）とし、倹約を旨とし正直を守り信義を失わず（第七条）とあるところから、また演説内容を考慮に入れると、民権結社というよりは教育・衛生を含めた親睦的な修養結社といえる。自由党地方部結成の際には政治的要素が強くなったと思われるが、いかにして政治結社への成長を果たしていくかは、今のところ史料ががなく不明である。この地域の民権運動については、『東庄町史（下）』一九八二年参照。

（6）『東海新報』（一八九二・三・四、三・一八）。

（7）『東海新報』（一八九二・二・三、二・一九）。飯田喜太郎は香取郡を代表する民権家の一人であり、香取郡に自由党下総地方部が結成されたとき、地方部を代表する「部理」であった。また、飯田は隣の下埴生郡の民権結社の自立社が設立されたとき、発起人の一人になっていることは、すでにふれている（第一編第3章を参照）。さらに、飯田は大阪事件にもかかわっている。

（8）渡辺長次郎は、著書に『国会準備政党団結』（民主社、一八八九年）、『愛国公党論』（大日本書籍行商社、一八九〇年）などがあり、兄操との共著に『万国革命史』（民政社、一八八九年一二月）がある。この共著には大井憲太郎の序文があるとされるが、未見である（『非政論』三号、一八九〇年の広告欄参照）。長次郎の自宅は印刷所（民政社）を兼ねており、『非政論』はここで印刷され、渡辺操宅まで移送された。

（9）詳しくは、本書第1章を参照。

（10）『随聞随筆総房人物論誌』第参編（博聞館、一八九三年）、「渡辺操」の項目を参照。

（11）すでに、この時期に陸羯南は、大同論派が自由論派より来たものであることを認めつつも、「国権論派の一種」であることを看破したのは、よく知られている（陸羯南『近時政論考』岩波書店、一九七二年参照)。

(12)最近の日本近代儒教(儒学)を論ずる文献には、王家驊『日本の近代化と儒学』(農山漁村文化協会、一九九八年)、澤井啓一『〈記号〉としての儒学』(光芒社、二〇〇〇年)、黒住真『近世日本社会と儒教』(ぺりかん社、二〇〇三年)などがあり、参照されたい。

(13)『日本弘道会東部支会沿革誌』(年代不明、一九四一年頃か)、九頁。『無逸』一号(一八九二年一二月)、七号(九三年六月)参照。

(14)王家驊は、西村茂樹の晩年の保守と懐旧は青年期の進取と革新に比べて雲泥の差があるとし、終始儒学の道徳本位主義にしばられていたため、保守派の儒者の退化したものと捉える(前掲『日本の近代化と儒学』、第六章を参照)。

(15)これについては、本書の第1章を参照。

(16)地域の道徳や風俗の衰退は国中の人心の腐敗につながり、官民お互いに憎み合い、国の内乱を起こすことにつながり、「国力衰弊」となり、他国から侵略を受けることにつながる。そしてその国は滅亡することになる。つまり、地域の道徳の衰退がナショナルな問題に波及していくのであり、その解決策として西村茂樹は国民道徳(道徳学)を主張し、それを渡辺は支持したことになろう。すなわち、道徳の問題はナショナリズムにつながるのである。「風俗頽廃」「国力衰弊」などについては、西村茂樹『日本道徳論』(岩波書店、一九三五年)参照。

(17)これについては、拙文「日本弘道会東部支会の発会式と渡辺操」(『法律時報』七四巻一〇号、二〇〇二年)参照。

(18) ここで西村は、道徳には学術の研究と「道徳の実行」があるが、本会は「道徳の実行」にあって、道徳に志ある者は差別なくこの会に入り、小にしては一身一家を治め、大にしては風俗を正しくし、国民の精神を鍛錬して万国の師表となることである（略）。我国の将来の敵は勝利した清国ではなく、欧州諸国にあり、益々国民をして尊王愛国の精神を発揮せしめて武功あらしめることは、とくに教育者に責任があると述べる。さらに、西村は道徳と経済の発達について言及し、「忠君愛国の精神」を発揚し、本邦の土地の外国人への売却を反対すること、また今より一〇倍の経済力をつけ、国民の実業の必要を説き、人びと自ら「勤倹」を実行し、相助法の実践をすることなどを語っている（『日本弘道叢記』三四・三八号参照、一八九五年）。ここには、不平等条約の一つである治外法権を撤廃する代わりに、相手国側は「内地雑居」を要求しており、内地の解放に西村は不安を覚えていたことが分かる。自国の土地の外国人への売却に反対しているからである。

(19) 社会に重きをなす六つの方法には、「第一　会員は躬行実践を最も重んし《ママ》て全国人の模範たらしむべし」、本会で完全な修身書を編述する（第五）、弘道学校を設ける（第六）などがある（『日本弘道叢記』三八号、一八九五年）。この修正案を提出した渡辺以下の五名は、西村会長より評議員会で委員に指名されている。

(20) 以下の内容は、主として前掲『文会沿革誌』に拠っている。

(21) 渡辺は、教育者の活動以外にも村のために尽力している。一八九〇年に良文村村長に就任し、村治やとくに地方青年教育には熱心であったとされ、一九一四年には良文村青年団を創設し、自ら団長となり、青年の指導・啓発に尽力したという。

(22) この「断片」は、下書きのメモのように記されており、筆書きである。

(23) 村立良文農学校から現在の県立小見川高校への変遷については、石橋幹次「渡辺操」(『香取民衆史』3号、一九八一年)二九〜三〇頁、三五〜三六頁。

終章

(1) 神尾武則「千葉県の民権結社」『千葉史学』二五号、一九九四年。四四、四六〜四七頁。

(2) これについては、本書の第二編第5章、一二三頁〜一二四頁を参照されたい。

(3) 色川大吉『明治の文化』岩波書店、一九七〇年。一三一頁。

あとがき

最終的に、私が一書にまとめようと決意したのは、退職した二〇二二年の一〇月頃だったろうか。それまでは、まとめようと思ってはいたものの自分のこととなると、怠惰な性格もあり、先延ばしにしたい気持ちがあったことは確かである。初期社会主義研究において、レギュラークラスの人物を検討するならば全集や著作集があり、資料はある程度そろっている。地域において初期社会主義の検討は困難であることは分かってはいたが、新聞史料や区有文書、聞き書き等で補うことはできても、第一次史料を見つけることはできるだろうか、という不安はあった。それが二一世紀をむかえた前後に、成田市立図書館編さん室の大里富枝さんから連絡があり、初期社会主義者の小泉由松の史料が発見され、見て欲しいとの連絡が入り、小泉由松の子孫の方の家でその文書をみることができた。それから、ある程度見通しが立つことになった。

そうはいいつつも、勤勉な研究者であるなら今から一〇年前くらいに一書を上梓してもおかしくはなかったが、みずからの非才と怠惰ゆえに相当遅れてしまい恥じ入るばかりである。また、私の故郷は千葉県香取市であり、郷土の大先輩に歴史家（民衆史家）の色川大吉さんがいた。色川さんは東京の三多摩という地域に深く分け入り、史料群を蒐集し、多くの著書を刊行しており、面識はなかったが、少しは意識せざるをえなかった。そして自分の研究は「色川大吉のエピゴーネン」にすぎないのではないかと考える一方、今まで地域の論文を書いてきて、書き散らしたままでいいのかという思いのなかで、時間が過ぎていった。そうしたなかで、漸く本書をまとめる決心がついたのである。本書は古い論文もあり、そのために、全て最初からあらためて書き直すことにし、パソコンで打ち直している。途中別の分野の研究報告もあり、一か月程はできなかったが、何とかここまでたどりついた。この間、多くの方々にお世話になり、また多くの学恩を受けたことをあらためて感謝申し上げたい。

本書は、以下の活字化した論文をもとにして大幅に修正・加筆して成りたっている。当該論文と本書の構成の対応関係は、以下の通りである。本書において、小川高之助と座間止水については、行論上、第二編と第三編に分けている。すなわち「大逆事件」を境にしてその前後に二人の動向を分けたのである。

序　章　書き下ろし。

第1章　「近代日本の地域における思想と文化——千葉県香取郡の私塾雑誌を中心として」（『民衆史研究』五六号、一九九八年）。

第2章　「民権から初期社会主義へ——マイノリティとしての一農民の軌跡」（『駒沢史学』九

四号、二〇二〇年)。

尚、この論文の原形は「「民権」という経験がもたらしたもの」(安在邦夫・田﨑公司編『自由民権の再発見』日本経済評論社、二〇〇六年)であり、そのうち、「小泉由松の経験」を修正・加筆したものである。

第3章 「自由民権から初期社会主義への系譜——地域・結社・女性」(『初期社会主義研究』一一号、一九九八年。

「小川武平と自立社・交詢社」(福沢諭吉協会編『福沢手帖』一〇二号、一九九九年)。

第4章 「千葉県における社会思想状況——日露戦争前後を中心に」(『初期社会主義研究』四号、一九九〇年)。

第5章 「小川高之助論——ある村落社会主義者の軌跡」(『駒沢史学』三五号、一九八六年)の前半部分。この論文を中心に、以下の三論文のそれぞれ一部を組み合わせて修正して載せている。

「初期社会主義の一断面——北総平民倶楽部の活動と思想」(『民衆史研究』二一号、一九八一年)。

「村落社会主義者小川高之助の思想と行動」(『人民の歴史学』七〇号、一九八二年)。

「小泉由松と北総平民倶楽部——『漫筆』手帳を中心にして」(『成田市史研究』二四号、二〇〇〇年)。のち『日本史学年次別論文集』(学術文献刊行会、二〇〇一年所収)。

第6章　「座間止水の思想的転回――日本における初期社会主義思想の受容の一形態」（『史学雑誌』一〇四編三号、一九九五年）の前半部分。

補　章　「「村落社会主義」思想のゆくえ――座間止水と小川高之助を中心に」（『初期社会主義研究』三〇号、二〇二二年）。

第7章　「小川高之助論――ある村落社会主義者の軌跡」（『駒沢史学三五号、一九八六年）の後半部分。

第8章　「冬の時代」の北総平民倶楽部」（『初期社会主義研究』八号、一九九五年）。

「座間止水の思想的転回――日本における初期社会主義思想の受容の一形態」（『史学雑誌』一〇四編三号、一九九五年）の後半部分。

第9章　「「民権」という経験がもたらすもの」（安在邦夫・田﨑公司編『自由民権の再発見』日本経済評論社、二〇〇六年）のうち、「渡辺操の経験」を修正・加筆したものである。

終　章　書き下ろし。

ところで、二〇一一年三月一一日、東日本大震災が起こり、同時に福島第一原発のメルトダウンが起こり、多大の被害を多くの国民や大地に及ぼし、その惨禍の影響は現在においても続いている。メルトダウンを起こしたのは「悪名」高い東京電力株式会社であるが、その東京電力に私は勤務していたことがあった。高度経済成長期にその会社の企業内教育を受けて、その後会社に入社したのである。このあたりは、「高度成長期における企業内教育（企業内学校）」といった現代史研究のテーマに成り得るのではないかと考えており、私を事例にして少しく語ることを許されたい。

＊　　　　　　　＊

私は、一九六七（昭和四二）年四月に上京して、京王線沿線の調布市内S駅の近くのO寮（七〇〇人から八〇〇人はいただろうか）に入った。寮は他に、井の頭線沿線と日野市にあった。中学三年の秋に、私は学校側から薦められてこの会社を受験して合格した。その後高校に願書を出して高校に行く予定でいたが、学校側が強力に薦めるので、「お金がもらえて勉強ができる」ならいいかと、深く考えないで行くことにした。私は一四期生であり、すでに一三年の歴史があった。当然、当初は養成所であり、一九六〇年半ばくらいからか名前が「近代的」にT電学園高等部に変わったように思う。高等部に入った生徒は、東京電力管内から集められ、すなわち関東地方一円と山梨・福島・新潟・長野・静岡県の一部から入学してくる。目的は「中堅社員を育てる」ことにあった。このT電学園には高等部、専門部、大学部があった。高等部は三年、会社に何年か在職して専門部（二年、短大に相当するか）、またもう少し在職して大学部（二年）に入る資格があった。つまり、会社のなかだけでは高卒や大学卒業の認定を受けていたのである。高等部はその年から日野市の多摩丘陵の広大な敷地に完成した校舎ができて、一年生はそこに行き学んだ。専門部や大学部もその付近にあった。上級生は、寮から近いT駅の近くにある施設で学んでいた。専門部や大学部では、実際に大学の教員が教えに来ていたようだ。当時、高度成長期において電力会社、日産やトヨタ、松下電器や東芝・日立、三井造船など大企業には必ず養成所があった。それだけ高度経済成長期においては、自前で育てる社員が必要であったのだろう。私が入ったときは一学年四〇〇人程おり、上の学年や下の学年も同じくらいいたように思う。ちょうど、この時期が生徒数のピークであったようだ。四〇〇人は五〇人ほどの事務科と技術科(三五〇人)に分かれ、私は技術科に入った。この学校には生徒会や部活、体育祭・文化祭などもあり、寮には自治会があり、詰め入りの制服を着ており、表面的には高校生と変わらない。私は体育会系の部活にも三年間入っていた。毎月手当が出て(節約すれば少しは貯金ができる程度)、厚生年金保険料や失業保険料は引かれていた。つまり、社会人としての位置づけであって、思うに職業訓練校のような学校であった。朝や晩は寮で食べ、昼は学校へ弁当を届けてくれた。もちろん無料であり、制服や作業服やヘルメットなど実習に必要なものは、全て貸与してくれる。寮生活では、朝は六時か六時半に起床、夜は一〇時消灯であり、起きたときと寝る前は、班長(二年生)がいて廊下に出て、必ずその班全員の点呼を取っており、これは軍隊式かもしれない。四人部屋、二段ベッドであり、一人は室長であり、二年生が世話をしてくれたのである。初めて寮に入ったとき、同室の生徒には福島県と栃木県から来ており、室長は茨城県出身であった。二年からは、その科の生徒同士が同部屋になる。

一年のときには電気溶接やガス溶接、ペンチの使い方などの実習はあったが、それほど多くはなかった。二年から技術科は火力科、発変電科（水力発電）、送電科、地中送電と、その年から新たにできた地中配電科があり、それぞれ三〇人の生徒であり、その他は全て配電科の生徒であった。地中配電科ができたということは、都市では地下にケーブルを埋設して鉄塔をなくす方向であったといってよい。しかしながら、まだ原子力科はなく、ただいずれ火力科のなかに原子力科ができるのではないかという噂があった。原子力科ができるのは、一九七〇年代からではなかったろうか。私は高い所が好きだというだけの理由で、送電科に入ることにした。

送電科に入ると、一か月教室で勉強すると次の一か月は実習で訓練、それの繰り返しであり、この科は一番実習の多い科だといわれていた。寮の裏にある広々とした実習場で、ヘルメットを被り作業服を着て、編み上げ靴をはき、腰にはペンチやドライバー、スパナやロープ（命綱）を付けた安全帯を巻いて実習（肉体労働）を行っていく。そこには鉄塔も立っている。いまでも覚えている最初の実習は、三人一組くらいになり、スコップで穴を掘る仕方を学ぶ訓練であった。指導者は会社の八歳か九歳ほど年上の会社の先輩数名であり、会社の養成所出身であった。スコップで穴を掘るのは、実際に鉄塔をつくるとき、基礎として三〜四メートルの穴を掘るからであり、三年生のときに訓練で穴を掘り、コンクリートで固めていく体験をしている。その後、実習では会社に入るために覚えなくてはならない作業を訓練していき、実際に鉄塔に登り、碍子を取り替える試験なども実施された。実習が始まれば、雨や雪には関係なくノルマをこなしていくのである。実際、実習に参加してみると、いろいろなものが右利き用にできていることを知った。私は左利きであり、また器用でないこともあるが、人より少し作業に遅れをとった。一方、教室では、電気・電力・送配電・機械関係、土木・測量などの科目を学び、三年生のときには設計という科目があり、橋や鉄塔の設計（土木応用力学）の基礎を学んでいた。実際に、鉄塔の設計ができるようになれば、「一流の送電マン」かもしれない。

在学中、一度だけ他の電力会社の養成所を見学したことがあった。二年の後半から一年間生徒会役員をしていたとき、役員と顧問で四月頃、東北電力の養成所に行き、彼らの生活ぶりを学んだのである。宮城県多賀城市に養成所はあったが、翌朝に全員が上半身裸で乾布摩擦をしていた場面をみて驚いた経験がある。自分たちにはそうした体験がなかったからである。今からみれば時代錯誤かもしれないが。三年になり短い夏休みが終わった後、実習では模擬鉄塔を組み立てる訓練をしており、一〇月には実際に埼玉県東松山市の旅館に泊まり、一か月間でその地域のある畑の隅に、高さ二〇メートルほどの鉄塔を三〇人で二基つくる仕事が始まった。基礎からつくり、一五人で一基をつくる作業である。鉄骨はウインチで揚げていき、一か月で完成、これが卒業制作であった。のちにそこに送電線を架線しており、現在でも数万ボルトの電気が通じていると思う。ちょうどこの旅館にいたとき、大検（大学入学資格検定試験）の合格通知が届いた。この年に初めて受験し、一週間都立小石川高校に行き受験、一〇数科目に合格したのである。漠然と、いつか大学に行ってみたいと思ってはいたが、ただそれだけである。現在の高校卒業認定試験は一〇科目以内と少なく、年二回受験でき、体育の実技試験や保健体育の科目の試験はない。

鉄塔の組立は、実際に会社に入ると直営ではやらず、請負業者に任せるが、企業内教育では生徒が鉄塔を組み立てる訓練を行い、そうした経験をふまえて会社に入ることになる。その後は二か月余りの現場実習が始まり、五人で一組となり、各送電所の現場に派遣され、実際に仕事を学ぶ。早朝に起き、私は神奈川県のとある送電所に行った。この現場実習は、どの科においても実施された。それが終了すると、翌一九七〇年一月から自働車免許を取得するために、全員で教習所にいくのである。会社に入るためには、この車の免許ともう一つ無線関係の国家試験に合格することが必須であった。実際に、会社に入り直ぐに必要となるからである。

以上、企業内教育で学んだことの簡単な紹介であったが、他の学科のことはよく分かってはいない。この高等部は二一世紀の始めに廃止されたようだ。その途中、私立学校になったとか、女子が入学したということも伝聞では耳に入ってくるが、実際には不明である。企業内教育の役割を終えたということだろう。ここの卒業生のなかで、実際に福島第一原発に勤務していた社員がいた可能性は高い。地震大国日本では、原発は不必要ではないだろうか。核と生命の共存はありえない。国家や電力会社などは、風力発電など別のエネルギー源を多く開発すべきだと思っている。

その後、実際に入社してから、二一歳を過ぎても、依然として会社で仕事をしていた私であるが、高等部にいたころ、自分の一生が一五歳で決まっていいものかと考えていたことがあり、そうしたことが退職した一つの要因にもなっている。送電所は、送電線保守が主な仕事であった。会社時代は足立区西新井の独身寮に入り、亀有駅の近くの送電所に勤務するが、ある面では充実していた。毎日のように車の運転（トラック・箱型ジープ・バンなど）はしており、下町は元より松戸、草加・越谷・岩槻あたりまで運転したり、鉄塔に登って仕事をすることはあり、請負業者が鉄塔に登り仕事をしているのを下で監督したりもした。他方、各種スポーツ大会や駅伝大会にも出場せざるを得なく、その責任者にも任せられることもあり、冬には各現業所（送電所や他の職場の上級機関であり、そうした現業所は四つある）でダンスパーティ（社交ダンスが、当時は流行っていたようだ）が開かれ、それにも参加していた。またその役員にもなり、二〇歳の頃の冬、新宿で開催された舞踏会では、当時理科大に通っていた従姉も来てくれたことがあった。その後退職することになるが、現在からみると、竜宮城に行った浦島太郎のようなこころもちに、少しは似ていたかもしれない。

後年、普通高校で日本史など社会科を教えることがあったが、生徒は恵まれているなと感じたと同時に、これが当然であり、私のケースが例外であると思ったものだ。

＊　＊

少し、長くなってしまった。歴史学を専攻し、一九八一年大学院のマスターを出たあと、すぐに東歴研（東京歴史科学研究会）の事務局委員になった。ここで学び、切磋琢磨したことが、未熟な自分にとって大いに役立つこととなった。いろいろな研究書を読み、科学運動に従事し、大会の内容を考えていく。第二の青春ともいえる時期であった。当時の代表委員は深谷克己さん、事務局には塚田孝・横山伊徳・貝塚和実・近藤成一さんたち、委員には安在邦夫・山田朗・小泉弓子・早川紀代・山田敬男・近江吉明さんたちがおり、委員会の討論においては刺激があり、学ぶことが多かった。居心地がよく二〇年も委員をしており、委員会企画や個別報告を大会で発表することができ、深く感謝している。その延長上で歴史学研究会の委員にもなり、特設部会の責任者となり、「戦争の記憶」を企画したことは苦労したけれども、よい思い出になっている。

一方、自分の専門の一つである初期社会主義研究においては、一九八九年頃に初期社会主義研究会に入会し、ここには政治思想史や社会文学を専攻している会員が多く、やはり刺激があり勉強になっている。本書の原型となった幾つかの論文が、同研究会によって発行されている『初期社会主義研究』に掲載されたものであり、感謝申し上げたい。諸事情があり、長い論文は別の雑誌に、短めのものは『初期社会主義研究』に書く習慣のようなものができている。会員が海外を含めて一〇〇名前後と少ないにもかかわらず、神保町駅から一・二分のところに事務所を構え、研究会も行っている。二一世紀の途中から私は編集委員の一人となり、山泉進さんを始めとして田中ひかる・大和田茂・梅森直之さんらと、次号の特集を何にするかなどで、喧々諤々の討論をし、終わると直ぐに懇親会に移る。すでに三二号に達しており、歴史も重ねているのである。

最後に、今まで非才にもかかわらず、これまで歴史研究を継続してきたなかで、多くの研究者の方々にお世話になり、学恩を受けてきたことに感謝をしたい。そのなかで最も感謝している方を一人挙げるとすれば、安在邦夫先生（早稲田大学名誉教授）である。四〇年来のお付き合いがあり、公私にわたりお世話になり、いろいろ面倒をみていただいた。改めて感謝を申し上げたい。現在も、共著を安在先生らとつくりつつあり、この本書が一段落すれば、とりかかりたいと思っている。

また、論創社の森下紀夫さんには、初期社会主義研究会の忘年会ではよくお目にかかるが、ここに漸く本書が仕上がり、出版の労を感謝したい。

個人的に健康寿命が続くならば、次には近代の修養主義・修養思想を何とかまとめてみたいと思っている。本書の発刊にあたり、十分な内容ではないが、ご批判を賜りたい。

二〇二四年　一〇月一〇日

林　彰

よ

ら

わ

な

に

ね

の

は

ひ

か

人名索引

林　　彰（はやし・あきら）
1952年千葉県香取市に生まれる
日本医科大学歴史学教室嘱託、大東文化大学講師などをへて、2022年駒澤大学・東京国際大学講師を退職。
専攻　日本近代思想史、日本近代医学史
著書　『日本医科大学の歴史』（日本医科大学校史編纂委員会、2001年）
『大杉栄と仲間たち――『近代思想』創刊100年』（共著、ぱる出版、2013年）
『目で見る学校法人日本医科大学130年史』（記念写真集出版委員会、学校法人日本医科大学、2009年）
『自由民権の再発見』（共著、日本経済評論社、2006年）など

主要論文　「座間止水の思想的転回――日本における初期社会主義思想の受容の一形態」（『史学雑誌』104編3号、1995年）
「近代日本における修養思想」（『人民の歴史学』150号、2001年）
「「大逆事件」判決100年の現代的意味」（『日本の科学者』（Vol.46 No.11、2011年）

自由民権から初期社会主義へ
――千葉県北総の近代思想史

2025年 1月10日　初版第1刷印刷
2025年 1月15日　初版第1刷発行

著　者　林　　彰
発行者　森下紀夫
発行所　論　創　社
東京都千代田区神田神保町2-23　北井ビル
tel. 03（3264）5254　fax. 03（3264）5232　https://ronso.co.jp
振替口座　00160-1-155266
装幀／宗利淳一
印刷・製本／中央精版印刷　組版／フレックスアート
ISBN978-4-8460-2423-9　